清江学术文库

先秦动物文化研究

邓永芳　刘国和 ◎ 著

中国社会科学出版社

图书在版编目（CIP）数据

先秦动物文化研究 / 邓永芳，刘国和著 . —北京：中国社会科学出版社，2023.8
（清江学术文库）
ISBN 978-7-5227-2166-8

Ⅰ.①先… Ⅱ.①邓… ②刘… Ⅲ.①动物—文化研究—中国—先秦时代 Ⅳ.①K203

中国国家版本馆 CIP 数据核字（2023）第 119020 号

出 版 人	赵剑英	
责任编辑	梁剑琴	
责任校对	李　莉	
责任印制	郝美娜	

出　　版	中国社会科学出版社	
社　　址	北京鼓楼西大街甲 158 号	
邮　　编	100720	
网　　址	http://www.csspw.cn	
发 行 部	010-84083685	
门 市 部	010-84029450	
经　　销	新华书店及其他书店	

印　　刷	北京君升印刷有限公司	
装　　订	廊坊市广阳区广增装订厂	
版　　次	2023 年 8 月第 1 版	
印　　次	2023 年 8 月第 1 次印刷	

开　　本	710×1000　1/16	
印　　张	16	
插　　页	2	
字　　数	241 千字	
定　　价	98.00 元	

凡购买中国社会科学出版社图书，如有质量问题请与本社营销中心联系调换
电话：010-84083683
版权所有　侵权必究

序　言

　　收阅作者的书稿，既在意料之中，又在意料之外。在意料之中是因为，知道作者已潜心多年从事先秦动物文化这一课题的研究，如今要出版专著自然在情理之中。在意料之外是因为，未想到作者投入精力如此之大，涉及面如此之广，研究之如此入微。

　　作者自言，本书的学术旨趣涉及下述三个层面：在文献层面，搜集、整合中国先秦元典中异常丰富但极其零散的动物文化资源；在学理层面，阐释先秦动物文化的生成机理、学术渊源、思想流派、重要论题及其哲学意蕴，努力去建构一个先秦动物文化研究的基本框架；在实践层面，传承、弘扬先秦优秀动物文化所蕴含的价值，为新时代中国特色社会主义在动物伦理、生态文化、国际交流等方面的实践活动提供有益镜鉴。在我看来，这三个方面的学术旨趣都在本书中得到了较为充分的体现。

　　我认为，本书最主要的学术贡献是：作为对中国动物文化的一种专题史和断代史的系统研究，在充分挖掘和占有相关史料与思想资源的基础上，通过探寻生成机制、追溯学术渊源、梳理思想流派、阐释重要论题、追问哲学意蕴、构建思想体系等方式，从人类活动及其产品、历史事件、典章制度、社会心理、诸种社会意识形式等各方面较为全面和完整地展现了先秦动物文化的整体样态及其特征，从而拓展、深化和丰富了既有的碎片化的先秦动物文化研究，具有一定的原创性和开拓性。其中，对浩瀚史料的挖掘和钩沉索隐，对先秦动物文化内核即先秦诸子动物思想及其演变的全面梳理和系统阐释，特别是对庄子在先秦动物思想史乃至整个中国动物文化史中的独特地位的阐明，对先秦儒道两家对于中国动物思想传统所起的奠基性作用的论证，以及对先秦动物文化中所蕴含的中国精神和中国特性的揭示，等等，都颇具特色和独创性。

  本书最主要的学术特色是：实证研究与理论思辩相统一、相融合。一方面，尽可能充分地占有有关先秦动物文化的史实和古典文献资料，稽以历史，论从史出；另一方面，注意从哲学的高度对其进行阐释、概括和总结，特别是着力揭示其蕴含的核心理念、价值取向、伦理意蕴、德性追求等人文精神，其中不乏重要创见。例如，书中认为，庄子实际上创立了一种"动物伦理的元哲学"；孟子借助动物阐述其仁政，可以将其视为"动物政治伦理学"，等等。当然，个别表述和论断尚可进一步研究，不可能一蹴而就，不妨仁智各见。

  总体而论，我认为本书堪称是一部值得推荐的、颇具学术价值的佳作。

侯　才
2023 年 7 月 29 日于北京大有东阁

目　　录

导　论 ………………………………………………………… 001

第一章　先秦动物文化的生成机理 ………………………… 007
　　第一节　自然因素：生态环境和动物资源 ………………… 007
　　第二节　社会环境：从渔猎活动到造园运动 ……………… 012
　　第三节　人文氛围：文化塑造、传承和提升 ……………… 016

第二章　先秦动物文化的历史话题 ………………………… 022
　　第一节　动物与文明：从动物治理到游牧文明 …………… 022
　　第二节　动物与神异：从祭祀用牲到动物灾祥 …………… 031
　　第三节　动物与政治：从政治教化到政治资源 …………… 037
　　第四节　动物与伦理：在动物性和人类德性之间 ………… 045

第三章　先秦动物文化的制度安排 ………………………… 050
　　第一节　《周易》：动物制度的滥觞 ………………………… 050
　　第二节　《逸周书》：动物制度的发展 ……………………… 056
　　第三节　《周礼》：动物制度的兴盛 ………………………… 065

第四章　先秦动物文化的诗性风格 ………………………… 078
　　第一节　《弹歌》与上古诗歌中的动物文化 ……………… 078
　　第二节　《诗经》：动物诗歌中的现实心灵 ………………… 080

第三节 《楚辞》：动物诗歌中的浪漫精神 ……………………… 094

第五章 先秦动物文化的奇幻意蕴 …………………………………… 102
第一节 《山海经》：源自山海的动物想象 …………………… 102
第二节 《穆天子传》：关于荒服的动物传奇 ………………… 115

第六章 先秦诸子的动物思想（上） ………………………………… 122
第一节 先秦道家：道与动物 …………………………………… 122
第二节 先秦儒家：德与动物 …………………………………… 132
第三节 先秦墨家：义与动物 …………………………………… 145

第七章 先秦诸子的动物思想（下） ………………………………… 153
第一节 先秦法家：法律与动物 ………………………………… 153
第二节 先秦兵家：战争与动物 ………………………………… 165
第三节 先秦杂家：君王与动物 ………………………………… 171

第八章 先秦动物文化的中国特性 …………………………………… 180
第一节 核心理念：天人合一 …………………………………… 180
第二节 主要特征：崇道尚德 …………………………………… 188
第三节 理论归宿：以民为本 …………………………………… 196

第九章 先秦动物文化的时代价值 …………………………………… 205
第一节 生态价值：古老东方的生态智慧 ……………………… 205
第二节 道德价值：仁爱万物的生活情怀 ……………………… 215
第三节 跨文化价值：文化自信的中国元素 …………………… 225

结 语 …………………………………………………………………… 239

参考文献 ………………………………………………………………… 242

后 记 …………………………………………………………………… 248

导 论

先秦文化是中华优秀传统文化最深远的源头。长久以来，先秦动物文化只是这一宏阔源头中的一脉潜流，但它在低潜中含蕴深厚，荡涤出了自己的独特场域，生成为中华传统文化长河中的一股奇异的源泉。深度整合、解读、评价、阐发和弘扬先秦优秀动物文化，在倡导文化自信、重视文化传承、关注文化创新、拓展文化交流的新时代有着特别的意义。

一 先秦动物文化研究的核心范畴

"先秦动物文化"这一核心范畴，首先关涉"先秦""动物"以及"文化"等关键词。

"先秦"既是时间范畴，也是空间范畴，更是文化范畴。从时间上看，"先秦"一般指的是秦国统一六国之前的中国历史阶段，它从传说中的三皇五帝时代到秦始皇一统天下，经历了上古时代、夏、商、西周、春秋（公元前771—前476年）、战国（公元前476—前221年）等重要阶段。从空间上看，先秦时期产生了"中国""天下""九州"等地理观念，"中国"意为天下之中央，实际上人们的活动范围多在黄河、长江流域，但是探索过和想象中的空间远大于此，"荒服""海外""西方"等地域概念的频繁出现即是明证。从文化上看，"先秦"是中华文明的源头，开启了中华文化发展的第一个黄金时代。其中，春秋战国时期正处于德国哲学家雅斯贝尔斯（Karl Jaspers，1883—1969）所说的"轴心时代"，诞生了老子、孔子、孙子、墨子、庄子、孟子、荀子、韩非子等一大批杰出思想家，还出现了屈原这样的伟大诗人。以他们的著述为代表的先秦元典所蕴含的深邃思想和人文旨趣，在整体上呈现出系统性、深刻性、普世性、超越性等鲜明特征，为后世确立了可资长期效法的文化范式，从而为中华民族的后续发展提供了源源不绝的精神伟力。

"动物"一词，很早即已见诸中国古代文献。如先秦典籍《周礼》记载：山林"其动物宜毛物，其植物宜皂鳞，其民毛而方"（《周礼·地官司徒·大司徒》），此处在人之外把生物分为动物和植物两类。在微生物尚未为人所知的时代，古人往往动植物并举，如汉代张衡《西京赋》言称"植物斯止，动物斯止"。现代科学视域中的动物，指的是多细胞真核生命体中的一大类群，它们种类众多，但就其基本特征而言，均具有与植物不同的形态结构和生理功能，一般不能将无机物合成有机物，只能以有机物（植物、动物或微生物）为食物以进行摄食、消化、吸收、呼吸、循环、排泄、感觉、运动和繁殖等生命活动。当然，古人对于动物的理解，未必如现代精准透彻，甚至存在许多错误看法，但基本要素已然具备，"古汉语里有些字具有通称的功能，近似于动物范畴"[①]。综上所述，本书所说的"动物"，指的是不包括人类在内的、具有和植物不同形态结构和生理功能的生物。而动物与人的区别，正如马克思所说："动物和它的生命活动是直接同一的；人则使自己的生命活动本身变成自己意志和意识的对象。"[②] 亦即人类开展的是具有自觉能动性的实践活动，而动物则因本能而生存。

"文化"可以从多层面、多角度、多领域来理解。[③]如从词源上看，中西古代"文化"概念都涉及"科学""宗教""审美"和"伦理"等层面。本书主要从两个角度界定文化：一是广义和狭义的视角。广义的文化即人化，它是与自然状态相对立的那种状态，反映的是历史过程中人类的物质实践和精神力量所达到的方式和成果。而狭义的文化仅关涉社会生活的精神层面，它既包括以感性认识为主的社会心理（表现为情感、心态、习俗等），也包括以理性认识为主的社会意识形式。社会意识形式的观念

---

① [英]胡司德：《古代中国的动物与灵异》，蓝旭译，江苏人民出版社2016年版，第21页。
② 《马克思恩格斯全集》（第42卷），人民出版社1973年版，第96页。
③ 参见邓永芳《哲学视阈中的文化现代性》，江西人民出版社2009年版，第11—17页。

体系是政治法律思想、道德、艺术、宗教、哲学乃至科学等构成的精神领域。显然,狭义的文化是广义文化中的精神层面和深层结构。二是显性和隐性的视角。在显性层面,文化表现为人的某类行为(可称为文化行为),或者呈现为某一事件(可称为文化事件),也可以凝结为某种成果(可称为文化产品);在隐性层面,它既可以内藏于人的心理,也可以表现为某些制度,还可能升级为复杂的观念体系(如学术思想)。当然,本书在阐述文化时有所侧重,侧重探究文化的精神层面和意义世界,尤其关注观念体系。

在"先秦""动物"以及"文化"等关键词得以界定的基础上,"先秦动物文化"这一概念可以简略地表述为:中国先秦时期人们关涉动物的产品、行为、事件、心理、制度、科学、文艺、伦理、哲学等方面的总和。

二 先秦动物文化研究的主要对象

从"先秦动物文化"这一范畴出发,本书研究对象涉及如下多个方面。

其一,先秦时期人们关涉动物的劳动产品。这些动物产品是人们从事物质生产、政治、文化实践的成果。如先秦时期贵族常穿的裘皮、丝绸衣服(如《诗经》中《羔裘》:"羔裘逍遥,狐裘以朝";《丝衣》:"丝衣其紑,载弁俅俅"),它们见于众多典籍之中。有一些文化产品来自出土或考古发掘,如商四羊方尊、殷墟甲骨、竹木简牍。事实上,考古材料能弥补先秦文献资料的不足,因而不可轻易忽视。

其二,先秦时期人们关涉动物的行为与活动。包括人们观察、捕猎、畜养、驯化、使用动物等各种行为。我们可以从先秦时期的文献资料中阅读到这一方面的众多记载,如观察鸟类(如《诗经·伐木》"嘤其鸣矣,求其友声")、进行捕猎(如《弹歌》:"断竹,续竹,飞土,逐宍")、为动物配种(如《周易·晋卦》:"康侯用锡马蕃庶,昼日三接")、宰杀、食用以及献祭动物(如《诗经·公刘》:"食之饮之,君之宗之")等行为。

其三,先秦时期人们关涉动物的各类事件。事件是有着密切联系的一系列行为之和。很多历史事件直接指向动物,如燧人氏"教民以渔"(《尸子》逸文,《路史·前纪五》)、商汤"网开三面"(《史记·殷本纪》)、"孔子西狩获麟"(《史记·孔子世家》)、"卫懿公好鹤"(《左传·闵公二年》)。有些事件与动物联系紧密,如"周穆王西游"(《穆天子传》)涉及动物进献、"孟子见梁惠王"(《孟子·梁惠王上》)中孟子通过以羊易牛事例启发梁惠王、"里革断罟"(《国语·鲁语下》)中里革制止鲁宣公滥捕。动物文化事件或详或略,但大多具体、鲜活、有过程,所蕴含的文化信息量往往大于简单的文化行为。

其四,先秦时期人们关涉动物的社会心理。先秦典籍中有些记载直接反映了人们对于动物的心理活动,如孟子"君子远庖厨"(《孟子·梁惠王上》)的言论反映出人们对于被屠宰动物的恻隐之心,如"硕鼠硕鼠,无食我黍"(《诗经·硕鼠》)的吟唱体现出人们对于老鼠(和像老鼠那样的人)的厌恶之情。甚至可以从字里行间中解读出人们对待动物的态度,如"厩焚不问马"(《论语·乡党》)反映了孔子在人与动物之间的微妙心态。

其五,先秦时期人们关涉动物的文学艺术。先秦时期诞生了《诗经》《楚辞》这样风格迥异的诗歌作品,也出现了《山海经》《穆天子传》这样想象力丰富的奇书。另外,《晏子春秋》被认为是小说之滥觞,先秦诸子多文学寓言也是后世共识。在这些文学作品中,动物以异于科学知识、历史记载、哲学思考的形式呈现于世。对它们的解读是动物文化里极为有趣的内容。

其六,先秦时期人们关涉动物的科学知识。先秦时期人们对动物有了一定的认识,形成了比较丰富的动物学知识。《尔雅》《山海经》和《诗经》可称为先秦动物学的三大名作,记录了众多动物的名称及其生活习性、生理、生态知识,反映了中国畜牧业农业时代的科学水平。其他著述也常涉及动物科学,如《逸周书·时训解》中的动物物候学知识、《庄子》中的"物化"观念、名家的"辩者二十一事"。

其七,先秦时期人们关涉动物的典章制度。《周易》《逸周书》《周礼》等经典其实都是为天下制定的制度体系。《周易》以占卜的方式为社会立法,许多内容涉及动物。《逸周书》中《王会解》记载成周之会以及各方国的贡献制度,《月令解》中保存有大量古代关涉动物的制度,如动物保护制度、渔猎制度、动物经济管理制度。《周礼》则完整地呈现了周官制度的庞大体系,其中许多职掌关涉动物。

其八,先秦时期人们关涉动物的哲学思考。这种哲思首先体现为动物伦理思想,如由晏子开启的"人禽之辨"几乎是春秋战国时期诸子共同参与的最重要的伦理话题,而主张动物保护也是诸子言论中常见的观点。同时,思想家们关注的焦点往往并非动物本身,他们由此而意欲达成关于这个世界更深层次的理解,形成了"天人合一""崇道尚德""以民为本"等重要观念,把构建理想社会的哲学理念推向更高境界。

三 先秦动物文化研究的逻辑架构

从研究内容来看,本书主要章节可以析分为三个部分,其逻辑架构如下。

第一部分:以先秦动物文化的生成机理(第1章)为研究的逻辑起点,通过对其自然、社会以及人文等因素的阐释,以明其所来。从生成机理看,作为时间、空间和文化范畴的"先秦"均满足了动物文化发展在自然、社会和人文诸方面的条件,而当这些主客观因素耦合在一起形成一股强劲合力时,中国在先秦时期迎来了一个动物文化兴盛繁荣的大好局面。

第二部分:以先秦动物文化的诸多历史话题(第2章)、重要文化资源(第3—5章)、主要思想流派(第6—7章)、中国文化特性(第8章)为主体内容。此部分由史实到哲论,由具体到抽象,由表及里,由点涉面,层层推进,以显其所有。这7章构成了研究的主体部分和基础内容:

在史实层面,大量历史典籍记载了从上古时代到战国末期人们关涉动物的各种行为、众多言论和大量事件,为分析先秦动物文化奠定了坚实的史料基础,同时也形成了动物文化的众多历史话题,它们关涉动物与文明、神异、政治、伦理之间的联系。

在制度层面,先秦动物制度滥觞于《周易》,完善于《周礼》。其中《周易》以卦爻辞的简易形式编排人们关涉动物的行为。《逸周书》记载有众多动物制度,反映了先秦动物制度发展时期的状态。《周礼》以体系的精心构建、职掌的大量设置呈现出先秦动物制度文化的完善和成熟状态。

在文学层面，先秦时期中国诗性文化中包含有大量的"动物因子"。其中《诗经》多以人们日常生活中的动物为吟咏对象而呈现出现实主义风格，而《楚辞》则以龙马凤凰等动物形象高扬浪漫主义精神。

从思维层面看，虚构和想象是先秦动物文化的重要特征。先秦典籍《山海经》《穆天子传》因动物形象、种类、习性等方面的奇异性凸显了当时人们对于动物的大胆虚构和想象，其动物文化颇具奇幻色彩。

从思想流派看，道家和儒家是先秦时期在动物文化领域成果最为丰硕的思想流派，它们奠定了中国古代动物伦理学的理论基础。道家以道观照动物，儒家则以德为统领。墨家虽然不太关心动物，但也形成了"义以为上"的独特的动物思想。先秦法家、兵家、杂家的动物思想也各具特色，其中法家从动物状态引申出法律逻辑，兵家从战争角度重视动物军事资财，杂家从国家治理的政治视角铺开动物话题，它们进一步拓展了先秦动物思想的视域、丰富了先秦动物思想的内涵。

从哲学意蕴看，天人合一的核心理念、崇道尚德的主要特征、以民为本的理论归宿深度融合在先秦动物文化之中，体现出了深厚的中国传统哲学意蕴。这种哲学意蕴是其"中国性"最重要的标志，也是现时代传承与弘扬其优秀文化因子的理论基点。

第三部分：以先秦动物文化的时代价值（第9章）作为研究的引申部分和必要内容，它是研究的落脚点，以示其所欲。先秦动物文化蕴含着古老东方的生态智慧，洋溢着仁爱万物的生活情怀，充盈着中西跨文化交流中值得自豪的中国元素。辩证传承弘扬先秦动物文化，必将有助于中国乃至世界生态文明建设，有助于当今社会的伦理道德建设，有助于扩大中华文化软实力的国际影响。

第一章
先秦动物文化的生成机理

从事物的生成机理看，作为时间、空间和文化范畴的"先秦"满足了动物文化发育发展在自然、社会和人文诸方面的条件。当这些主客观因素耦合在一起形成一股强劲合力时，中国在先秦时期迎来了一个动物文化兴盛繁荣的大好局面。

第一节 自然因素：生态环境和动物资源

先秦时期优良的环境因素、丰富的动物资源为动物文化的产生、发展乃至繁盛提供了厚实的物质基础。而随着时代的迁移，生态环境、动物资源渐遭破坏也成为动物保护伦理思想得以产生的现实因素。

一 先秦时期优良的自然环境

先秦时期，中国中原地带的气候总体上比较温热。据史书记载：帝舜有虞氏"四十七年冬，陨霜，不杀草木"，夏帝廑"八年，天有袄孽，十日并出，其年陟"，东周景王"冬十二月，桃杏华"（《古本竹书纪年》）。草木秋冬不枯、冬月桃杏开花之类的现象说明当时秋冬时节气温不低，而"十日并出"的反常现象则反映了当时气温非常炎热。周代早期的寒冷状况并没有延续太久，至春秋时期又趋暖和，其间大约两个世纪。《左传》甚至多次提及地处今日山东的鲁国冬天冰房得不到冰，在公元前698年、590年、545年尤其如此（《左传》有鲁桓公十四年、成公元年、襄公二十八年均"冬无冰"的记载)。此外,像竹、梅这样的亚热带植物也在《诗经》中被多次提及。战国时期气候比现在也温暖得多。总体上,这种气候适合植物繁荣生长。

同时雨水也颇为丰沛。三代时期的黄土高原尚葆有优良的生态环境,《诗经》中多有"关关雎鸠,在河之洲"(《周南·关雎》)、"原隰既平,泉流既清"(《小雅·黍苗》)、"有漼者渊,萑苇淠淠"(《小雅·小弁》)、"河水清且涟漪"(《魏风·伐檀》)之类的诗句,可推想黄河水清、塬上溪流、潭深不见底的情境。至于南方,湖泊湿地遍野,其中"云梦泽"在春秋战国时期是外交辞令中楚国最值得骄傲的地方,甚至在汉初仍是文学家司马相如笔下的水世界的象征:"云梦者,方九百里……其西则有涌泉清池,激水推移,外发芙蓉菱华,内隐钜石白沙。"(《子虚赋》)

正因如此,先秦时期山林丰茂、草木繁盛。正如《诗经》所吟咏的那样:"南山有台,北山有莱""南山有桑,北山有杨""南山有杞,北山有李""南山有栲,北山有杻""南山有枸,北山有楰"(《诗经·小雅·南山有台》)。诗歌一一列举山中多种树木,则是以其作比起兴赞美宾客是国之贤才。在《诗经》中,用作比兴的自然物往往是人们身边常见事物,如山川草木、风霜雨露之类的景象。由此,《诗经》展现了一个个绿树成荫、静谧幽宁、景色如画的美丽世界。诚如有些诗篇所描述:"秩秩斯干,幽幽南山。如竹苞矣,如松茂矣"(《小雅·斯干》),"葛之覃兮,施于中谷,维叶萋萋"(《国风·葛覃》)。而对于林木资源的描述,最为奇异者莫过于《山海经·山经》,它对天下各大山的动物植物资源做了简要介绍,尽管其中颇多怪异之处,但也应原有所本、有所据,否则无从想象。和《诗经》一样,《山海经》也向人们展示了先秦时期植物物种的多样性、所处地域的广泛性。

二 先秦时期丰富的动物资源

先秦时期具有植物多样性的自然环境为动物的生存、繁殖提供了优良的物质条件。考古出土文物和历史典籍记载都证实了这一时期动物物种的多样性及其数量巨大的情形。

据现存甲骨文记载,处于公元前 16 世纪至公元前 11 世纪的殷商时代,关涉动物的文字多达 136 个,所涉动物种类众多,今天人们能识别出四五十种动物。其中,哺乳类陆地动物有象、虎、鹿、麋、兕、狼、狽、狐、兔、猴、貛、牛、羊、豸、犀等,水陆两栖或水生动物有蛇、龟、鱼、鼋、黾、鳖、蛙等,飞禽类有雀、鸡、雉、燕、鸟、鹬、鸿、鹳等,虫类有蝗、蚕、蝉、蜀(家蚕)、蜂、蜻蜓、蜈蚣、蜘蛛、蝎、蚯蚓等,家养和驯化的动物有牛、马、羊、豕、犬等,另外还有经过神化的动物如龙、凤等。而从商代墓葬中出土的哺乳动物和非哺乳类鸡的骨骼判断,其中绝大部分动物都在甲骨文中出现过,两者可相互参照印证。① 又如,据殷墟出土的骨头判断,鱼类有鲻鱼、黄颡鱼、鲤鱼、青鱼、草鱼和赤眼鳟等,野生哺乳动物则包括虎、犀、鹿、狐、兔和麋等。②

先秦典籍《诗经》《尔雅》《山海经》中动物物种记载也非常丰富。《诗经》中记录动物的篇章多达 1/3,涉及动物 108 种,其中哺乳动物 27 种、鸟类 42 种、两栖爬虫类 7 种、鱼类 14 种、多足类 3 种、昆虫类 21 种,另有贝类多种。所以,孔子认为熟读《诗经》可以"多识于草木鸟兽虫鱼之名"(《论语·阳货》),而且因"诗三百"深远的文化影响,其中大部分动物名称得以沿用至今。《尔雅》对动物的记载集中在《释虫》《释鱼》《释鸟》《释兽》《释畜》等篇章,共计列出动物 299 种。其中《释虫》列出昆虫超过 60 种;《释鱼》列出鱼类 24 种、鱼鳖类 10 种、蛇类 5 种、两栖类 6 种、软体动物 6 种、蟹类 3 种;《释鸟》列出鸟类超过 95 种;《释兽》列出兽类 48 种,基本上是大型哺乳动物,还罗列出了今日中国现已不复存在的动物,如麒麟、兕(印度犀,或为青牛)、猩猩("狒狒")等;《释畜》列出马、牛、羊、猪、狗、鸡六畜,并对其具体品种做了介绍。《山海经》列出的现今可以确定的动物有 291 种,涉及化石类 3 种、螺蚌类 10 种、甲壳类 2 种、昆虫类 4 种、鱼类 40 类、鸟类

---

① 参见郭郛、[英]李约瑟、成庆泰《中国古代动物学史》,中国科学出版社 1999 年版,第 23—25、28—31 页。

② 参见杨升南《商代经济史》,贵州人民出版社 1992 年版,第 295—306 页。

100种、两栖类4种、爬行类21种、兽类107种、图腾动物数十种。[①]

这一时期，动物数量也多。至殷商时代，畜牧、田猎、渔业均已比较发达。在甲骨上留有大量关涉动物的卜辞，其中关于用牲的记载甚多，如："丁亥卜，毁贞：昔乙酉，蔑旋御于大乙、大甲、祖乙、百鬯、百羌，卯三百牛"（《后》上28.3），"贞，御虫牛三百"（《前》4.8.4；《佚》873），"乙亥……五百牛……伐一百"（《库》181），"贞，肇丁用一百羊、一百九十九豕"（《甲》3518），"五百宰"（《乙》9098）。[②] 从所引资料看，商王祭祀规模巨大，所用动物如牛、羊、猪在数量上往往以百数计。至春秋战国时期，其情形也是如此。当时军国大事中使用动物的数量很大，如"齐侯使公子无亏帅车三百乘、甲士三千人以戍曹。归公乘马，祭服五称，牛羊豕鸡狗皆三百"（《左传·闵公二年》）。陪葬、祭祀动物的数量从侧面反映出当时田猎规模和野生动物数量巨大，因为田猎只能捕获某地部分野生动物和鱼类，而用于陪葬、祭祀的又是精挑细选后质量较好的小部分，由此可推知当时动物资源之丰富。

三 先秦时期生态渐遭破坏

先秦时期生态也遭受了一定程度的破坏，如森林减少、动物南迁，"殷人服象，为虐于东夷。周公以师逐之，至于江南"（《吕氏春秋·古乐篇》）。当然，这不排除自然因素的影响，据史书所载，商周时期出现过多次极端气候，如连年旱灾，殷商成汤"十九年，大旱。二十年，大旱。二十一年，大旱。二十二年，大旱。二十三年，大旱。二十四年，大旱"（《古本竹书纪年》）。殷商成汤时连续6年大旱，可谓灾情严重。龙卷风、雾霾等灾害性气候现象也不少见，帝乙、帝辛时出现严重的沙尘暴现象，"焚轮谓之颓，扶摇谓之猋，风与火为庵，回风为飘，日出而风为暴，风而雨土为霾"（《尔雅·释天》），人们甚至对此进行归纳并予以命名。这些气候灾难对于植物生长、动物生存的影响是巨大的。

[①] 参见郭郛、[英]李约瑟、成庆泰《中国古代动物学史》，中国科学出版社1999年版，第78、109、116—117页。

[②] 参见王玉哲《中华远古史》，上海人民出版社2004年版，第306—311页。

人类对于生态不断恶化还得负有主要责任。首要的原因在于农耕文明的崛起。就其本质而言，农业是人类通过培育植物、动物本身向大自然获取能量的一种物质生产实践活动。而农耕需要开垦大量土地，畜牧则需要大面积的牧场，所以农业天然具有反生态的性质。古人因生产工具简陋，往往刀耕火种。上古时期"舜使益掌火，益烈山泽而焚之，禽兽逃匿"（《孟子·滕文公上》），周代"柞氏掌攻草木及林麓。夏日至，令刊阳木而火之"（《周礼·秋官司寇·司隶/庭氏》），都再现了当时人们以火开荒、烧荒改良土质的情景。无疑，原始落后的生产方式对生态环境和动物生存有着更大的负面影响。其次是人口增长、大兴土木等导致对森林资源的更多需求。伐木业在这种情况下自然兴盛起来，《诗经》中甚至有些诗歌直接题为"伐木""伐檀""伐柯"即是明证（如《小雅·伐木》《魏风·伐檀》《豳风·伐柯》）。人们还采取河流运输的方式，大大提高了工作效率。随着时代的发展，林木资源的耗费越来越多，至战国后期诸侯国大量工程消费了难以数计的木材。《礼记》记载："礼有以多为贵者，天子七庙，诸侯五，大夫三，士一……有以高为贵者，天子之堂九尺，诸侯七尺，大夫五尺。"（《礼记·礼器》）自天子至士大夫，都需要修建数量众多、面积宏大的宫殿宗庙，必然会肆意砍伐山林、严重破坏生态环境。战国中期孟子曾说起过这一情况："为巨室，则必使工师求大木。工师得大木，则王喜，以为能胜其任也。"（《孟子·梁惠王下》）最后，环境管理措施在实施中难以到位。尽管先秦时期环境管理措施不少、保护制度也很丰富，但是环境破坏的现象仍时有发生。如火灾的出现，"夏后之王烧增薮，焚沛泽"（《管子·国准》），"春二月己亥，焚咸丘。焚之者何？樵之也。樵之者何？以火攻也"（《公羊传·桓公七年》），前者是经济管理中的失策行为，后者是战争中使用火攻。

生态渐遭破坏，所致后果严重。《礼记》中《伊耆氏蜡辞》一诗即反映了农业生产中水土流失的情形。甚至引发政治变局，如"昔伊洛竭而夏亡，河竭而商亡"（《国语·周语上》）。由是环境保护被提上日程，动物资源保护的各项道德规范被古人上升到了社会制度层面，而人们对于自身与动物以及自然环境关系的认识日趋深刻，动物保护伦理思想在这一时期也得以逐渐萌生出来。

第二节　社会环境：从渔猎活动到造园运动

先秦时期人们生产、生活和军政活动为动物文化的产生、发展和演变提供了广阔的社会环境。中国最早历法《夏小正》规划了人们在动物方面的重要活动。在甲骨文中，能寻觅到殷商先民渔猎活动的踪迹。而先秦时期人们对于动物世界的最大野心表现在造园运动上。

一　早期人类活动与时令动物

夏代时出现的《夏小正》是中国现存最早的科学文献之一，也是现存最早的汉民族农事历书，由"经"和"传"两部分组成，其中"经"记载了每月的物候、星象和相关重大政事，特别是生产方面的大事：正月"雁北乡。雉震呴。鱼陟负冰。田鼠出。獭献鱼。鹰则为鸠。鸡桴粥"，二月"初俊羔助厥母粥。祭鲔。昆小虫抵蚳。来降燕。剥鱓。有鸣仓庚"，三月"䍤羊。螜则鸣。田鼠化为䴕。鸣鸠"，四月"鸣札"，五月"浮游有殷。䴕则鸣。良蜩鸣。鸠为鹰。唐蜩鸣"，六月"鹰始挚"，七月"狸子肇肆。寒蝉鸣"，八月"丹鸟羞白鸟。䴕为鼠"，九月"遰鸿雁。陟玄鸟蛰。熊、罴、貊、貉、鼬、鼬则穴，若蛰而。雀入于海为蛤"，十月"豺祭兽。黑鸟浴。玄雉入于淮为蜃"，十一月"王狩。陨麋角"，十二月"鸣弋。元驹贲。虞人入梁。陨麋角"。虽然简约，但《夏小正》仍反映出了当时人们日常生活与时令动物之间的密切关联：

其一，动物具有提醒民时的功能。虽然天象也能指示民时，但不如身边常见的动物来得直接和熟悉。《夏小正》"传"对其中一些动物活动进行解释，就明确指出其"记时"的功用，如："田鼠出。田鼠者，嗛鼠也，记时也"，"祭鲔。祭不必鲔，何鲔何也？鲔之至有时，美物也。鲔者，鱼之先至者也，而其至有时，谨记其时"，"陨麋角。陨，坠也。日冬至，阳气至，始动，诸向生皆蒙蒙符矣，故麋角陨，记时焉尔"。除了田鼠、鲔鱼、麋鹿之外，事实上能够提示月份的动物物候标志很多，如正月"雁北乡"、九月"遰鸿雁"，因为鸿雁的飞离和回还有着固定时间。

这里面还记载了许多动物的鸣叫,如"雉震响""蜇则鸣""鸣鸠""鴃则鸣""良蜩鸣""唐蜩鸣""寒蝉鸣",这些鸣叫声相当于大自然的闹钟,有一种通过听觉刺激来提醒时间的功能。

其二,动物与经济活动关联密切。这些活动包括养殖、畜牧、蚕桑、动物类产品加工、动物驯化与管理之类,如养殖,"鸡桴粥"说的是正月里母鸡带着鸡雏去觅食,这是家禽养殖的见证。如畜牧,传曰:"鹿人从者:从,群也。鹿之养也离,群而善之。离而生,非所知时也,故记从、不记离",说的是牧人驱赶鹿群转换牧场。如蚕桑之事,"妾子始蚕",三月里妇人们"摄桑委扬",蚕妾和主妇先后开始在蚕室养蚕。如动物类产品加工,其中"昆小虫抵蚳"(传曰:"蚳。蚁卵也,为祭醢也"),说的是用蚁卵造酱;"剥鼍,以为鼓也",指的是剥取鳄鱼皮做鼓;"陨麋角"也很可能指的是捡拾或切割鹿角,因为鹿角鹿茸极具营养价值。如动物驯化与管理,其中"执陟攻驹"(传曰:"执也者,始执驹也。执驹也者,离之去母也。……攻驹也者,教之服车,数舍之也"),即把马驹从母马身边拉走,然后教它拉车。"颁马"(传曰:"分夫妇之驹也"),即把公马、母马分开管理,以利于母马更好地繁殖。

其三,关涉动物的日常活动开始分化演变。十二月"鸣弋"(传曰:"弋也者,禽也。先言'鸣'而后言'弋'者,何也?鸣而后知其弋也"),指的是猎手根据鸟叫声去跟踪寻找其所在。这是一种捕猎技能,在当时是人们的生活常识。猎取动物的活动未必都在冬季,但十一月"王狩"(传曰:"狩者,言王之时田也,冬猎为狩")因最高统治者的参与而逐渐演变为古代国家生活中的一件大事。祭献活动在后世也是生活中的大事,但此时还没有分化出来。

《夏小正》对先秦时期乃至后世影响极大。从《夏小正》到《礼记·月令》、《逸周书·月令解》,再到西汉初《淮南子·时则训》、东汉时崔寔仿作的《四时月令》,呈现出清晰的传承脉络,即《夏小正》是后世同类作品的源头。虽然《夏小正》还没有出现四季之分、七十二物候之别,但俨然初具雏形。《夏小正》中关于人与动物关系的几个方面,基本上涉及了其他先秦典籍关涉动物的主要方面。同时,其中关于动物的"獭献鱼""豺祭兽""雀入于海为蛤""雉入于淮为蜃"之类错误的动物知识也因此而得以流传、散播开来。

二 甲骨卜辞中的渔猎及其他活动

动物文化直接源于人们与动物相关的生产劳动实践。殷商时期田猎、畜牧、渔业均比较发达，可以从甲骨上找到大量关涉动物的卜辞。① 这是目前所能见到的关涉动物的最早文字记载。这些甲骨文记载的是商王和贵族的活动，其规模之大和组织之严密自不待言，因此是当时田猎活动的一种典型形态。

田猎对象主要是大型食草动物，如青牛、鹿、麋鹿、野猪等。当时狩猎方式有多种：一是逐（逐兽），即追赶、驱赶："贞：其逐兕，只（获）"（《佚》25），"毁贞：其逐兕，只"（《遗》920），"甲午，王往逐兕，小臣甾（无草字头）车马，硪驭王事"（《菁》1），"……逐鹿，只（获）（《前》3.23.3）"，"辛未卜，亘贞：往逐兕，只（获）"（《甲》3339），"贞：乎逐豕，只"（《粹》947）。二是射，用弓箭、弹弓射击："乎射鹿，只（获）"（《前》3.32.6），"王其射兕气"（《宁》1.388）。三是设置陷阱，往往所获甚多："申卜，毁贞：甫毕麑，丙子（阱）允毕二百丸虫九，一月"（《前》4.4.2），"贞于……己巳画（阱）麑"（《存》1.767），"丙戌卜口亥王函单允三百又卌八"（《后》下41.12）。四是焚，即烧火驱赶："其焚毕？癸卯允焚，只（获）兕七十一，豕十五，昆廿五。"（《乙》2507）五是用网捕捉："从网鹿弗毕（檎）。"（《人》2116）

甲骨卜辞中还有更多关于动物的记载。如畜牧活动："王畜马才兹窝"（《宁》1.521），"畜马才兹窝"（《粹》1551）。捕鱼也是一项重要活动："丁卯卜，王……大只（获）鱼"（《遗》760），"戊寅……王兽（狩）京鱼毕"（《前》1.29.4），"弱渔"（《粹》1565）。在畜牧、渔猎外，关乎动物的还有祭祀用牲："丁亥卜，毁贞：昔乙酉，菔旋御于大乙、大甲、祖乙、百鬯、百羌，卯三百牛"（《后》上28.3），"贞，肇丁

---

① 下文相关卜辞文献转引自王玉哲《中华远古史》，上海人民出版社2004年版，第306—311页。

用一百羊、一百九十九豕"(《甲》3518),"五百宰"(《乙》9098)。从上可见,当时商王室祭祀用牲主要有牛羊猪等,而且数量巨大,往往以百为计数单位。

三 从普通园苑到动物园的营造

人们对于动物世界的最大野心表现在造园运动上。先秦时期关于造园的记载很多,如:"仲山甫封于樊,因氏国焉,爰自宅阳,徙居湖阳,能治田,殖至三百顷,广起庐舍,高楼连阁,波陂灌注,竹木成林。"(郦道元:《水经注》卷二十九) 仲山甫所造宅园虽无关于动物的记载,但在王公贵族们的园林里,其实不会缺少动物,而且往往动物与园林相得益彰。如《诗经》记载"游于北园,四马既闲。輶车鸾镳,载猃歇骄"(《国风·驷驖》)、"鹤鸣于九皋,声闻于天。鱼在于渚,或潜在渊"(《小雅·鹤鸣》),所引《驷驖》第三章写的是秦襄公猎后顺便游览"北园",由猎场移驾王家苑囿,可见二者相距并不遥远。《鹤鸣》一诗写的是游园之乐,目之所及,动物们活跃异常,可谓生机无限:园中鹤鸣高岗、声入云霄,水中游鱼潜入深渊、跃上滩头。

人们对于建造园苑的兴致很高、积极性很强。周文王曾营造灵台:"经始灵台,经之营之。……王在灵囿,麀鹿攸伏。麀鹿濯濯,白鸟翯翯。王在灵沼,于牣鱼跃。"(《诗经·灵台》) 灵台只是灵囿、灵沼的一部分,而灵囿、灵沼其实就是一个可以供人游乐的动物园。其中麀鹿善惊而伏,游鱼本潜而跃,可见动物自得其乐,并不畏人,呈现的是一派人与自然和谐的美妙景象。因此,后世君王也往往想做"经始灵台"的美梦:"孟子见梁惠王,王立于沼上,顾鸿雁麋鹿,曰:'贤者亦乐此乎?'"(《孟子·梁惠王上》) 梁惠王的园苑位于水滨湿地,站立在沼上远观鸿雁高飞、麋鹿跃跑,面积应该不小。梁惠王对此也颇有自豪之意。到战国后期,王家园林的规模越来越大。著名的上林苑本是秦时旧苑,汉武帝时重修并加扩大。文学家司马相如描述苑中众多动物说:"玄猨素雌,蜼玃飞鸓,蛭蜩蠗蝚,獑胡豰蛫,栖息乎其间,长啸哀鸣,翩幡互经。"(《上林赋》) 显然,上林苑作为汉初皇室猎场,不可能在短时间内动物繁盛,而是经由先秦时期历代经营所致,只不过于斯为盛而已。

最早真正有意识地去营造动物园的可能是殷商纣王。《史记》记载商纣"益广沙丘苑台,多取野兽蜚鸟置其中"(《史记·殷本纪》)。类似的还有春秋时期的吴王夫差,"夫差好罢民力以成私好,纵过而翳谏,一夕之宿,台榭陂池必成,六畜玩好必从"(《国语·楚语下》)。战国时期,楚国也建造了用来狩猎的大型动物园,称为"春囿":"曲屋步壛,宜扰畜只。腾驾步游,猎春囿只。"(《楚辞·大招》)

从造园历史看,人们最初的目的无非是梦想在有限的一方天地中囊括大自然中的最美妙的动植物,构筑一个和谐、美丽的微型生物世界。这是人类主体性在物质、政治、审美等层面得到较大提升的一个重要证据。"昔先圣王之为苑囿园池也,足以观望劳形而已矣"(《吕氏春秋·孟春纪·重己》),如果造园者愿意与民同乐、与民生息,那就增添了仁民爱物的文化意蕴,但若沦落为奢靡、淫乐的象征,最终也逃不过历史无情的道德批判。如《公羊传》记载,成公十八年"筑鹿囿"。作者解释说:"何以书?讥。何讥尔?有囿矣,又为也。"一个"又"字,点明这是因为营造的园苑数量过多而遭史官讥讽、批评。

第三节 人文氛围:文化塑造、传承和提升

先秦时期,人们熟悉动物、描写动物、探究动物,还把动物纳入了哲学思辨的领域,形成了关注动物的浓郁人文氛围。在时间维度上这一氛围表现为人们对先圣传统中的动物文化的自觉传承。先秦思想家们则对动物思想的发展做出了主要贡献,提升了动物文化的丰富性、深刻性与体系性。

一 动物文化人文氛围的塑造

先秦时期,人们熟悉动物、描写动物、探究动物,打造出了动物文化的塑造机制。这一机制建立在人们观察动物、熟悉动物、热爱动物的基础上,经由描写动物、探究动物、想象动物甚至进行动物哲学思辨等不同层面的文化活动形成了塑造动物文化的浓郁人文氛围。

第一章 先秦动物文化的生成机理

最初是人们对于动物的观察和归纳。"若乃可以博物不或多识于鸟兽草木之名者，莫近于《尔雅》。"[（西晋）郭璞：《尔雅序》] 作为中国最早的词典，同时也是古代的小型百科全书，《尔雅》① 现存 19 篇中关涉动物的就有《释虫》《释鱼》《释鸟》《释兽》《释畜》5 篇之多。从这些篇章中，能看得出当时人们对动物的熟悉程度，而对此汇集成编更显示了对动物的关注。如《释兽》篇列出鼠属 12 种：鼢鼠、鼸鼠、鼷鼠、鼬鼠、鼩鼠、鼳鼠、鼣鼠、鼫鼠、鼤鼠、鼨鼠、豹文鼮鼠、䶄鼠。《释鱼》把龟类分为 10 种："一曰神龟，二曰灵龟，三曰摄龟，四曰宝龟，五曰文龟，六曰筮龟，七曰山龟，八曰泽龟，九曰水龟，十曰火龟。"考察"神龟""灵龟"之类的说法，可见古人关于龟的种类划分不只是科学观测的客观结果，而且加入了对于动物的人文层面的主观理解。《释畜》甚至对马属分出了 51 个品种，其精细程度可见一斑。事实上，生活中那些被大家关心的动物往往与人的联系也更紧密，它们在被谈论、被关注、被比喻、被引申的过程中渐渐演变、衍生出种种文化现象，如"马文化""龟文化""龙凤文化"。此时，人们已开始界定不同种类的动物，把感性观察上升到理性认识层面，如"有足谓之虫，无足谓之豸"（《释虫》），"二足而羽谓之禽，四足而毛谓之兽"（《释鸟》），这表明当时人们已经关注到了动物那些具有规律性的特征，向着动物科学迈出了一大步。当然，《尔雅》中关于动物的训释有很多不科学的地方，如将龟置于鱼类，这是文明早期不可避免的现象。

先秦时期政治家、思想家们大都喜欢谈论动物，留下了许多精彩的文字，动物寓言就是其中最灿烂的华章。其中以《战国策》《庄子》《孟子》《列子》和《韩非子》等著作中保留的动物寓言最多。就其典型性而言可以分为三种类型：一类是动物已经被拟人化②，充当故事的主角，这是比较典型的动物寓言，如《战国策》中"狐假虎威"（《楚策》）、"鹬

---

① 《尔雅》是解"经"之专作，一般认为《尔雅》始撰于春秋，至迟应在汉初成书。参见张紫文《〈尔雅〉说略》，《江淮论坛》1980 年第 2 期。

② 汤姆·雷根认为："拟人化就是赋予对象超出实际的内容，就是在对象并非人类的情况下把对象描述得如同人类。"拟人化并非胡言乱语，它可以理解，且言之有物。参见［美］汤姆·雷根《动物权利研究》，李曦译，北京大学出版社 2010 年版，第 6 页。

蚌相争"（《燕策》），《庄子》中"井底之蛙"（《秋水》）、"蜗角之争"（《则阳》）等。另一类是动物尚未被拟人化，但仍是故事主角，如《战国策》中"韩子卢逐东郭逡"（《齐策》）、《庄子》中"鹏程万里"（《逍遥游》）等。还有一类寓言故事仅涉及动物，数量庞大，如《庄子》中"佝偻承蜩"（《达生》）、"随珠弹雀"（《让王》）、"鲁侯养鸟"（《至乐》）、"螳臂当车"（《人间世》），《孟子》中"日攘一鸡"（《滕文公下》），《韩非子》中"守株待兔"（《五蠹》）、"棘刺母猴"（《外储说左上》），《战国策》中"画蛇添足"（《齐策》）、"海大鱼"（《齐策》）、"麋与猎者"（《楚策》）、"惊弓之鸟"（《楚策》）、"群狗争骨""一举而兼两虎"（《秦策》）等。这些动物寓言大多故事生动、语言幽默，其中动物的细节特征往往被描摹得精准细致，充分反映出动物已融入人们的精神生活，成为语言艺术里的有机成分。另外，这些寓言故事流传度很高，如《庄子·养生主》中的著名寓言"庖丁解牛"其实源于《管子·制分》，后又见于《吕氏春秋·精通》，可见从春秋时期到战国晚期，这则动物寓言广泛流传于社会，还一直处于被再创作的状态之中。

甚至还出现了把动物当作苦苦思考、探研对象的思想家。这其中，惠施可谓典型。宋人惠施（惠子）是名家的代表人物，庄子说他"弱于德，强于物"，"散于万物而不厌，卒以善辩为名"（《庄子·天下》）。名家"辩者二十一事"有11事关乎动物："卵有毛""鸡有三足""犬可以为羊""马有卵""丁子有尾""龟长于蛇""飞鸟之景未尝动也""狗非犬""黄马骊牛三""白狗黑""孤驹未尝有母"（《庄子·天下》）。现在无法知道这些命题的细微之处，但名家惯于"控名责实"（司马谈语，见《史记·太史公自序》），必定对事物本身有着相当的了解。能够提出上述动物的思辨性命题，敢于聚众论辩并赢得善辩之名，名家必须储备有丰富的动物学知识。如"丁子有尾"，说的是无尾的青蛙在变态之前是有尾的蝌蚪，只是对于蝌蚪由有尾向无尾发展的过程名家执的是"两可"的模糊态度，而未能辩证看待事物发展中的量变、质变及其关系。又如"马有卵"，则涉及动物解剖，当人们发现母马腹中的马驹蜷缩在卵形胎盘中时产生误解，这是对胎生动物胚胎发育过程的一种猜测。因此，和后期墨家类似，名家无疑也是古代的科学家（博物学家），他们有意识地把这些动物命题置于学术论辩之中，用实际行动推动人们去关注、探究和思考动物。

二 古圣传统下的动物文化传承

先秦时期比较浓厚的人文氛围还表现为动物文化上的自觉传承。上古时代的"圣王""圣人"对后世有着深远的影响。一方面，在"古之制天下者必圣人也"（《大戴礼记·诰志》）这一文化心理的影响下，人们把古圣王三皇五帝、商汤周文武王治下的世界上升到理想社会的高度，作为社会变革可资效法的对象和重构的范本；另一方面，愈到先秦时期的后期，社会愈是动乱，因此诸子百家几乎无不以圣王为旗号展开社会批判以提升自己的学术影响力。如孔子声称"吾从周"（《论语·八佾》），庄子也是念念不忘其"古之真人"和"至德之世"，荀子更是直陈"非圣人莫之为王"（《荀子·正论》）。圣王圣人崇拜固然存在历史倒退的危险，但对于文化传承却有着重大意义。

动物文化其实也是古圣传统中的一部分。对这一传统的继承者中，除了"士"这一特殊的知识阶层，还广泛涉及统治阶级内部从一般官员到高层的众多人士。《国语》记载"宣公夏滥于泗渊，里革断其罟而弃之"，其中大夫（大夫是对一般任官职者的称呼）里革特别强调这是"古之训也"（《国语·鲁语上》）。里革非常熟悉古代动物保护制度，他提示"古训"以强调圣王传统，可见这一传统对他的深刻影响。最后庄公愉快地接受古训，里革也受到同僚的高度称赞和主动推荐，这在一定程度上说明古圣王时代的动物保护观念得到了广泛接受，已成当世的一种文化自觉。

三 思想家对动物文化的贡献

先秦时期尤其是春秋战国时代，出现了百家争鸣的盛况，从这一时期的著作中都能发掘出丰富的动物文化思想。事实上，思想家眼中的动物图景异常繁盛，由是他们也成为先秦动物思想的主要贡献者、发展者。但也有少数思想家很难归类为哪一学派，如晏子。[①] 晏子（公元前578—前500

---

① 参见杨家强《试析〈晏子春秋〉的图书归类问题》，《黑龙江史志》2010年第13期。

年),名婴,齐国人,是先秦时期著名的政治家、思想家。《晏子春秋》是记载晏婴言行的历史典籍,由史料和民间传说汇编而成。此处仅介绍晏子的动物思想以佐证先秦思想家动物思想的丰富性、复杂性和深刻性。

晏子是先秦时期第一个提出"人禽之辨"的思想家。晏子在智劝景公"不得无礼"的酒宴上提出这一话题:"禽兽以力为政,强者犯弱,故日易主,今君去礼,则是禽兽也。群臣以力为政,强者犯弱,而日易主,君将安立矣!凡人之所以贵于禽兽者,以有礼也!"(《内篇谏上·晏子谏第二》)所谓"人禽之辨",探讨的是人与动物之间的区别,涉及人和动物的本质、地位以及关系等问题,是动物伦理的重大理论话题。在人和动物的本质上,晏子提出"去礼则是禽兽"的观点,把礼看成人与动物相区别的根本标志。"力多足以胜其长,勇多足以弑君,而礼不使也",礼是一种不同于武力的维持长幼尊卑社会持续的观念。晏子认为禽兽无礼,只是"以力为政,强者犯弱"。晏子的观点建立在对动物的细心观察和对动物性理解的基础之上:"今夫胡貉戎狄之蓄狗也,多者十有余,寡者五六,然不相害伤。今束鸡豚妄投之,其折骨决皮,可立得也。"(《内篇谏下·晏子谏第一》)晏子从礼这个视角来探讨人禽之辨,目的在于维护统治者的地位,亦即"饬法修礼以治国政"(《内篇谏下·晏子谏第二十五》)。

在人与动物乃至植物的关系上,晏子借他人之口指出:明君治国"不为禽兽伤人民,不为草木伤禽兽,不为野草伤禾苗"(《内篇谏下·晏子谏第二》)。晏子列出地位的等差顺序:人民比禽兽尊贵,禽兽比草木尊贵,禾苗比野草尊贵。其内在逻辑是人类贵于动物,动物贵于植物,经济作物贵于非经济作物。除人贵于动物的依据是礼之外,晏子没有进一步解释为何动物贵于植物、经济作物贵于非经济作物。另外,晏子所说的"人贵于禽兽"中的"人"也是有等差的:"君子无礼,是庶人也;庶人无礼,是禽兽也"(《内篇谏下·晏子谏第二十五》),其实是把贵族看得高人一等。这种等差有序的思想,可能影响了后来的儒家。

晏子还把"人禽之辨"的观点推向社会、政治领域,作为治国治民的理论依据,并取得了不少政绩。晏子批评统治者"不乐治人,而乐治马"(《内篇谏上·晏子谏第九》),讽刺"马食府粟,狗餍刍豢,三保之妾，俱足粱肉"（《内篇谏上·晏子谏第五》），对于颠倒人禽关系的社会、政治现象，晏子深恶痛绝，体现出了一个民本主义思想家应有的政治品格。晏子的这一思想，对统治者有一定的约束作用，如在晏子批评之后"公出舍，损肉撤酒，马不食府粟，狗不食馈肉"（《内篇谏上·晏子谏第五》）。另外，通过解除苛民之政，可以增加百姓的动物之利。如在"鸟兽之禁"这一问题上，晏子批评景公无仁义之心，最终解除禁猎鸟兽之令（《内篇谏上·晏子谏第二十四》）。晏子还进一步劝统治者行仁政。他举例说："服牛死，夫妇哭，非骨肉之亲也，为其利之大也。"他顺势犀利指出"今公之牛马老于栏牢，不胜服也"，在这种情况下应"移之以善政"（《内篇谏下·晏子谏第十九》）。

晏子的动物灾祥观在天命观盛行的春秋时代可谓特立独行。《晏子春秋》记载"景公出猎，上山见虎，下泽见蛇"而担心"不祥"的事件，晏子认为："今上山见虎，虎之室也；下泽见蛇，蛇之穴也。如虎之室，如蛇之穴，而见之，曷为不祥也？"（《内篇谏下·晏子谏第十》）晏子针对景公之问，首先指出"国之三不祥"指的是贤而不知、知而不用、用而不任的问题，把"不祥"问题上升到政治层面、社会层面。其次否认"上山则见虎，下泽则见蛇"事件中存在"不祥"意涵，因为在虎室见虎、蛇穴见蛇属于自然之理。晏子和同时代的人一样，没有否认事有"不祥"，但是客观地解释了为什么不存在动物灾祥。晏子这种具有鲜明唯物主义色彩的观点在当时是难能可贵的。

晏子的宠物观也值得一说，毕竟先秦时期涉及这一问题的思想家不多。据《晏子春秋》记载了一个晏子"趣庖治狗"的故事（《内篇谏下·晏子谏第二十三》）。晏子的宠物观建立在"人禽之辨"的基础上，他据此把景公的爱宠猎狗认定为不值一提之物，所以"死狗有祭""死狗有棺"的做法本来就是一个笑话。特别是在"孤老冻馁""鳏寡不恤"的情况下，晏子担心会造成百姓聚怨、诸侯轻权的政治后果。最后的结局是让赴会的贵族吃掉猎狗，这一喜剧性情节让人不能不佩服晏子的高超智慧。这是一个从政经验丰富的政治家、深谙"人禽之辨"的思想家和机敏善辩的智者在处理人与动物关系时的聪明做法。

第二章

先秦动物文化的历史话题

在史实层面，先秦时期《尚书》《国语》、《春秋》三传（即《左传》《公羊传》《谷梁传》）、《史记》等历史典籍记载了从上古时代到战国末期人们关涉动物的各种行为、众多言论和大量事件，为分析先秦动物文化奠定了坚实的史料基础，同时也形成了关涉动物文化的历史话题。这些话题关涉动物与文明、神异、政治、伦理诸多方面。

第一节 动物与文明：从动物治理到游牧文明

动物与人类文明[①]的成长密切相关。先秦时期人们较早地将动物纳入国家管理的范围。保护动物甚至已经上升为古代圣王的治国良策。狩猎是国家习用武事、维护统治秩序的军政大事。而对于匈奴、西域等游牧民族，动物的存在甚至成就了一种与中原国家农耕文明迥然不同的文明形态。

一 作为国事的动物管理

据《尚书》[②]记载，在中华上古时代，人们即已将自己的生产、生活

[①] 文明是一个复杂的人类学、历史学范畴。马克思主义经典作家对文明也多有论述，如恩格斯认为，畜牧业和农业的出现是文明出现的起点，国家的形成是文明起源最重要的标志。

[②] 《尚书》是中国古代最早的一部历史文献汇编，所载历史上起传说中的尧舜禹时代，下至春秋中期，基本内容为上古时期帝王文告和君臣谈话记录。

与动物紧密联系在一起:"日中,星鸟,以殷仲春。厥民析,鸟兽孳尾","日永,星火,以正仲夏。厥民因,鸟兽希革","宵中,星虚,以殷仲秋。厥民夷,鸟兽毛毨","日短,星昴,以正仲冬。厥民隩,鸟兽氄毛"(《虞书·尧典》)。随着季节的更替,当时人们的日常起居以及动物的更换皮毛也都随之变化。如当昼夜长短相等时,朱雀七宿出现,仲春时节来临,此时人们散布于田野之间,鸟类兽类开始生殖繁育。《尧典》在众多相关因素中关注这两个方面,最大的可能性是它们直接关系到了人类生存最基本的两个方面——居住与衣食。正因为联系紧密,人们对鸟兽生活场景的观察才能做到特别精确、细致。

当时人们已经超越日常生活层面,开始把鸟兽之类的动物纳入国家治理范围。《尚书》记载帝尧派益以及朱虎、熊罴担任舆人一职,管理草木鸟兽:"帝曰:'畴若予上下草木鸟兽?'……益拜稽首,让于朱虎、熊罴。"(《虞书·舜典》)这种管理,更多的是经济意义上的,意味着动物是国民财富。如《夏书·禹贡》多有记载:"厥贡羽、毛、齿、革惟金三品","厥贡璆、铁、银、镂、砮磬、熊、罴、狐、狸、织皮","九江纳锡大龟"。此处对各地部落氏族进贡的鸟兽物件从种类到名称均有详细记录。

统治者们更以严厉的刑罚来确保私有的动物财产。《尚书》记载鲁侯伯禽前往征讨作乱的徐、夷等部落前训话:"今惟淫舍牿牛马,杜乃擭,敜乃穽,无敢伤牿。牿之伤,汝则有常刑!……无敢寇攘,逾垣墙,窃马牛,诱臣妾,汝则有常刑!"(《周书·费誓》)可谓军纪严明、态度鲜明,处处以常刑约束部下不可伤害牛马,也不得跨过围墙偷窃牛马。"常刑"一词意味着保护私有动物财产已经纳入了常设的法律程序,这是一种更为高明的社会治理方式。

二 作为国策的动物保护

《鲁语》中有一则引人深思的故事,与动物保护相关:"公父文伯饮南宫敬叔酒,以露睹父为客。羞鳖焉,小。睹父怒,相延食鳖,辞曰:'将使鳖长而后食之。'"(《国语·鲁语下》)公父文伯在酒席上进食的鳖比较小,上宾露睹父很生气。相请吃鳖的时候,他退席告辞说:"等鳖长大以后我再来吃吧。"文伯的母亲认为他儿子进鳖菜时礼节有问题。但很可能不只是礼节问题，而是一个关于动物保护的伦理问题。《礼记·内则》记载有"不食雏鳖"的禁忌。露睹父不吃小鳖是因为他遵从不捕食幼小动物的古训。

事实上，动物保护不只是伦理问题，统治阶级已经把它纳入国家治理范围。《国语》中有一个著名事例"里革断罟"："宣公夏滥于泗渊，里革断其罟而弃之，曰：'古者大寒降，土蛰发，水虞于是乎讲罛罶，取名鱼，登川猎禽，而尝之寝庙，行诸国，助宣气也。鸟兽孕，水虫成，兽虞于是禁罝罗，矠鱼鳖以为夏犒，助生阜也。鸟兽成，水虫孕，水虞于是禁罝罜，设阱鄂，以实庙庖，畜功用也。且夫山不槎蘖，泽不伐夭，鱼禁鲲鲕，兽长麑𪊦，鸟翼鷇卵，虫舍蚳蝝，蕃庶物也，古之训也。今鱼方别孕，不教鱼长，又行网罟，贪无艺也。'"（《国语·鲁语下》）里革指出，古代有专门的职官水虞、兽虞管理水陆动物，而且有着非常细致的规定：一是时间点划定十分细致。古训对于动物成长的时间节点做了细致的划定，如大寒到来深藏泥土中的动物开始活动时、鸟产卵兽怀胎时、鸟兽长大鱼鳖繁殖时，无不一一列举。二是根据时节对禁止或允许捕捉鸟兽鱼鳖的工具做了细致分类，如渔网、竹笼、矛、兽网、陷阱、鸟网。三是对捕获猎物的用途做了具体规定，或用来在寝庙中祭祀祖先，或晒成肉干供夏天食用。四是对禁捕原因做了细致解说，如大寒时是为了帮助宣泄地下的阳气，鸟产卵兽怀胎时禁网是为了帮助鸟兽的生长，鱼类成长时只准捕捉鸟兽是为了等河里小鱼养大后再取来享用。五是对不可杀伐的幼小动植物做了细致规定：不可砍伐树苗，不可割取嫩草，不可捕捞幼鱼；必须留下小鹿和小麋，不得捕捉雏鸟、拾取鸟卵，避免伤害幼虫。所有禁令都是为了使万物得以充分生长繁殖。

保护动物、从动物上获得所需的利益，甚至已经上升为统治者的治国之策。春秋名臣范蠡在回答意欲崛起、报复的越王勾践关于"节事奈何"的问题时提出了"节事者与地"（处理政事得当应顺从地之道）的观点："唯地能包万物以为一，其事不失。生万物，容畜禽兽，然后受其名而兼其利。"（《国语·越语》）其中，范蠡认为只有大地才能包容万物生长万物，畜养飞禽走兽。而这正是国家发展所需的物质基础。

三　作为技艺的射猎行为

"弦木为弧，剡木为矢"（《周易·系辞》），自弓箭发明之后，就出现了射或射猎。作为一项生活和军事技能，它已是西周时期公卿大夫子弟修习的"六艺"之一："养国子以道，乃教之六艺：一曰五礼，二曰六乐，三曰五射，四曰五驭，五曰六书，六曰九数。"（《周礼·保氏》）"国子"包括王大子、王子和诸侯公卿大夫士的子弟，也就是说，射艺是国家上层统治阶级子弟必修的重要课程。作为国家教育的基本内容之一，射艺具有重要的社会地位。

事实上，射猎是当时社会高层人士心里喜欢、行动上重视的一项活动。《国语》记载周穆王伐犬戎，有人引用武王"载戢干戈，载櫜弓矢"的话来劝谏，但"王不听，遂征之，得四白狼，四白鹿以归。自是荒服者不至"（《国语·周语上》）。说的是周穆王不听"收好干戈，藏好弓箭"的规劝，炫耀武力征战犬戎，仅仅射得几头野兽，但从此以后失去了荒服地区诸侯的信任。此处的射猎行动可能是战争中的一个小插曲，而结果对于好大喜功的周穆王来说是一个讽刺。"晋平公射鹌雀"也是一个典型事例："平公射鹌，不死，使竖襄搏之，失。公怒，拘将杀之。……叔向曰：'君必杀之。昔吾先君唐叔射兕于徒林，殪，以为大甲，以封于晋。今君嗣吾先君唐叔，射鹌不死，搏之不得，是扬吾君之耻者也。君其必速杀之，勿令远闻。'君忸怩，乃趣赦之。"（《国语·晋语八》）此处记述两个故事。一是晋平公射鹌不死，使人搏之不得而迁怒于人，二是唐叔于徒林一箭射死犀牛，因为高超才艺被封爵为晋侯。二者都能反映出射猎技艺对于人们的重要性：唐叔因狩猎的荣誉而封侯，平公因不获的耻辱而生气。但相较而言，晋平公的故事更体现出了一种对于射猎活动的执着和狂热。从这两个故事来看，射猎决不只是一种简单的技艺，而是一种深具文化意涵的行为，它涉及一个社会成员的某些德性，诸如勇敢、知耻。这才是射猎技能受到重视的深层次原因。

射猎须有利器，因此人们在弓箭、刀剑的装备上也格外用心。《国语》记载："仲尼在陈，有隼集于陈侯之庭而死，楛矢贯之，石砮其长尺有咫。陈惠公使人以隼如仲尼之馆问之。仲尼曰：'隼之来也远矣！此肃慎氏之矢也……'使求，得之金椟，如之。"（《国语·鲁语下》）射落鹰隼的箭干来自九夷、百蛮等遥远地方的肃慎氏（《左传·昭公九年》："肃慎、燕、亳，吾北土也"），而且当时有档案资料可以证实。肃慎是中国古代东北民族，擅长造箭。原来武王克商之后，"分异姓以远方之职贡"，让肃慎氏贡献楛矢、石砮，甚至还对其贡品打上标签。因此，"肃慎氏之贡矢"是箭矢里的精品。至于刀剑，人们自然也是追求精品，因此，"美金以铸剑戟，试诸狗马；恶金以铸鉏、夷、斤、劚，试诸壤土"（《国语·齐语》）。优良的金属用来铸造剑戟等武器，然后用狗马之类的动物来试验是否锋利；劣等的金属用来铸造农具，然后用土壤来检验是否合用。两相对照，足见对于射猎装备的痴迷。

四 作为礼治的田猎活动

《春秋》三传[①]多有对于当时狩猎的记载，如"四年春正月，公狩于郎。书，时，礼也"（《左传·桓公四年》），据《春秋》记载，四年春季正月，鲁桓公在郎地打猎。《左传》认为此时是（夏历十一月）狩猎之时，合于礼。又如"冬十二月，齐侯游于姑棼，遂田于贝丘"（《左传·庄公八年》），说的是齐侯在游玩过程中田猎。相较于《国语》，《春秋》三传把田猎活动上升到了"礼之大者"的文明高度。实际上，"骑射"只是田猎活动的技艺层面，但它在特定的历史阶段生长、培育出更多的文化因子（如礼制、仁义等价值）而发展为"田猎"，最终成为国家治理的一项重要制度："狩者何？田狩也，春曰苗，秋曰蒐，冬曰狩"（《公羊传·桓公四年》），"春曰田，夏曰苗，秋曰蒐，冬曰狩。四时之田用三焉"（《谷梁传·桓公四年》），"春蒐夏苗，秋狝冬狩"（《左传·隐公五年》）。

田猎活动的重要作用，《春秋》三传都做过比较详细的解说，如："诸侯曷为必田狩？一曰乾豆，二曰宾客，三曰充君之庖"（《公羊传·桓

[①] 《春秋》是周朝时期鲁国国史，所述历史上起鲁隐公元年（公元前722年），止于鲁哀公十四年（公元前477年）。《春秋》由孔子编订而成，后世对其进行补充、解释、阐发的代表作品主要有《左传》《公羊传》和《谷梁传》（《榖梁传》）。

公四年》),"四时之田用三焉。唯其所先得。一为乾豆,二为宾客,三为充君之庖"(《谷梁传·桓公四年》),"秋,蒐于红。正也。因蒐狩以习用武事,礼之大者也"(《谷梁传·昭公八年》)。从重要性上看,田猎是"礼之大者",是马虎不得、轻视不得的国家大事。田猎活动有军事、政治、文化、经济上的多重作用,一是"三年而治兵,入而振旅,归而饮至,以数军实",可以整治充实军队;二是"昭文章,明贵贱,辨等列,顺少长,习威仪也",可以维护政治等级秩序;三是从所得的用途上看,《公羊》《谷梁》二传的表述一致:田猎所得动物均荐于宗庙用作祭祀品、用于宴请以待宾客以及供应国君平常食用。

田猎活动需要遵守很多规则。狩猎有季节之分,故称"四狩"或"四时之田",但"皆于农隙以讲事也"(《左传·隐公五年》),即狩猎不应妨碍农事,不占用耕作时间,这说明农业在国民经济中的地位已大大提升。不可过度修筑围猎场所,这是不得民心的行为。"筑鹿囿。何以书?讥。何讥尔?有囿矣,又为也。"(《公羊传·成公十八年》)还有,狩猎不能太远,太远属于不正常之事,会受到嘲讽。故《公羊传》评论"公狩于郎"事件说"何讥尔?远也",其原因在于狩猎过远会劳师动众,影响民众与生产。更有甚者,统治阶级中有识之士把这种行为纳入"不轨不物谓之乱政"的范围。《左传》记载隐公五年春,隐公要去棠地观看捕鱼,臧僖伯进谏劝阻,认为凡不能用于祭祀、兵戎大事上的事物(其材料不能制作礼器和兵器者),国君应该把它们纳入禁止之列,如果做不到就会出现乱政。宗庙祭器里不用鸟兽肉,礼器上不用野兽的皮牙骨角和鸟类羽毛,因此国君就不要去射它。而山林河泽的产品和材料,是下人的事情、官吏的职责,国君也不应涉足。而鲁隐公不听劝阻,仍以视察的名义前往,结果得来的历史评价是"非礼也,且言远地也"。喜欢田猎的统治者自然不少,行为过度者甚至招来杀身之祸,如:"陈侯喜猎,淫猎于蔡,与蔡人争禽。蔡人不知其是陈君也,而杀之"(《谷梁传·桓公六年》),"冬十二月,齐侯游于姑棼,遂田于贝丘。……见公之足于户下,遂弑之,而立无知"(《左传·庄公八年》)。《谷梁传》称陈君陈佗淫猎于蔡的行为是"匹夫之行"。齐侯在游玩过程中狩猎,虽说没有被《左传》直接批评为非礼行为,但此事件引来的后果非常严重:先是受到怪异现象惊吓受伤,然后遭到贼人劫持捆绑,竟至于被弑,狼狈之状跃然纸上,其惨痛结局也并没有得到任何同情。

田猎过程不仅仅要讲礼,还得讲求"仁义"、不尚勇力:"面伤不献,不成禽不献。禽虽多,天子取三十焉。其余与士众,以习射于射宫,射而中,田不得禽则得禽;田得禽而射不中,则不得禽。是以之贵仁义而贱勇力也。"(《谷梁传·昭公八年》)面目受伤严重的猎物不能献祭,没长大的小猎物不能献祭,表面上看是贡献品但因为肢体残缺或者分量不够而达不到要求,但其中也体现出受献者的一种出于恻隐之心的仁慈态度,亦即不忍见其伤、不忍见其弱。而在田猎所得的再分配方案上则体现出了"义":天子只拿一部分猎获物,其余通过在射宫里演习射礼的方式分给众人:射中的,即使田猎时没得到也分给禽兽;田猎时得到,但射礼时却不中,也得不到禽兽。

由于田猎活动被赋予礼治的重要功能,所以"射"不仅仅是用来提升猎杀技艺的训练行为或竞赛活动,更重要的是要体现出一种以观盛德、司礼乐、正志行而成己立德的教化价值。射以载道,"射"中有治国之仁道,也有个人修身之道。正如《礼记》所说:"射者,仁之道也。射求正诸己,己正而后发,发而不中,则不怨胜己者,反求诸己而已矣。"(《礼记·射义》)《仪礼》①一书中记述古时射礼,一是《乡射礼》,二是《大射仪》。乡射礼是州长于春、秋两季在州学会民习射之礼;大射礼则是诸侯在朝觐、会盟、祭祀、息燕等大事中与群臣习射的礼节仪式。射礼射仪程序复杂,如大射仪分为将射、诱射、耦射、取矢、释获、赏罚、射乐、卒射等众多仪式。由"射"而"礼",这是社会由渔猎时代走向农耕时代的必然趋势。农业社会人们聚族而居,生活比较稳定,更需要相应的礼制来维持,处于过渡时期中的射礼正好结合了两个时期的特点。

五 作为文明形态的游牧生活

先秦时期,处于黄河中下游的中原国家以北、以西还有匈奴和西域各

---

① 《仪礼》,也称《礼经》《士礼》,是中国春秋战国时代的礼制汇编,其内容为周代的冠、婚、丧、祭、乡、射、朝、聘等各种礼仪,其中以记载士大夫的礼仪为主。

国。它们因畜牧、射猎甚至形成了一种异于农耕文明的游牧文明。匈奴在战国、秦汉时期对中原曾构成了强大的威胁，直到西汉武帝时期才得以真正解决。《史记》①记载："居于北蛮，随畜牧而转移。其畜之所多则马、牛、羊，其奇畜则橐驼、驴骡、駃騠、䮫騟、騨騱。逐水草迁徙，毋城郭常处耕田之业，然亦各有分地。毋文书，以言语为约束。儿能骑羊，引弓射鸟鼠，少长则射狐兔，用为食。士力能贯弓，尽为甲骑。其俗，宽则随畜，因射猎禽兽为生业，急则人习战攻以侵伐，其天性也。其长兵则弓矢，短兵则刀铤。利则进，不利则退，不羞遁走。苟利所在，不知礼义。自君王以下，咸食畜肉，衣其皮革，被旃裘。壮者食肥美，老者食其余，贵壮健，贱老弱。"（《史记·匈奴传》）据记载，三代时期匈奴既已生活在中国北方，常与中原国家发生冲突，《诗经》中多有关于征讨它的记载，如"靡室靡家，玁狁之故"（《诗经·采薇》），说的是西周中期（公元前922—前878年，共历共、懿、孝、夷四王）的事，此时匈奴已是十分强盛。

匈奴是游牧民族，其生存特点是季节性地随水草畜牧而转移。从动物资源来看，匈奴所蓄养的牲畜主要有马、牛、羊，也养有一些中原不常见的大型动物，如骆驼（橐驼）、由母驴和公马杂交而生的骡子和一种叫䮫騟的良马，此外还有叫騨騱的尚未驯化的野马。另外，匈奴所处的草原宽广辽阔，还生活着鸟、鼠、狐、兔等众多野生动物。从习俗上看，也多与动物相关，如其培养民众从小学习骑射，年幼时骑羊射鸟、鼠等小型动物，青年射狐、兔等行动迅捷的动物，长大之后全民皆兵，是名副其实的战斗民族。在衣食上，自然也是充分利用其丰富的动物资源，吃畜肉、穿皮革，盖旃裘。

但是，匈奴在中原国家眼里属于野蛮民族。其原因在于两个方面：其一是利益冲突。匈奴人平时以畜牧、骑射禽兽为生，但"急则人习战攻以侵伐"，经常越过边境掠夺财富，且"苟利所在，不知礼义"。因为他

---

① 《史记》是中国的第一部纪传体通史，记载了上起传说中的黄帝时代下至汉武帝元狩元年（公元前122年）共三千多年的历史。作者司马迁（公元前145—约前87年），夏阳人，西汉史学家、思想家。

们娴熟拉弓射箭，又配有大量良马装备，机动能力强，战斗力颇强，成为中原乃至周边国家的心腹大患。其二是文化差异。如在食物分配上"壮者食肥美，老者食其余"的行为无疑会让讲求仁爱孝悌的中原民族鄙夷不屑，至于"父死，妻其后母"的"乱伦"行为则更是无法接受。

因利益而生恨心，因文化生恶意，中原国家对于匈奴的定位是难以接受的"寒露之野"、禽兽之邦。据《汉书》记载："夷狄之人贪而好利，被发左衽，人而兽心……辟居北垂寒露之野，逐草随畜，射猎为生……是故圣王禽兽畜之，不与约誓，不就攻伐；约之则费赂而见欺，攻之则劳师而招寇。"（《汉书·匈奴传上》）此处说的是"圣王制御蛮夷之常道"，亦即中原国家统治者对待匈奴的外交策略。这种策略建筑在对匈奴的道德优越感之上，它坚信匈奴"人而兽心"，故而"禽兽畜之，不与约誓，不就攻伐"，几乎不当同类看待，采取的策略也是以不交流、重防御为主。先秦时期的政治家不明白道德受制于生产方式、地理环境等因素的道理，不能正视游牧文明与农耕文明之间的文化差异，于是得出了错误结论。这种文明冲突在先秦时期曾经不断上演，直到各民族在经历长期交流融合后才逐渐消退。

在汉武帝之前，因为匈奴的阻隔，中原与西域之间的交流极少，在张骞凿空西域之后，物质、文化交流才变得多起来。"西域以孝武时始通，本三十六国，其后稍分至五十余，皆在匈奴之西，乌孙之南。"（《汉书·西域传》）由此，对西域才有了更多的了解。若就游牧生活状况来考察，其情形大抵如此：婼羌国"随畜逐不草，不田作"，鄯善国"民随率牧逐水草，有驴马，多橐它"，乌秅国"出小步马，有驴无牛"，西夜国"随畜逐水草往来"。罽宾"出封牛、水牛、象、大狗、沐猴、孔爵、珠玑、珊瑚、虎魄、璧流离"，乌弋"有桃拔、师子、犀牛"，大宛国"多善马。马汗血，言其先天马子也"，休循国"因畜随水草，本故塞种也"，捐毒国"随水草，依葱领，本塞种也"，尉头国"田畜随水草，衣服类乌孙"，乌孙国"不田作种树，随畜逐水草，与匈奴同俗。国多马，富人至四五千匹"。所有记录都较为简略，因为这些国家多是"随畜逐水草往来"，不事农业耕作，甚至"与匈奴同俗"，已无须多做介绍。但是，《汉书·西域传》有意识地提起"大禹之序西戎，周公之让白雉"的故事，以追溯历史的方式回归现实,其实质是在文化交流中开始改变对待游牧文明的态度。时至先秦后期,随着民族融合的加深,人们对待周边异族的态度越来越充满文化自信,正如《吕氏春秋》所言:"善为君者,蛮夷反舌殊俗异习皆服之,德厚也。"(《吕氏春秋·仲春纪·功名》)

第二节 动物与神异:从祭祀用牲到动物灾祥

动物与神异①相结合表现出来的动物神秘文化是人类早期文明的另一面相。在先秦时期,祭祀是古人昭孝事祖、沟通神明的一种礼仪活动。"祀者,所以昭孝事祖,通神明也。"(《汉书·郊祀志上》)其实,祭祀占卜、祥瑞灾异又都与动物相关联:祭祀用牺牲取信于神以求得庇佑,占卜用灵龟预测吉凶,祥瑞灾异则通过动物得以昭示世人。

一 动物神异文化的滥觞

《尚书》展示了动物神异现象的最初场景。动物已是上古时期祭祀典礼上的不可缺之物。据《虞书》记载:"十有一月朔巡守,至于北岳,如西礼。归,格于艺祖,用特。"(《虞书·舜典》)说的是帝舜巡视回来后,到帝尧的太庙祭祀,用一头牛作为祭品。又如《周书》记载:"周公……越三日丁巳,用牲于郊,牛二。越翼日戊午,乃社于新邑,牛一,羊一,豕一"(《周书·召诰》),"戊辰,王在新邑烝,祭岁,文王骍牛一,武王骍牛一"(《周书·洛诰》)。两相比较,西周初周公、周王祭祀所用祭品较帝舜时代明显要多要大,甚牺牲品的颜色都有特殊含意。可见,随着经济实力的增加,祭祀活动越发隆重,动物祭品数量愈益增多,品种也更加丰富。

---

① "神异"指的是人类社会、自然界中某些异常的情境或现象,往往关涉神鬼、祭祀、占卜、图腾宗教、灾祥等众多现象。在中国古代,动物与神异现象联系紧密,如英国学者胡司德(Roel Sterckx)指出今人所谓"寻常"动物,在古人看来往往也是宗教或巫术的对象,具有"灵异"意义。参见[英]胡司德《中国古代的动物与灵异》,蓝旭译,江苏人民出版社2016年版,"译者的话"第7页。

占卜所需的动物主要是龟。① 《夏书·禹贡》记载:"九江纳锡大龟。"龟甲是用来占卜的灵物,因此龟就成为当时一种特别重要的动物资源,甚至有产地专事供应。《尚书》记载了多起占卜用龟的事件:"西伯既戡黎,祖伊恐,奔告于王。曰:'天子!天既讫我殷命。格人元龟,罔敢知吉'"(《商书·西伯戡黎》),"史乃册,祝曰:'……今我即命于元龟,尔之许我,我其以璧与珪归俟尔命;尔不许我,我乃屏璧与珪。'乃卜三龟,一习吉"(《周书·金縢》)。前者记述商末祖伊告诫商纣王:用大龟占卜却觉察不到任何吉兆,这是因为大王淫荡嬉戏自绝于天。后者记述周初史官向先王祷告以自身去代生病的武王姬发,卜问三龟都得到吉兆。人们相信,在天命与人事之间,神龟起着沟通作用,无论征兆是凶是吉。

灾异事件中往往也有动物的身影。据《尚书》记载,当时就流行古人之言"牝鸡无晨;牝鸡之晨,惟家之索",用以讽刺"今商王受惟妇言是用,昏弃厥肆祀弗答,昏弃厥遗王父母弟不迪"(《周书·牧誓》)。从动物科学上看,"牝鸡司晨"是一种动物性别转变现象,但古人并不了解这一点,以为这是反映天意的异常现象,所以周王才敢借此自称伐商是"恭行天之罚"的正义行动。

二 祭典动物与制祀之慎

动物一般是用作祭品,有时偶尔也被当作祭祀对象,但不合祭典规则。如《国语》记载"臧文仲祭海鸟"的事件,说的是一种名叫"爰居"的海鸟栖停在鲁国国都东门外多日,臧文仲命令人们都去祭祀它。此举受到柳下季严厉批评:"夫祀,国之大节也;而节,政之所成也。故慎制祀以为国典。今无故而加典,非政之宜也。……今海鸟至,己不知而祀之,以为国典,难以为仁且智矣。……夫广川之鸟兽,恒知避其灾也。"(《国语·鲁语上》)柳下季认为,无故增加祀典不是治理政事的正

---

① 先秦时期主要用龟甲占卜,称为龟卜。此外,古人占卜时常因地制宜、就地取材,于是出现了蠡卜、虎卜、鸡卜、羊骨卜、鸟卜等形式。参见卫绍生《中国古代占卜术》,中州古籍出版社1991年版,第22—24页。

确方法，因海鸟"爱居"不在祀典之列，故祭祀海鸟属于不仁不智的荒唐行为。并且根据观测经验预测到灾异将出现，恰逢当年海上暖冬多大风，最终臧文仲也就信服不疑。

古人不但在祭祀对象上讲究原则，而且在提供祭品上也坚持祭典规则。《楚语》记载楚国贵族屈到之子屈建违背父命、坚持祭典的故事："屈到嗜芰，有疾，召其宗老而属之，曰：'祭我必以芰。'及祥，宗老将荐芰，屈建命去之。……子木曰：'……其祭典有之曰：国君有牛享，大夫有羊馈，士有豚犬之奠，庶人有鱼炙之荐，笾豆、脯醢则上下共之。不羞珍矣，不陈庶侈。夫子不以其私欲干国之典。'遂不用。"（《国语·楚语上》）菱角并非奢侈之物，远不及国君的牛享、大夫的羊馈、士人的豚犬之奠、庶人的鱼炙之荐，只因不符合祭典而被否定，由此可见楚国对于祭典的严格遵循。这就是"慎制祀以为国典"。祭典或者祀典作为国之大典，在祭祀动物（牺牲）上有着严格规定不是某一国的特殊规定，而是当时的通则。

"观射父论祀牲"（《国语·楚语下》）事件清晰地呈现了当时祭祀之慎，涉及用什么牲畜、大小如何、豢养时间多少等具体事项：一是关于祭祀所用牲畜的数量及其种类。在数量上，祭祀比平时杀牲的盛馔要多。在种类上，天子祭祀时要供奉三份太牢（牛、羊、猪齐全的祭品）；诸侯供奉太牢；卿祭祀时用一头牛；大夫供奉一羊、一猪的少牢；士供奉一头猪；百姓供奉烤鱼。通过这一规定达成尊卑有别的等级秩序、百姓不敢轻慢的政治目的。二是关于祭祀用牲畜的大小。春夏祭所用的牲畜，角的大小不超过蚕茧、栗子；冬秋祭所用的牲畜，角的长度不超过手握。祭品要求齐备，不要求硕大，而且敬神时间不能太久。之所以如此，是因为担心民力承受不了。三是关于祭祀的牲畜豢养时间的长短。因为祭祀用牲畜不必大，所以豢养时间也不用太长：大的不过三个月，小的不过十天。其原因也在于爱惜民力，不愿耗费过多资源。四是古时的祭祀用牲的情况。古时天子祭天，一定要亲自射杀牲畜；诸侯祭祀宗庙，一定要亲自射牛、宰羊、杀猪。五是先秦饮食制度中所涉动物的相关规定。天子平时盛馔用牛、羊、猪齐全的太牢，诸侯则只用一头牛，卿用一羊一猪的少牢，大夫用一头猪，士用鱼肉，而百姓平时吃菜蔬。在数量上，祭祀比平时杀牲的盛馔要多，故高层统治者被称为"肉食者"，可以说于典有据。

三 祭祀用牲与动物之卜

《春秋》三传尤其是《左传》《公羊传》中有大量祭祀用牲记录，如："夏六月辛未，朔，日有食之。鼓，用牲于社，非常也"（《左传·庄公二十五年》），"秋，大水，鼓用牲于社于门"（《公羊传·庄公二十五年》），"九月庚午朔，日有食之，鼓，用牲于社"（《公羊传·庄公三十五年》），"六月辛丑朔，日有食之，鼓，用牲于社，非礼也"（《左传·文公十五年》），"六月辛丑朔，日有食之，鼓，用牲于社"（《公羊传·文公十五年》）。可见，用牲的原因多样，如日食、大旱、洪水，异常天象和水旱灾害都在其中。

从祭祀用牲的对象看，情形非常复杂。"天子祭天，诸侯祭土"（《公羊传·僖公三十一年》）。在天神、土地神之外，还有龙神、门神。《左传·桓公五年》记载的大雩之礼是求雨仪式，源于每年四月苍龙星宿见于东方时所举行的雩礼（谓之常雩），当发生大旱时所举行的雩礼称为大雩，用牲的对象是龙。出现日食、发洪水之时用牲于社，亦即土地神，但《左传》认为不合常礼，因为"凡天灾，有币无牲"。然而，同样是庄公二十五年秋天洪水，《公羊传》与《左传》看法相异，认为祭祀土地神合乎礼仪，只有祭祀门神不合常礼。当然也有免牲的事例，如《左传》记载："夏四月，四卜郊，不从，乃免牲，非礼也。"（《左传·僖公三十一年》）但被认为不合于礼。《公羊传》加以解释："三卜礼也，四卜非礼也。三卜何以礼？四卜何以非礼？求吉之道三。……曷为或言免牲？或言免牛？免牲，礼也，免牛，非礼也。免牛何以非礼？伤者曰牛。"（《公羊传·僖公三十一年》）实际上牛还是要杀的，在占卜到吉日后改称为牲，只是这被认为是在上者侮慢大典、亵渎龟甲的行为。

祭祀的目的是取信于神以求得庇佑。春秋时代人们虽然相信鬼神，但也已显现出浓厚的民本主义思想，表现在祭祀上亦是如此。据《左传》记载，桓公六年季梁劝阻隋侯不要中计去攻打楚国，他指出小国得以抗拒大国是因为小国得道而大国淫暴。"所谓道，忠于民而信于神也。上思利民，忠也；祝史正辞，信也"（《左传·桓公六年》），其中的核心思想、基本原则也就是忠于人民、取信鬼神：君侯所思所虑有利于民就是忠，祝官诚实祭告神灵就是信。但是，并非向神献祭丰厚就能取得信任。季梁在回答桓公"吾牲牷肥腯，粢盛丰备，何则不信"的问题时认为："夫民，神之主也。是以圣王先成民而后致力于神。故奉牲以告曰'博硕肥腯'，谓民力之普存也，谓其畜之硕大蕃滋也，谓其不疾瘯蠡也，谓其备腯咸有也。"（《左传·桓公六年》）季梁的观点是"民为神主"，即人民才是鬼神的主人，民意也就是神意。因此，神所看重的牲牷肥腯之类的祭祀，反映在民众那里就是体现在畜牧业上的生产能力：牲畜肥大蕃盛，没有生癣生病，数量备用充分。季梁此番言论显然有利于生产力发展、有益于国家强盛。

用动物占卜过程中会出现一些怪异的事情，如《公羊传》记载了鼷鼠啃噬准备用于郊祭的牛而改用其他牛卜其凶吉的事件："鼷鼠食郊牛，牛死，改卜牛"（《公羊传·定公十五年》），"鼷鼠食郊牛，改卜牛"（《公羊传·哀公元年》，《谷梁传·哀公元年》）。《公羊传》对于此类事件未做发挥，而《谷梁传》则在加以特别关注的同时还做了政治上的解读："鼷鼠食郊牛，牛死，改卜牛。不敬莫大焉。"（《谷梁传·定公十五年》）在《谷梁传》看来，鼷鼠极小，但啃食祭祀天地之牛的角，有着特殊的文化含义。在时人看来，郊祀为重祀，鼷鼠失性而使祭祀不成，表明君王对天有不敬，将会导致天变，意谓着国将败亡。

四　灾异动物与观念之争

《春秋》记录动物灾异事件，用字极其简省。如隐公五年、八年，均只著有"螟"一字，桓公五年只著一"螽"字。相较而言，《春秋》三传要详细一些，如《谷梁传》记载动物灾害：僖公十五年"八月，螽。螽，虫灾也。甚则月，不甚则时"，文公三年"秋，楚人围江。雨螽于宋。外灾不志，此何以志也？曰，灾甚也。其甚奈何？茅茨尽矣。著于上，见于下，谓之雨"。前者对于蝗灾延续的时间记载比较具体，后者对于灾难现状的记载甚至已颇具"现场感"。

但是，对于动物灾异现象的解释，又各有不同。如《公羊传》对于动物灾异的记载：隐公五年"螟。何以书？记灾也"，桓公五年"螽。何以书？记灾也"，庄公十七年"冬，多麋。何以书，记异也"，庄公十八年"秋，有蜮。何以书？记异也"，庄公二十九年"秋，有蜚。何以书？记异也"，文公三年"雨螽于宋。雨螽者何？死而坠也。何以书？记异也"，昭公二十五年"有鸜鹆来巢。何以书？记异也。何异尔？非中国之禽也，宜穴又巢也"，哀公十二年"冬十有二月，螽。何以书？记异也。何异尔？不时也"。《公羊传》多处明文指出"记灾""记异"，作者对于"灾""异"做了明晰的区分，如动物中的螟虫和蝗虫（《说文》："螽，蝗也"）。肆虐，一般会造成严重的农业灾害，故"记灾也"。而蜚（臭虫，蜚者，臭恶之虫也）和蜮（一种食禾苗的害虫）的出现，一般不会造成灾害，但可能因为少见而显得怪异，故"记异也"。少见多怪的典型是昭公二十五年"有鸜鹆来巢"，因为鸜鹆非中原国家本土的鸟类。

《公羊传》中不止灾异观念表现比较突出，而且天人感应思想也十分明晰。在解说宣公十五年冬季"螽（蝗虫幼虫）生事件"时说："未有言螽生者，此其言螽生何？螽生不书，此何以书？幸之也。幸之者何？犹曰受之云尔。受之云尔者何？上变古易常，应是而有天灾，其诸则宜于此焉变矣。"依据微言大义的"春秋笔法"，应当记录"虫众"而不记录"螽生"，因为刚出生的蝗虫幼虫还没有造成灾害。而《春秋》之所以变例书螽生者，是因为宣公在天灾后能反省改过恢复古制，故而孔子为鲁宣公感到侥幸，留下了记录。《公羊传》中说宣公"变古易常，应是而有天灾"，体现出来的正是天人感应思想。

相较而言，《左传》中关于动物灾异的记载，往往只明说"灾"，而很少明说"异"。《左传》认为《春秋》"凡物不为灾不书"，因此在《公羊传》中被称之为"异"的动物事件在《左传》中也被定性为"灾"。当然，《左传》自然回避不了"异"，如"文公十六年：有蛇自泉宫出，入于国，如先君之数。秋八月辛未，声姜薨，毁泉台"，但它并没有直接做出天人感应的解释。事实上，对于动物之异，《左传》有着更多角度的解释。如庄公十四年有蛇斗于郑南门中，鲁庄公问申繻是否有妖乎，得到的回答是："人之所忌，其气焰以取之，妖由人兴也。人无衅焉，妖不自作。人弃常则妖兴，故有妖。"（《左传·庄公十四年》）郑厉公复辟前六年，在国都大门口有两蛇缠斗，门外的蛇杀死门内的蛇。复辟成功后出现流言说外蛇是厉公，内蛇是郑子，蛇斗的结果得以应验。但申繻把责任归之于人，认为"妖由人兴""妖不自作"，妖异是因人之行为违背常道而产生。又如"子产不禳龙斗"："郑大水，龙斗于时门之外洧渊。国人请为禜焉，子产弗许，曰：'我斗，龙不我觌也。龙斗，我独何觌焉？禳之，则彼其室也。'"（《左传·昭公十九年》）子产把龙斗这样的异事当成是无须怪异、无须作为的自然之事，直接否定怪异的存在。

同代人对于同一事件的不同补充、解释、阐发也反映了观念的差异。如对于《春秋》中哀公"西狩获麟"这一事件的解读："十有四年春，西狩获麟。引取之也，狩地不地，不狩也。非狩而曰狩，大获麟，故大其适也。其不言来，不外麟于中国也。其不言有，不使麟不恒于中国也"（《谷梁传》），"西狩于大野，叔孙氏之车子鉏商获麟，以为不祥，以赐虞人。仲尼观之，曰：'麟也。'然后取之"（《左传》），"西狩获麟。何以书？记异也。何异尔？非中国之兽也。……麟者，仁兽也。有王者则至，无王者则不至。有以告者曰：'有麕而角者。'孔子曰：'孰为来哉！孰为来哉！'反袂拭面涕沾袍。……西狩获麟，孔子曰：'吾道穷矣'"（《公羊传》）。三者比对，《谷梁传》并不补充介绍事件的经过，而是解释为何"非狩而曰狩""其不言来与有"，没有弦外之音。《左传》补充了获麟人是谁（叔孙氏之车子鉏商）、当时的反应（以为不祥，以赐虞人）、事情的转变（仲尼观之，曰："麟也"）以及结局（然后取之），对事件做了比较完整的介绍，而且通过孔子的简单言论否定事件的"不祥"。《公羊传》则从"孰为来哉"的夫子之言中得出"不祥"之意，即孔子"天丧予""吾道穷矣"的哀叹。作者解说《春秋》，着力于阐发这一事件的"微言大义"，是希望"拨乱世，反诸正"。《春秋》三传的这种情况，真实反映了当时社会处于大变革、大转型之中，文化思想观念已初现百家争鸣之象。

第三节 动物与政治：从政治教化到政治资源

动物在人类政治活动中也发挥着重要作用。上古时期圣王以动物图腾的形式通过音乐教化民众、臣服诸侯。人们把祥瑞动物与德政联系到一起，此时统治者也往往通过封禅巩固其政治合法性地位。动物还是国家的重要政治资源，颇受政治家们关注。最终一统天下的秦国之诞生、发展与兴盛，与对畜牧业的重视有着极为密切的关联。

一　动物与政治教化

上古时期，动物形象在音乐教化以及庙堂祭祀乐舞中时常出现。据《尚书》记载，帝舜要求夔利用乐教化人："夔！命汝典乐，教胄子，直而温，宽而栗，刚而无虐，简而无傲。"（《虞书·益稷》）《虞书》有两段记载，虽场景不同，但都记载了乐官夔的同一言论："于！予击石拊石，百兽率舞。"此处"百兽"实际上不可能是自然界中的各种野兽，应是由人扮演的动物形象。在此，乐官夔表达的是："我轻敲重击石磬，请扮演百兽的人们依着音乐的节奏舞蹈起来。"此处内容关涉两个方面：

其一是乐教。古人非常重视音乐的教化作用，认为它能培养人"直而温，宽而栗，刚而无虐，简而无傲"的品格，从而达到"神人以和"的效果。但是这教化效果是通过"百兽率舞"的形式表现出来的。在最本真的意义上，"百兽率舞"指的是野兽受音乐的感化而随乐起舞。但这事实上不可能出现，于是只好让人扮演野兽形象在庆典上演绎这一情景。其二是图腾。图腾（totem）是远古人们把某种动植物或非生物等当作自己亲属、祖先或保护神而产生的人格化的崇拜对象，作为原始的宗教形式，它表征的是人与自然之间的某种神秘的关联性。因为动物图腾居多数，所以图腾实际上反映了远古人类与动物之间的密切关系。百兽代表的是参加祭祀的众多部落或者各路诸侯，每一种野兽都指向某一个部族的图腾，动物图腾在此起到了区分、聚合部族的作用。这里的图腾舞蹈呈现的正是上古时代部落联盟图腾崇拜的实况。"黄帝与炎帝战，以雕鹖为旗帜"（《艺文类聚·卷九十·鸟部上》），说的就是图腾崇拜不同的部落之间的战争。

"百兽率舞"体现的是部落或者诸侯对于帝舜的臣服，因此这一事件在道德教化意义之外还具有政治上的意义。事实上，道德教化最终以政治臣服为目的，政治臣服又最好以道德教化为形式，而"百兽率舞"是二者有机融合的完美表现。由此亦可见上古圣王的政治智慧。

二 动物与政治预言

先秦时期，人们习惯于把某些动物与政治灾祥联系起来。西周天命神学观念盛行，人们普遍认为君权来自天神赐予，但神并非随意授权，授权的根据是统治者的政德。周惠王问是否真有神降临人间，内史过说："有之。……神飨而民听，民神无怨，故明神降之，观其政德而均布福焉。国之将亡……神亦往焉，观其苛慝而降之祸。是以或见神以兴，亦或以亡。"（《国语·周语上》）尽管认为神可以直接昭示兴亡，但是神本身却不可见，故而神意必须具体化为国家兴亡的各种征兆。于是，某些动物起到了政治预言的作用："商之兴也，梼杌次于丕山；其亡也，夷羊在牧。周之兴也，鸑鷟鸣于岐山；其衰也，杜伯射王于鄗。是皆明神之志者也。"（《国语·周语上》）显然，内史过把这些征兆都解读为神的旨意。而夷羊在野、凤鸣岐山正是殷商灭亡与西周兴起的动物征兆。在此，某些特定的动物被赋予了灾祸或者祥瑞的文化含义。《国语·郑语》记载史伯（西周末年太史伯阳父，亦称史伯）与郑桓公的对话，其中涉及龙鼋带来的灾异事件：周宣王之时有童谣唱道："檿弧箕服，实亡周国。"于是宣王派人捕杀卖桑弓、箕箭袋的人，有一对夫妇为躲避杀戮逃向褒国。此时王府中一宫女不夫而育，因为害怕而将女婴丢弃，正好被逃亡的夫妇捡到，这个女婴就是褒姒。而褒姒的来历，与由龙漦而化成的玄鼋的出现相关。"赫赫宗周，褒姒灭之"（《诗经·小雅·正月》），后来周幽王因宠幸褒姒而亡国。

政治家也利用动物政治预言谋求国家利益。在"假道伐虢"的事件中，出现了一个具有动物形象的天神——天之刑神蓐收："虢公梦在庙，有神人面白毛虎爪，执钺立于西阿，公惧而走。……召史嚚占之，对曰：'如君之言，则蓐收也，天之刑神也，天事官成。'"（《国语·晋语二》）虢国君主梦见自己在宗庙之中看见神人，浑身白发，人脸虎爪，手执大斧，说是奉天帝命令要让晋国军队开进虢都。后来晋献公借道虞国灭了虢国，时间为九月十月之交时，依照童谣所传："丙之晨，龙尾伏辰，均服振振，取虢之旗。鹑之贲贲，天策焞焞，火中成军，虢公其奔！"当然，上述动物与祥瑞灾异的联系均缺乏科学依据。事实是当时人们知识水平有限，无法做出科学解释，就算孔子这样不轻言"乱力神怪"的圣人也只能以"怪"来解释。据说季桓子穿井获羊，而后以获狗探问孔子，孔子回答："以丘之所闻，羊也。丘闻之：木石之怪曰夔、魍魉，水之怪曰龙、罔象，土之怪曰羵羊。"（《国语·鲁语下》）井中动物如何而来不得而知，但据此可见孔子相信存在"怪物"。

其实，政治家对于怪异现象的解释与引申常常从自身利益出发，对于神学结论并不感兴趣。如《周语》记载宾孟在郊外看到公鸡啄断自己尾羽，仆役说是"怕被尊为牺牲"。他告诉景公："人牺实难，己牺何害？抑其恶为人用也乎，则可也。人异于是。牺者，实用人也。"（《国语·周语下》）宾孟认为那是牲畜的本性，毕竟它们讨厌为人所用，而人与牲畜在这一点上不同。宾孟借此发挥：尊宠外人确有祸患，但尊宠自己人又有什么祸害呢？所谓像牺牲那样尊宠，就是要起用自己人。说到底，在政治家的深层意识里，动物是否征兆灾祸吉祥，不在动物本身，而在于人的利益诉求。

三 动物与政治合法性

先秦时期，祥瑞动物的出现是统治者宣示政治合法性的必要条件。对统治者政治合法性宣示的最权威的行为莫过于封禅。在天人相应观念的影响下，古代帝王宣称自己"受命于天"以巩固自己的统治，把封禅作为强调君权神授的重要仪式。"封禅"二字较早见于《管子·封禅》篇，其中管仲对此发表见解："古之封禅，鄗上之黍，北里之禾，所以为盛；江淮之间，一茅三脊，所以为藉也。东海致比目之鱼，西海致比翼之鸟，然后物有不召而自至者十有五焉。今凤皇麒麟不来，嘉谷不生，而蓬蒿藜莠茂，鸱枭数至，而欲封禅，毋乃不可乎？"（《史记·封禅书》）春秋时期首任霸主齐桓公曾"九合诸侯，一匡天下"，在政治上取得了极大成就，于是有了封禅之意，但是遭到管仲反对。管仲列举反对的理由：现在凤凰麒麟不来、嘉谷不生，而蓬蒿藜莠等杂草非常繁茂，鸱枭之类的凶禽恶鸟多次到来，不合古代封禅的制度。在管仲看来，齐桓公在军政方面取得的成就还并非封禅的必要条件，而瑞兽嘉谷之类的祥瑞之物才是封禅不可缺少之物。正如司马迁所说:"自古受命帝王,曷尝不封禅?盖有无其应而用事者矣,未有睹符瑞见而不臻乎泰山者也。"(《史记·封禅书》)

人们认为灾祥动物的出现与政权合法性更迭紧密关联:国若失德,瑞兽瑞象也会"消失";国若有德,则"妖不胜德":"后十四世,至帝孔甲,淫德好神,神渎,二龙去之。……伊陟曰:'妖不胜德。'太戊修德,桑榖死。伊陟赞巫咸,巫咸之兴自此始。后十四世,帝武丁得傅说为相,殷复兴焉,称高宗。有雉登鼎耳雊,武丁惧。祖己曰:'修德。'武丁从之,位以永宁。"(《史记·封禅书》)帝孔甲因淫德渎神而二龙飞离,可知龙在瑞兽之中的尊贵地位。秦嬴政兼并天下,采纳阴阳家邹衍(约公元前305—前240年)的五德终始理论①,以黑龙为德,说是有"水德之瑞"。其实,"水德代周而行"的结论是为秦的统一提供政治合法性:"今秦变周,水德之时。昔秦文公出猎,获黑龙,此其水德之瑞。'于是秦更命河曰'德水'。"(《史记·封禅书》)

沟通天意,少不了占卜。古人认为,"昆虫之所长,圣人不能与争。其处吉凶,别然否,多中于人。"用灵龟来判断吉凶、区别是非,往往比圣人的预测还更准确。司马迁作《龟策列传》说:"夏殷欲卜者,乃取蓍龟,已则弃去之,以为龟藏则不灵,蓍久则不神。至周室之卜官,常宝藏蓍龟;又其大小先后,各有所尚,要其归等耳。"显然,司马迁也是相信灵龟蓍草的,他甚至还举自己在江南考察所闻所得来"证实"在杀龟事宜上的道理:"人民与君王者异道。人民得名龟,其状类不宜杀也。以往古故事言之,古明王圣主皆杀而用之。"(《史记·龟策列传》)所谓"人民与君王者异道",说的是普通百姓不能杀神龟,但是明王圣主都杀来用于占卜。这是为统治者的政治威望造势,虽无科学依据,但相信龟有神性确是先秦时期人们尊奉的文化传统。

四 动物与政治资源

作为物质财富与社会地位象征的重要动物,马在《国语》中出现比

---

① "五德"指的是土木金火水五种德性或性能,"五德终始"指的是五德从始到终、终而复始的循环运动。邹衍以五德终始作为历史变迁、王朝更替的根据。

较密集，书中多有记载，如齐桓公为称霸，对外攻防狄人，对各诸侯小国则广施仁义，以马作为外交手段：为邢国修筑夷仪城，让他们牛马牲畜得到如数保全；为卫国建造楚丘城，因为卫人的牲畜散失殆尽无法繁殖，齐桓公送与他们三百匹厩内系养的良马（《国语·齐语》）。而晋文公的故事也是一个比较典型的例子。晋公子小白在流亡过程中，得到众诸侯的帮助，获得的几笔巨大财富就是车马："齐侯妻之，甚善焉。有马二十乘，将死于齐而已矣。""公子过宋……襄公从之，赠以马二十乘。"（《国语·晋语四》）在如此厚遇下，晋公子小白甚至差点淡忘了回国夺取政权的政治抱负。

"蓄货聚马"是战乱时代统治者们积聚政治资源的重要方式。楚国斗且听到令尹子常说的都是"蓄货聚马"之类的话，于是预言楚国将要灭亡："吾见令尹，令尹问蓄聚积实，如饿豺狼焉，殆必亡者也。夫古者聚货不妨民衣食之利，聚马不害民之财用，国马足以行军，公马足以称赋，不是过也。"（《国语·楚语下》）楚国令尹子常关心的是如何才能聚敛财宝和马匹以扩充政治资本。但是历史上明智的统治者知道积聚财货、聚敛马匹会损害百姓利益，即便国家征收马匹也仅满足行军所用，公卿聚马则与兵赋相称。所以在斗且看来，令尹子常不顾古时政治智慧，像饿狼一样贪婪，其结果只能是百姓因为穷困而产生背叛之心，据此可以判断楚国将要灭亡。

马是诸侯们豢养的钟爱之物，许多诸侯建有马厩，如庄公"二十九年春，新作延厩。书，不时也"（《左传·庄公二十九年》）。马可以作为诸侯之间颇有分量的礼物，如秦献公谋臣献计"假道伐虢"，用于贿赂虞公的就有"屈产之乘"（《公羊传·僖公二年》：荀息曰："请以屈产之乘，与垂棘之白璧往，必可得也。则宝出之内藏，藏之外府，马出之内厩，系之外厩尔，君何丧焉？"），虞公果然中计。甚至诸侯国之间发生过抢夺马匹的事情，如"秦为令狐之役故，冬，秦伯伐晋，取羁马。晋人御之"（《左传·文公十二年》）。马最大的用处体现在战场上。在先秦战争中，少不了车骑。如"许穆夫人赋《载驰》。齐侯使公子无亏帅车三百乘、甲士三千人以戍曹"（《左传·闵公二年》）。战车和马是国家军事、政治实力的重要标志，阅兵正是这种实力的展示："秋，大阅，简车马也。"(《左传·桓公六年》)当然,马也可以用于骑乘,作为日常出行的工具。《左传》多处记载马匹的赏赐,数量并不算多,其主要用途不会是军事,很可能用作骑乘。如:"十八年春,虢公、晋侯朝王,王飨醴,命之宥,皆赐玉五瑴,马三匹。"(《左传·庄公十八年》)

农业文明中最典型的经济动物还有桑蚕、耕牛等。据《晋语》记载:"桓公卒,孝公即位。诸侯叛齐。子犯知齐之不可以动,而知文公之安齐而有终焉之志也,欲行,而患之,与从者谋于桑下。蚕妾在焉,莫知其在也。"(《国语·晋语四》)所载之事是子犯在桑树下商议事情却被蚕妇偶然听见。从这里可以看出,像齐国这样的北方地区也有桑蚕业。同时,牛耕也开始普遍起来,所谓"宗庙之牺为畎亩之勤,人之化也"(《国语·晋语九》),牛由以前用于祭祀已转变为用于农耕,这一变化反映了农业发展对于耕牛需求增大的事实。显然,这一变化大大促进了春秋时代农业生产力的发展,为战国时期社会转型准备了重要的经济条件。其他常见的牲畜如狗、猪之类也是动物类财富。越王勾践为增加国家人口奖励生育:"生丈夫,二壶酒,一犬;生女子,二壶酒,一豚。"(《国语·越语上》)这些作为国家资源的动物财富,能够为百姓提供额外的生活资料。

此外,野生动物资源也被当成重要的政治资源,而且是国家实力的重要标志,它们在外交场合都是常被提及的对象。在这方面,楚国因为拥有丰富的动物资源而成为典型。如楚王问公子小白"何以报我"时,回答是:"子女玉帛,则君有之。羽旄齿革,则君地生焉。其波及晋国者,君之余也,又何以报?"(《国语·晋语四》)晋文公的回答颇具外交风范,高度夸饰楚国的经济实力,其中"羽旄齿革,则君地生焉"指的即是楚国的动物资源。又如子张劝谏楚王时说:"赖君用之也,故言。不然,巴浦之犀、犛、兕、象,其可尽乎,其又以规为瑱也?"(《国语·楚语上》)这是成语"以规为瑱"的由来:子张希望楚灵王能做一个贤明君主,楚灵王说子张的进谏虽不能用但还能当作塞耳的瑱,子张说若以规为瑱还不如用巴浦的犀角和象牙,因为根本用不完。从君臣的调侃可推见楚国巴浦的动物资源之丰富。

统治者们清楚这些动物资源的巨大政治价值。如楚国王孙圉出使晋国,在回答赵简子"其为宝也,几何矣"的问题时说:"楚之所宝者……

又有薮曰云连徒洲，金木竹箭之所生也。龟、珠、角、齿、皮、革、羽、毛所以备赋，以戒不虞者也。……山林薮泽足以备财用，则宝之。"（《国语·楚语下》）文中所说的云连徒洲，拥有丰富的动物资源，可以用来提供兵赋（如犀牛皮可以制成甲胄、鸟羽可以制成箭矢）、预防不测之患，自然是国家珍视的对象。

五 动物与帝国的崛起

动物有时关涉帝国的崛起，秦国即是典型的例子。大秦帝国的诞生、发展与兴盛，都与畜牧业有着极为密切的联系。秦国的诞生有着"玄鸟生商"一样的传说："玄鸟陨卵，女脩吞之，生子大业"，这是动物图腾崇拜的一种反映。虞舜时，秦的先祖大费因"佐舜调驯鸟兽，鸟兽多驯服"（《史记·秦本纪》）而得以重用，并受赐获得嬴姓。所谓"调驯鸟兽"，其实就是驯化野生动物、开展畜牧活动。至周孝王时期，"有非子居犬丘，好马及畜，善养息之。犬丘人言之周孝王，孝王召使主马于汧渭之间，马大蕃息。孝王欲以为大骆适嗣"（《史记·秦本纪》）。秦非子因善于养马，得到周王赏识，在汧水、渭水交汇处掌管养马，获封秦地而成为秦国的始封君。

到秦王嬴政时期，"乌氏倮畜牧，及众，斥卖，求奇缯物，间献遗戎王。戎王什倍其偿，与之畜，畜至用谷量马牛。秦始皇帝令倮比封君，以时与列臣朝请"。乌氏倮是秦国边鄙的畜牧主，因为畜养牛马而得到和朝臣那样按时出入朝廷的权力，位比封君。畜牧业的快速发展也催生了一些重要的相关职业，如兽医。"马医，浅方，张里击钟"（《史记·货殖列传》），说的是给马治病本是浅薄的小技艺，而张里却依靠它富到了击钟佐食的程度。正因为地处西北的秦国有获得草原异族良马资源的地理优势，加之从周天子那里取得了养马特权，并在长期畜牧过程中发展了动物医疗技术，所以秦国在战马资源上具有战国七雄中其他六国所不具备的地理条件、政治资本和技术实力。事实上，马是秦国一统天下的最重要的战略资源。

其实，动物对于历代王朝经济、政治、文化上的重要性毋庸置疑，司马迁亦曾大谈其利："弋射渔猎，犯晨夜，冒霜雪，驰阬谷，不避猛兽之害，为得味也。博戏驰逐，斗鸡走狗，作色相矜，必争胜者，重失负也。"动物之利有多种，如巨量的财富、食品的美味、斗鸡走狗的娱乐、倾倒一方的权势，无不值得追求。他列举事实："陆地牧马二百蹄，牛蹄角千，千足羊，泽中千足彘，水居千石鱼陂，山居千章之材……此其人皆与千户侯等。"司马迁列举数据说，拥有牧马50匹，养牛160余头，养羊250只，养猪250头，鱼塘产鱼1000石，山中大树1000株，诸如此类的人其财富与政治地位可与千户侯相等。至于天子，"寝兕持虎，蛟韅弥龙，所以养威也"（《史记·货殖列传》），从经济层面跃升到政治文化层面，从而获得更多更大的、超越经济层面的利益。

第四节 动物与伦理：在动物性和人类德性之间

人与动物之间的德性分野，是动物伦理的重要内容。总体而言，在人与动物之间人们普遍秉持人本主义态度，强调人的德性要求。基于对动物性的了解，先秦时期人们喜欢把动物的某些特性移植到人身上进行道德评判。动物是贵族们衣食的重要来源，他们对待动物常显示出贪婪鄙陋的一面，也有一些高明的统治者表现出对动物的关心以彰显自己的德性。

一 动物的德性

人们很早就注意到了人与动物之间的德性分野。如《国语》记载范蠡反驳吴国使者王孙雒时说："昔吾先君固周室之不成子也，故滨于东海之陂，鼋鼍鱼鳖之与处，而蛙黾之与同渚。余虽腼然而入面哉，吾犹禽兽也，又安知是䜋䜋者乎？"（《国语·越语下》）范蠡自称其先君地位低下，只能住在海边和鱼鳖相处、与虾蟆共居，所以面貌虽俨然像人，但实际上跟禽兽差不多，因此不懂得王孙雒的巧辩。可见在范蠡看来，禽兽之类的动物在心智上尚无法与人类相比。从这一分野出发，人们也注意人性与动物性之间的异同。如周襄公说："夫人性，陵上者也，不可盖也。求盖人，其抑下滋甚，故圣人贵让。且谚曰：'兽恶其网，民恶其上。'"（《国语·周语中》）周襄王引用谚语，想说明一般的人性与动物性有相同之处，但圣人德性特殊，以谦让为贵。

有些动物在德性上没有给人留下良好印象，于是被用来形容某些具有同样德性的民族或国家。如周襄王时郑国讨伐滑国，襄王大怒，准备利用狄人去对付郑国。大夫富辰劝阻，认为"章怨外利，不义；弃亲即狄，不祥；以怨报德，不仁"，极力为郑国辩护。其中谈到狄人，富辰认为"狄，豺狼之德也，郑未失周典，王而蔑之，是不明贤也"，"狄，封豕豺狼也，不可厌也"（《国语·周语中》）。富辰认为狄人的所作所为体现了豺狼之德，像野猪豺狼一样不会满足。由此可见，人们对野猪豺狼的德性的不认可。类似的记载在《左传》中也很常见。如狄人伐邢，管敬仲劝说齐侯救邢："戎狄豺狼，不可厌也。诸夏亲暱，不可弃也。"（《左传·闵公元年》）秦国士会说："晋人，虎狼也，若背其言，臣死，妻子为戮，无益于君，不可悔也。"（《左传·文公十三年》）由是看来，豺狼、老虎之类的动物，其凶残狠毒的特性已在人们心中形成了比较固定的印象。

而把动物的这些特性移植到个人身上，自然也是对个人的道德的一种贬斥。如楚国令尹子反对以商臣为大子："楚国之举，恒在少者。且是人也，蜂目而豺声，忍人也，不可立也。"（《左传·文公元年》）《国语》记载母亲评价儿子叔鱼："是虎目而豕喙，鸢肩而牛腹，谿壑可盈，是不可餍也，必以贿死。"叔向之母评价杨食我说："其声，豺狼之声，终灭羊舌氏之宗者，必是子也。"（《国语·晋语八》）春秋时期楚国商臣"蜂目而豺声"被认为不适合当继承人。晋国大夫羊舌鲋（字叔鱼）出生时长相奇特，眼睛如虎，嘴形似猪，臂膀如鹰，腹腔似牛，活脱脱一个禽兽组合体，于是其母亲认定他欲壑难填，将会因贿赂而死。而杨食我出生时因为哭声似豺狼号叫而被认为是将来毁灭宗族的恶人。可见，在当时人们心中，上述动物的某些特征是"不德"的表征，与之关联的人也必定德行有亏，从而十分厌恶。

二 动物的地位

动物的地位在其与人类的关系中表现得最为明晰，体现的往往是人的德性问题。而人与动物关系之密切，无过于宠物的豢养。其中最典型的史例是"卫懿公好鹤":"卫懿公好鹤,鹤有乘轩者。将战,国人受甲者皆曰:'使鹤,鹤实有禄位,余焉能战!'……及狄人战于荧泽,卫师败绩,遂灭卫。"(《左传·闵公二年》)卫懿公给鹤以高轩禄位,引发战士反感,结果战败亡国。卫懿公好鹤是玩物丧志、玩物丧国的典型事例,因此而成为千古笑话。

正因为此,"不可得兽而失人"成为春秋战国时期优秀政治家们秉持的重要理念。据《国语》记载:山戎无终国的国主嘉父通过魏绛送上虎豹之皮,寄希望于晋悼公能安抚诸戎。当时晋悼公意欲讨伐,魏绛没有附和而是以后羿为例进行劝诫,指出其"恃其射也,不修民事而淫于原兽"(《左传·襄公四年》),最终可能"劳师于戎,而失诸华,虽有功,犹得兽而失人"(《国语·晋语七》)。魏绛的"和戎"之策以后羿为鉴戒,以德政治理国家,放弃武力,怀近附远,终助晋悼公成就霸主大业。

如何看待动物的地位,从鲁宣公国相季文子的做法也可见时代之一斑。据《国语》记载:"季文子相宣、成,无衣帛之妾,无食粟之马。"(《国语·鲁语上》)季文子的妾不穿丝帛、马匹不喂精料,由此被认为是吝啬,有失国家体面。虽说"吾亦愿之",但季文子更重人的德性,在他看来,一是国人中父兄吃粗粮、穿陋衣的还很多,作为辅佐国君的人是以不敢奢侈。二是高尚的德行可以为国增光,马匹不值得夸耀。应该说,季文子在人与马之间,首先看到的是人(国人之父兄),但是他并非不重视马的养护,只是不愿意过分而已。季文子的人本主义精神和高尚道德情操在此显现无遗。

三 动物与贵族的品性

动物在贵族生活中起着不可或缺的重要作用。动物类生活资料往往是他们高贵品性的一种宣示,这在衣食方面表现得尤为突出。它们的存在也是对贵族们德性的一种严肃考验,人性中的贪婪、自私以及由此而带来的昏庸、短视、无道,在此均暴露无遗。

《春秋》三传对于动物衣饰品的记载不多,只有几处与"裘"有关。如晋献公命令大夫士蒍在蒲、屈两地为他的儿子重耳和夷吾筑城,士蒍草草完事而受到批评,感觉无所适从,于是赋诗道:"狐裘龙茸,一国三公，吾谁适从？"（《左传·僖公五年》）此中狐裘即是贵族常见的服饰，"狐裘尨茸"表面上说的是狐裘破败杂乱，实际上喻国政混乱。从裘皮大衣破败可以体察国政混乱，可见狐裘作为贵族衣饰标配的重要性。事实上，一件漂亮的裘皮大衣也可以是一般贵族甚至公侯珍爱之物。《公羊传》记载："蔡昭公朝乎楚，有美裘焉，囊瓦求之，昭公不与，为是拘昭公于南郢数年，然后归之。于其归焉，用事乎河。"（《公羊传·定公四年》）蔡昭公因为舍不得漂亮的裘皮大衣而被他国索求者拘禁多年，终于酿成一场政治上的灾祸。

在饮食方面，贵族因常食肉而被称为"肉食者"，有肉可食是身份高贵的一种象征。在"曹刿论战"的事件中，政治上层人物被民众称为"肉食者"："十年春，齐师伐我。公将战，曹刿请见。其乡人曰：'肉食者谋之，又何间焉'。刿曰：'肉食者鄙，未能远谋。'"（《左传·庄公十年》）食肉是贵族日常生活中的饮食常态，而不吃肉则需要惊人的意志和自制力，甚至是可以载入史册的奇事："鞌之战，齐师大败，齐侯归，吊死视疾，七年不饮酒、不食肉。"（《公羊传·成公八年》）齐侯因战败而奋发图强，七年不饮酒食肉，此举震慑住了晋侯，以至主动退还侵占的土地。但昏庸的统治者无不贪恋肉食的美味，甚至至死仍念念不忘："冬十月，以宫甲围成王。王请食熊蹯而死。"（《左传·文公元年》）这是楚太子商臣弑君事件中的一个插曲：被包围的楚成王竟然请求吃完熊掌再死。"熊掌"是统治者钟爱的奢侈美食，同时也成为昏聩无道的象征。晋灵公因为厨师烹煮熊掌不熟而肢解杀人，随后又因心中有愧而想杀重臣赵盾，所遣杀手进入赵宅发现赵盾"方食鱼飧"，禁不住赞叹"子为晋国重卿而食鱼飧，是子之俭也"（《公羊传·宣公六年》），认为是仁人而不忍心杀害。可以推知，当时贵族吃鱼已算是非常俭朴的生活。

四　动物与最高统治者的德性

动物尤其与君主、帝王等最高统治者的德性关联密切。《史记·殷本纪》中多例动物事件均指向最高统治者的德性。如殷商的开创者商汤"网开三面"的故事："汤出，见野张网四面，祝曰：'自天下四方皆入吾网。'汤曰：'嘻，尽之矣！'乃去其三面，祝曰：'欲左，左。欲右，右。

不用命，乃入吾网。'诸侯闻之，曰：'汤德至矣，及禽兽。'"（《史记·殷本纪》）"网开三面"反映了保护动物资源的古代风尚，但在此被赋予更多的道德意涵，汤以德及禽兽的行为赢得了诸侯的赞颂，从而论证了取代夏桀的政治合法性。

殷商统治者们善于借动物言事，《殷本纪》还记载了"武丁之以祥雉为德"的故事：武丁祭祀成汤，有一只野鸡飞上鼎耳鸣叫，武丁惊惧不安。祖己劝王先办好政事，不必担忧。武丁听从劝谏，修行德政，于是国势又得以兴盛。野鸡的出现，可能是凶兆，但是祖己认为上天监察下民着眼于道义，而施行德政可致"天下咸欢，殷道复兴"，因而符合天意，凶兆自然也就转变成了吉祥，这就是所谓的"以祥雉为德"。

在关于殷商末代帝王纣王的记载中，因动物而彰显的德性坠入另外一个极端："帝纣资辨捷疾，闻见甚敏；材力过人，手格猛兽；……益收狗马奇物，充仞宫室。益广沙丘苑台，多取野兽蜚鸟置其中。慢于鬼神。大勠乐戏于沙丘，以酒为池，县肉为林，使男女倮相逐其间，为长夜之饮。"（《史记·殷本纪》）此处所说的情况有四点：一是说纣王可以徒手格杀猛兽，"夏桀、殷纣手搏豺狼，足追四马，勇非微也"（《史记·律书》）。二是纣王"益收狗马奇物"，猎狗快马是田猎装备，因此纣王的行为属于典型的淫猎无度、玩物丧志的现象。三是纣王"益广沙丘苑台，多取野兽蜚鸟置其中"，这是中国古代设置动物园的最早记录。作为淫猎的直接后果，其恶劣性质与淫猎一般无二。四是"县（悬）肉为林"，动物性食品的滥用揭示了生活极度奢靡腐化。通过动物可以映射出人的德性，除"勇猛"值得称道之外，其余披露的都是纣王在德性上的严重缺失。

第三章
先秦动物文化的制度安排

在制度层面，先秦动物制度滥觞于《周易》，完善于《周礼》。其中《周易》以卦爻辞的简易形式编排人们关涉动物的行为。《逸周书》中记载有众多动物制度，反映了先秦动物制度发展时期的状态。《周礼》则以体系的精心构建、职掌的大量设置呈现出了先秦动物制度文化的完善和成熟状态。

第一节 《周易》：动物制度的滥觞

狭义的《周易》[①] 仅有"经"，即《易经》。"经"由甲骨卜发展而来，它用原始的思维安排社会生活，缺乏严谨逻辑，不是制度的经典形式（如法律、政令），但以卜为制又确实反映了社会生活制度化初期的真实状况。在动物层面，《易经》记录人们在田猎、畜牧、饮食、祭祀、役用等方面的情况，并总结和归纳其经验教训（吉凶），于是成为中国动物制度的滥觞。

一 《周易》动物文化的主要内容

《周易》卦辞、爻辞记载的内容涉及西周时期甚至更为古远的人们在

[①] 《周易》为中华群经之首，其内容包括"经""传"两部分。《经》相传为周文王姬昌所作，《传》包含解释卦辞和爻辞的十篇文字（统称"十翼"），相传为孔子及其弟子所撰。本节主要阐述"经"（《易经》）中关涉动物的内容。

经济、政治、军事、社会等方面的社会制度，其中关涉动物的记载主要集中在以下六个方面。

其一，田猎。田猎是《周易》中记载较多的关涉动物的人类活动。如："田获三狐，得黄矢"（《解》），"明夷于南狩，得其大首"（《明夷》），"射雉，一矢亡，终以誉命"（《旅》），"田获三品"（《巽》）。此四卦卦爻辞记载人们田猎获得狐狸、野鸡等禽兽，猎物种类很多，而且旅人在途中射野鸡，一箭中的，竟然得到善射的美名。当然，也未必常有所获，此时得靠他人接济度日，如《恒》卦："田无禽。"在田猎方式上，除了箭射，办法还很多。如《大壮》卦："小人用壮，君子用罔"，说的是普通百姓狩猎凭力大，而贵族狩猎用围网。也有设置陷阱来捕捉野兽或者鱼类的，如《井》卦："旧井无禽……井谷射鲋，瓮敝漏。"这些田猎方式是对日常生活经验的记录、总结和归纳。田猎是军国大事，用以田猎的山林非常重要，因此安排专门的虞人来管理，若无虞人前导，田猎往往难以成功，正如《屯》卦所述："即鹿无虞，惟入于林中，君子几不如舍。"可见，虞人引导田猎也是一种制度，它的形成应源于田猎失败的教训。

其二，畜牧养殖。《周易》记载了当时比较繁荣的畜牧业。如《大壮》一卦主要与畜牧有关："羝羊触藩，羸其角"，"藩决不羸，壮于大舆之輹"，"丧羊于易"，"羝羊触藩，不能退，不能遂"。本卦记载的是公羊头角触撞篱笆却被卡住，陷入进退两难之境，但最终摆脱羁绊逃掉的事件。公羊之所以要逃脱篱笆的限制，是因为其野性难驯，尚不习惯圈养。这一看似平淡无奇的事件其实反映了当时圈养、驯化牲畜过程中的尴尬情形。因此，这一系列记录是对畜牧经验及其教训的一种总结，可以看作某一专业领域（如驯养牛羊）的简易版技术章程。为扩大养殖规模，此时人们已经懂得良种选育的方法。如《晋》卦说"康侯用锡马蕃庶，昼日三接"，记载康侯用周王赐予的良种马来繁殖，一天配种多次。《大畜》卦也记载了当时用良马交配繁殖、用木架架住小牛的角、用围栏圈住去势的猪等技术："良马逐，利艰贞，曰闲舆卫，利有攸往"，"六童牛之牿"，"豮豕之牙"。《姤》卦与狗有关，人们役使狗协助看守牛羊以至于狗咬伤了牛羊的角（"姤其角"）。此处的狗即是牧犬，牧犬的出现也从侧面反映了当时畜牧业规模可观。无疑，这是当时人们能够总结畜牧经验及其教训以形成制度的一个前提条件。

其三，祭祀、礼仪与占卜。祭祀是古代的一种隆重的仪式，是制度性文化活动的典范。日常礼仪与占卜其实也是具有制度性特征的文化行为，礼仪是一种人际交往的规范，而占卜更是有着严格的程序。祭祀、礼仪和占卜都离不开动物，而且对它们的使用有着严格的规定。一是祭祀需要使用动物祭品，一般比较隆重，多用大牲牛牢。如："王假有庙，利见大人……用大牲"（《萃》），"东邻杀牛，不如西邻之礿祭，实受其福"（《既济》），"巩用黄牛之革"（《革》）。《萃》卦卦辞说周王祭祀使用大牲。牛是大牲，《既济》《革》二卦爻辞中提及的祭品是牛和黄牛皮，可见其祭祀活动应该比较隆重。二是日常礼仪中也需使用动物或动物制品。如《中孚》卦："豚鱼，吉。"豚鱼是行礼常用之物，虽微薄但也符合中道。又，《渐》卦："鸿渐于陆，其羽可用为仪，吉。"此卦明言鸿鸟的漂亮羽毛可以用作仪式道具。总之，吉利吉祥是礼仪的基本要求。三是占卜的器具来源于龟。如《颐》卦："舍尔灵龟，观我朵颐，凶。"灵龟乃四灵（《礼记》："麟、凤、龟、龙，谓之四灵"）之一，古时用作决疑之物。《易经》中《损》《益》两卦均有"或益之十朋之龟，弗克违"之语，并说明"王用享于帝"，亦即周王祭祀天帝用此重金购来的大龟先行占卜。

其四，动物性食物。在田猎盛行、畜牧发展的上古时代，人们的饮食自然离不开动物。由于动物性食物比较珍贵，饮食过程中也得制定若干制度，否则会引生麻烦，如《姤》卦："包有鱼，无咎，不利宾。……包无鱼，起凶"，把厨中有鱼与否和待客、征战联系起来。用鱼待客固然好，但是人们以征战的方式能获得更多的鱼却很凶险。此处隐约透露出古人对动物资源曾有过激烈的争夺。其中相关制度涉及对肉食的限制、惩罚和奖励三类，如《否》卦："包承，小人吉，大人否"，说的是庖厨中有肉，对平民百姓是好事，对王公贵族算不上好事。这里其实是对平民和贵族的饮食做出了限制性规定，因为平民难以吃上肉食，而肉食对于贵族来说又实属平常。再如《鼎》卦："鼎耳革，其行塞，雉膏不食，方雨亏悔"，诉说家中野鸡肉留着不吃，不给吃美味佳肴以示惩罚。这是饮食过程中的一种惩罚制度。《鼎》卦言养，鼎在朝庙之中，宴飨则用之，是养贤之象，这从侧面也透露出动物性饮食的重要性。无疑，宴飨养贤是一种对贤者的奖励制度。其中《噬嗑》一卦专谈吃喝以及与吃喝相关的事情："六二，噬肤灭鼻，无咎。六三，噬腊肉遇毒，小吝，无咎。九四，噬干胏，得金矢。利艰贞，吉。六五，噬干肉得黄金。"卦中列举了人们吃肉时的几种情状：有人吃着大块的肥肉，连鼻子都给遮住了，形象很是不雅；吃腊干的肉而食物中毒；吃肉时发现其中夹有铜箭头（可推断出所食之肉由田猎箭射得来，金属箭镞的出现说明当时弓箭技术有了很大改进）。从《噬嗑》的字面意义上看，它是古代人们对于饮食注意事项的一种罗列，它告诉人们饮食须讲究礼仪，还要注意食品安全。

其五，动物役用。在役用的动物中，马是最多见也是最重要的一种。如："贲如皤如，白马翰如。匪寇婚媾"（《贲》），"屯如邅如，乘马班如。匪寇婚媾"（《屯》）。由此可见，在求子、迎亲乃至送丧等日常生活领域，但凡比较重大的场合，马都发挥了重要作用。对于马的使用，后世形成了马政制度，其最早的源头亦可以追溯至此。马之所以受到重视，与马在役用中快速便捷的优点息息相关：在有意外发生的特殊时刻，骑乘马匹的作用体现得尤为明显，如《明夷》卦："夷于左股，用拯马壮。"说的是骑乘健马追射明夷鸟的效果不错。又如《涣》卦："用拯马壮"，说的是洪水到来时因骑马而成功避开了摔伤。除马之外，牛也是役用的对象。如《睽》卦："见舆曳，其牛掣，其人天且劓，无初有终。"此卦记载了牛拉囚车的事情。狗也是人类较早驯化加以役用的动物之一，《易经》中《姤》卦之"姤"在帛书中写作"狗"，与狗有关的卦中爻辞有两条（"姤，女壮，勿用娶女""上九，姤其角"），说明狗已承担看守家门和协助放牧的职责。"姤其角"说的是牧犬咬伤了牲畜的角，但是并无大碍。这是放牧过程中的一个小插曲，整个事件也许因为看来有趣而被记录下来。

其六，风景中的动物。在《易经》中，日常所见的景致中也常留有动物的身影。如《渐》卦："初六，鸿渐于干。小子厉，有言，无咎。六二，鸿渐于磐，饮食衎衎，吉。九三，鸿渐于陆。夫征不复，妇孕不育，凶。利御寇。六四，鸿渐于木，或得其桷，无咎。九五，鸿渐于陵，妇三岁不孕，终莫之胜，吉。上九，鸿渐于陆，其羽可用为仪，吉。"《渐》卦隐隐约约地描写了一个丈夫出征的妇人的孕前、孕中生活，全卦以鸿雁起兴，并以之为主线占问生活中的各类事情，比较完整地记载了鸿雁进入河干（"鸿渐于干"）、在水池中嬉戏（"鸿渐于磐"）、飞到高平地上（"鸿渐于陆"）、飞上树枝（"鸿渐于木"）、飞到山岭上（"鸿渐于陵"）的过程，其叙事方式和《诗经》中一唱三叹的比兴手法并无二致。又如《中孚》卦："九二，鸣鹤在阴，其子和之。我有好爵，吾与尔靡之"，以禽鸟和鸣之景烘托宴会时内心真诚的仪礼行为。偶尔也会记载一些有趣的场景，如《未济》卦："亨。小狐汔济，濡其尾，无攸利"，说的是小狐狸过河不成反而弄湿了尾巴。有时某些自然现象也取象于动物，如《乾》《坤》二卦中的"龙"："初九：潜龙，勿用。九二，见龙在田，利见大人。……九四，或跃在渊，无咎。九五，飞龙在天，利见大人。上九：亢龙，有悔。用九，见群龙无首，吉"（《乾》），"龙战于野，其血玄黄"（《坤》）。能行云布雨的龙只是虚构的神幻动物，实指的可能是某些剧烈的气候现象（如龙卷风、层积云）。《周易》中《乾》《坤》二卦是天地之歌，描述的是阴阳二气激荡下"天玄而地黄"（《文言》）的气象及其对人们生活的影响。而后，古人以龙的形象把对气候规律的探寻融入、升华到了人生哲理之中。

二 《周易》动物文化的人文特征

制度性安排后面往往隐含着更深的价值取向、伦理意蕴，体现出一个时代的德性追求。尽管《周易》是中国早期的一种制度性文本，但它在动物文化方面这种价值取向、伦理意蕴、德性追求也同样有迹可循。这正是《周易》动物文化的人文特征。

其一，趋吉趋利的价值取向。吉利平安是《周易》的价值取向标准。据统计，《周易》卦爻辞中"吉"字出现 145 次，"利"字出现 119 次，而"凶"字只出现 59 次。[①] 其实，"亨""无咎"等也体现了这一价值取向。这一取向反映出人们趋利避害、趋吉避凶、向往美好幸福生活的强烈

---

① 参见邓球柏《白话易经》，岳麓出版社 1993 年版，"前言"第 26—27 页。

愿望。因此,《周易》称得上是一部据神意指示规划人生幸福的生活指南。在关涉动物时,这种价值取向表现得尤为突出。如《履》:"履虎尾,不咥人。亨。……六三,眇能视,跛能履,履虎尾,咥人,凶。武人为于大君。九四,履虎尾,愬愬,终吉。"说的是礼神使用虎尾出现的吉凶情况,最终因符合礼神之道得大吉。又如《小畜》:"九二,牵复,吉。"说的是农人牵着牛马赶着车从田间归来,问筮得吉占。其中,最为典型的是《乾》卦爻辞把龙出现的各种景象与处事顺利与否紧密联系起来。

动物对人的影响具有两面性。一方面,"周公相武王伐纣,伐奄三年讨其君,驱飞廉于海隅而戮之,灭国五十,驱虎豹犀象而远之"(《孟子·滕文公下》),是时许多地方还是野兽出没的荒野,动物凶猛,严重威胁人的生存,以至于产生了一种"虎视眈眈"(《颐》:"虎视眈眈,其欲逐逐")的心理压力。但另一方面同时也是主要方面,动物又是人们崇敬、喜爱和可资利用的对象。"大人虎变,君子豹变"(《革》:"君子豹变,小人革面"),说明虎豹因其勇猛迅捷为人们所羡慕、崇拜。根据自然气象虚构出来的龙已被视为神灵之物。在实际生活中,这主要还是因为动物在人们的生产生活中扮演了极其重要的角色,带来了满足日常生活需要的实用价值。而随着人类改造世界能力的增强,动物更多的价值被发掘出来,对动物喜爱、视动物为吉利也越来越成为人与动物的关系中最为主要的方面。

其二,和比相亲的伦理准则。《周易》中有《比》卦,专说和比相亲之事:"初六,有孚比之,无咎。有孚盈缶,终来有它,吉。六二,比之自内,贞吉。六三,比之匪人。六四,外比之,贞吉。九五,显比,王用三驱,失前禽,邑人不诫,吉。上六,比之无首,凶。"君民亲善,上下相从("有孚比之")、内部亲密("比之自内")、内外友善("外比之"),说的都是人与人之间的亲善关系。若进一步拓展,这种亲善关系就是"显比",意为广泛亲善,即《比》卦中爻辞所言"王用三驱,失前禽,邑人不诫",说的是君王打猎时三面包围,但仍留一面让猎物逃走。这一记载和《史记·殷本纪》中关于商汤"网开三面"故事十分相似。而在古代,德及于禽兽被视为是德之至。又如《小过》卦:"弗遇过之,飞鸟离之,凶,是谓灾眚。"说用罗网捕捉飞鸟,有凶险,是灾祸。网罗飞鸟是一种凶险的过错,其主要原因在于赶尽杀绝的狩猎方式违背了最基本的伦理准则。可以说,和比相亲是《周易》提供的一种独特的博爱思想,对后来儒家的亲亲思想应有着一定的影响,但又与等差之爱有着明显的差异。

其三,中孚仁惠的德性追求。《周易》主张人类对待动物要真诚。如《中孚》卦:"中孚:豚鱼,吉。利涉大川,利贞。……鸣鹤在阴,其子和之。我有好爵,吾与尔靡之。"《象传·中孚卦》释经说:"豚鱼吉,信及豚鱼也。……中孚以利贞,乃应乎天也。"所谓中孚,指的是从内心让他者信服,是一种真诚的态度和行为。此卦告诉人们对人要真诚,事神要真诚,待物(如豚鱼)也要真诚,恰如鸣鹤一家的应和与我你("吾与尔")之间的情感都是因为"中孚"而相通一样。《象传》甚至把这种真诚上升到了"应乎天"亦即"天人合一"的层面。真诚相待是内心仁惠的外化。如《益》卦:"九五,有孚惠心,勿问,元吉。有孚惠我,德。"惠心是仁爱之心,复归仁爱之心即无须问筮,故应该增益加持仁爱之心,若击杀或不存仁爱之心那将非常可怕。有孚惠心,意为追寻良善、回归本心。如此,人与世界的真诚关联反映的其实是心与天的关系。这正是后来儒家在天人之际问题上继承和发挥的重要观点。

第二节　《逸周书》:动物制度的发展

《逸周书》① 中诸多篇章的主要内容多为统治者对社会的制度性设计。在动物制度方面,它盘点各方国的动物资源,从物候角度安排民众生产,记录古代动物保护制度、渔猎制度、动物经济管理制度,并把提出五德作为动物制度的指导原则。《逸周书》往往为事设制、因事成制,故而动物制度比较散乱,尚未成体系,反映了周初时期动物制度发展阶段的基本

---

① 《逸周书》是一部周时诰誓辞命的记言性史书。有学者考证系周人于孔子删《书》之后,取其所删余篇以及传世其他周室文献,又益以当时所作如《太子晋》等篇编撰而成。参见黄怀信《〈逸周书〉时代略考》,《西北大学学报》1990年第1期。

状况。

一 王国的动物资源指南

《逸周书》中《王会解》《四方令》《职方解》等篇章均记录了周天子收受的方国动物贡献，称得上是一部王国的动物资源指南。

其中，《王会解》记载周成王成周之会的盛况以及各方国的贡献。依次来贡献的方国及其贡物：肃慎贡物是大麈，秽人贡物是浅黑鲵，良夷贡物是在子，鳖身人头，扬州贡物是鳎，解国贡物是叫喻冠的奇鱼，发人贡物是像鹿的麃，俞人贡物是骓马，青丘贡物是九尾狐狸，周头贡物是一种叫烊羝的羊，黑齿国贡物是白鹿和白马，白民贡物是乘黄（像狐狸，背有两角），东越贡物是海蛤，瓯人贡物是鳝鱼，于越贡物是纳鱼，女占蔑贡物是小蜃蛤，具瓯贡物是有纹的大蜃蛤，供人贡物是黑色海贝，海阳贡物是大蟹，会稽贡物是扬子鳄。

从上述所列举的来看，除自深的贡物是桂树外，其余都是动物。事实上，其他方国贡物也大多是动物。这些动物涉及地理范围极广，而且具有代表性。此种情形正如《商书·伊尹朝献》所载，伊尹按照商汤制定的"因其地势，所有献之，必易得而不贵"原则制定了《四方令》。所贡动物中有许多后世看来不可思议的动物。如："正北方义渠，以兹白，兹白者，若白马，锯牙食虎豹。央林以酋耳，酋耳者，身若虎豹，尾长，参其身，食虎豹。北唐以闾，闾似喻冠。渠叟以鼩犬，鼩犬者，露犬也，能飞食虎豹。"（《四方令》）义渠的贡物兹白，像白马，长着锯牙，吃虎豹；央林的贡物酋耳，身子像虎豹，尾巴有身子三倍长，吃虎豹；渠叟的贡物鼩犬，能飞奔，吃虎豹。三者都是吃虎豹的猛兽，本身应该是更加凶猛的野兽才是。或许是现在已经灭绝了的动物，但也很可能是经过想象加工而成的动物形象。还有一些动物，在描述中与实际有所出入，如州靡所贡的狒狒，形状像人身，一笑嘴唇就掩住眼睛，吃人，这些都是实情，但认为狒狒脚踵是反的确为观察有误。尽管如此，《王会解》中所载动物大体属实，可信度高。

《职方解》与《周礼·夏官·职方氏》基本相同，内容主要涉及各方国、部族的人民及其粮食、牲畜等财用的多少。周天子全面掌握情况，一方面便于各地互通有无,另一方面便于确定它们的贡物。因此,《职方解》可以看作一份周王朝的方国贡物手册。根据记载,就豢养动物而言,东南方的扬州适宜鸡狗鸟兽,正南方的荆州宜于鸟兽,黄河以南的豫州适宜六种家禽家畜,正东方的青州适宜鸡犬,黄河以东的兖州适宜六种牲畜,正西方的雍州宜于牛马,东北方的幽州适宜牛马羊猪,黄河以北的冀州适宜牛羊,北方的并州适宜马牛羊猪狗。

二 动物时令的制度安排

据《周月解》记载,"周王致伐于商,改正异械,以垂三统,敬授民时,巡狩祭享,犹自夏焉"。说的是周王伐灭商朝后认真地传授时令给百姓,天子巡狩或祭祀宴享仍采用从夏代以来的历数(亦即《夏小正》)。所谓"敬授民时",主要体现在《时训解》《月令解》等篇章中。

时训,亦即关于时令的训教,其中记载了二十四节气,并且始创了七十二物候。如《时训解》记载:"立春之日,东风解冻。又五日,蛰虫始振。又五日,是对上冰,风不街冻,号令不行。蛰虫不振,阴奸阳。鱼不上冰,甲胄私藏。"春季分为六个节气,在每一个节气中又每五日为一个物候,都以典型的动物活动和植物生长情况来描述。就动物而言,在立春阶段,动物冬眠醒来;惊蛰阶段,水獭捕鱼,鸿雁来归;雨水阶段,黄鹂开始鸣叫,鹰化为布谷鸟;春分之初,燕子归来;谷雨阶段,田鼠化为鹌鹑。清明时节,斑鸠摩擦抖动翅膀,戴胜鸟飞落到桑枝上。作者观察细致,如"獭祭鱼",说的是水獭捕鱼数量很多,摆在岸上如祭祀一般。当然也不排除作者认为动物有"祭祀"的行为。因为当时人们的许多认知还在感性观察阶段,很容易做出某些为表象所掩盖的错误判断,如"鹰化为鸠""田鼠化为鴽"。此类判断在对其他时令的叙述中也时有出现,如"腐草化为萤""爵入大水化为蛤""雉入大水为蜃"。需要注意的是,《时训解》中充斥着浓厚的天人感应思想,如"獭不祭鱼,国多盗贼;鸿雁不来,远人不服",显然没有科学道理。

《月令解》也叙述每一月的物候情况,如孟春月"东风解冻,蛰虫始振,鱼上冰,獭祭鱼,候雁北",和《时训解》大同小异,只是没有按照节气来细分。但也有众多不同之处,如列举每一个月(季度)应时的动物：春季为龙鱼之类的鳞族（"其虫鳞"），夏季是凤鸟之类的羽族（"其虫羽"），秋季是老虎之类的毛族（"其虫毛"），冬季是龟鳖之类的甲族（"其虫介"）。又如对时令反常之处的解释大多比较合理，文中说仲春之月"行夏令则国乃大旱，暖气早来"，导致"虫螟为害"，也并非臆断。《月令解》最大的特色在于根据月令安排人事活动，可以称为古代统治阶级尤其是天子的政治日程表。而动物物候是引导人们行动的自然界中的活生生的时间指针，因此《月令解》中保存有大量古代关于动物的制度。

一是环境保护尤其是动物保护制度。如：孟春月"禁止伐木，无覆巢，无杀孩虫胎夭飞鸟，无麛无卵"，仲春月"无竭川泽，无漉陂池，无焚山林"，季春月"命野虞无伐桑柘。鸣鸠拂其羽，戴任降于桑"。在孟春正月禁止砍伐树木，不允许捣毁打翻鸟巢，不允许杀害幼小的飞禽走兽，不许捕捉小兽和掏取鸟卵。仲春二月，不允许排干河川沼泽和蓄水的池塘，不允许焚烧山林。暮春三月，主管山林的官吏禁止人们砍伐桑树、柘树。另外，到了夏季树木生长正茂盛时节，掌管山林的官吏会去山里巡视不许人们砍伐树木。人们在两个方面禁止对于动物的伤害，即一方面保护弱小动物本身，另一方面保护动物生存的自然环境和栖息环境。为了更好地执行禁令，甚至在祭祀大事上也严厉规定孟春月"命祀山林川泽，牺牲无用牝"，仲春月"祀不用牺牲，用圭璧，更皮币"。亦即春正月祭祀山林河流不用母牲做祭品，在二月祭祀不用牲畜作祭品，而是用玉圭、玉璧或者皮毛束帛来代替。一禁止一替代，既严格又有所变通，在遵守制度的前提下又不妨碍祭祀的顺利进行，充分体现了古人的智慧。

二是比较完整的渔猎制度。按照月令时序，季春月"田猎罼弋，置罘罗网、兽之药，无出九门"，阳春三月打猎所需要的各种网具和毒药不能出城，实则是禁止狩猎。此处列举了狩猎的两种方法：网罗和下毒。孟夏月"驱兽无害五谷，无大田猎，农乃升麦"，四月不允许大规模进行狩猎，驱逐野兽的主要目的是不让它们伤害农作物。季夏月"命渔师伐蛟取鼍升龟取鼋"，六月管理渔业的官吏斩蛟杀鼍、献龟取鼋。季秋月"天子乃教于田猎，以习五戎獀马"，九月天子借打猎教练治兵之法，熟悉各种兵器，选择良马。仲冬月"山林薮泽有能取疏食田猎禽兽者，野虞教导之",十一月主管山泽的官吏教导并鼓励农民有能在山林水泽中捕猎禽兽,并保护他们的收获不受侵犯夺取。季冬月"命渔师始渔,天子亲往",十二月管渔业的官吏开始捕鱼,天子亲自前往观看并品尝刚捕到的鲜鱼。在这一制度里,主管官员(水虞、野虞和渔师)、管理流程、所禁止的田猎手段、禁令规则一应俱全,形成了比较完整的渔猎制度。

三是动物经济及其管理制度。主要涉及如下四类:其一,关于蚕桑业。据记载:季春月"命野虞无伐桑柘。鸣鸠拂其羽,戴任降于桑。具挟曲蒙筐。后妃齐戒,亲东乡,躬桑。禁妇女无观省,妇使劝蚕事。蚕事既登,分茧称丝,效其功"。阳春三月,天气暖和,正是蚕事季节。这一月,从天子、后妃到普通蚕妇,没有人敢懈怠:天子向先帝进献桑黄色衣服以祈求蚕事如意。主管山林的官吏禁止人们砍伐桑树、柘树。人们准备蚕箔及其支架、采摘桑叶的筐篮。王后王妃斋戒身心,亲自到东边去采摘桑叶。禁止妇女到处游玩观赏,鼓励她们采桑养蚕。蚕事完成之后则把蚕茧分给妇女去缫丝,然后称量轻重以考核她们的业绩,并用这些蚕丝来供给祭天祭祖所用祭服的需要。其二,关于畜牧业。特别注重牛马的繁殖。季春月"合累牛腾马,游牝于牧。牺牲驹犊,举书其数,命国傩九门,磔攘于毕春气"。三月,让牛马在放牧中交配,清点被选作祭品的牲畜和马驹牛犊的数目,举行傩祭并在九门宰割牲畜攘除邪恶以结束春气。仲夏月"游牝别其群,则絷腾驹,班马正"。五月放牧时,把怀孕的母马从马群中分开,拴住乱蹦跳乱的公马免得踢伤母马,并颁布有关养马的政令。仲冬月"农有不收藏积聚者,牛马畜兽有放佚者,取之不诘"。十一月,要求农民收回尚未收聚的谷物、放牧在外的牛马,否则被他人取用也不能责问。其三,关于渔业。孟冬月"命水虞渔师收水泉池泽之赋,无或敢侵削众庶兆民"。渔业方面设有专门的管理官员水虞和渔师,到十一月时由他们负责向百姓收缴水泉池泽的赋税。执行赋税制度的官员不得擅自加税,否则严厉处罚而不得宽赦。其四,关于手工业。季春月"命工师令百工审五库之量,金铁皮革筋角齿羽箭干脂胶丹漆"。每到三月,主管百工的官吏让百工仔细检查各种库房中器材的数量和质量,其中有大量的皮革兽筋、兽角兽齿、羽毛箭干、油脂粘胶等动物制品。

三 动物保护的德政设计

在《大聚解》《文传解》《程典解》等篇章中，可以看到周代统治者们关于动物保护的德政设计。《大聚解》以周公口吻讲述营建居邑的措施，其中提出了"五德既明，民乃知常"的重要观点。"五德"即德教、和德、仁德、正德和归德。其中关涉动物的有：

一是德教。德教的内容很广，既立修明礼乐也教人行军打仗，既练习容仪也在春季合猎以练习迁行、耕耘以教人种植，可以说是道德与技能并重。君王更是重视道德教化，"民主明丑以长子孙，子孙习服，鸟兽仁德"（《度训解》），以廉耻教育子孙，甚至认为鸟兽也会怀有仁德。二是仁德。仁德是关爱老百姓的品德。"丘坟不可树谷者，树以材木。春发枯槁，夏发叶荣，秋发实蔬，冬发薪蒸，以匡穷困。"（《大聚解》）说的是池塘道路旁边、杂草丛生地以及土丘土堆等但凡不能种粮食的地方都栽上树木，一年四季都可以利用枯枝、树叶与花朵、可食的果实、柴薪，以救助穷困人家。其实，植树造林同样为动物生长提供了良好的栖息环境，就此而言，"仁德"及于动物。三是正德。所谓正德，就是能成就种种财富并发放以供人享用的品德。"禹之禁，春三月山林不登斧，以成草木之长；夏三月疏不入网罟，以成鱼鳖之长"，此处提及禹时的关于动植物保护的禁令：春季不准砍伐山林，以成就草木的生长；夏季河湖不准下网，以保护鱼鳖的生长。还提出"有生而不失其宜，万物不失其性，人不失其事，天不失其时"（《大聚解》）的原则，顺物之性，不失天时，动植物资源自然也会达到有效的保护和繁殖。四是归德。归德就是让动物和人们归附的品德。对于动物而言，即"泉深而鱼鳖归之，草木茂而鸟兽归之"。营造好水域深广、草木繁茂之地以引来更多的鱼鳖鸟兽，这是一种目的更明确、行为更加积极的方案。最后，《大聚解》五德修明的目的其实是通过营造一个有道德、有财富的社会环境，但是这一社会环境并没有忽视自然环境的保护和建设，反而把自然、动物当成德教可以达到的地方，当成是财富之源。概言之，《逸周书》意欲构建一种德政制度下的理想社会，这一社会将为动物留下优良的生存环境。

《文传解》与《大聚解》的许多思想可谓一脉同源。《文传解》记载的是文王临终前告诫太子发为政之道以及治国理财之法，也就是文王所谓"我所保与我所守，传之子孙"的"人君之行"，它具有"厚德而广惠，忠信而志爱"的特征（《文传解》）。就动物保护制度这一方面，二者在观点和表达上近似度很高，如："山林非时，不升斤斧，以成草木之长，川泽非时，不入网罟，以成鱼鳖之长。不麛不卵，以成鸟兽之长，畋渔以时，童不夭胎，马不驰骛，土不失宜"，"鱼鳖归其泉，鸟归其林，孤寡辛苦，咸赖其生，以遂其材"，"无杀夭胎，无伐不成材，无堕四时"（《文传解》）。

《程典解》也讲为官之道，其中指出："慎用必爱，工攻其材，商通其财，百物鸟兽鱼鳖，无不顺时。生稺省用，不滥其度，津不行火，薮林不伐，牛羊不尽齿不屠。"告诫为政者谨慎所用，爱惜民力，顺应天时，关爱百物。尤其是在动物方面既强调"顺时"又反对"杀幼"，对于动物的保护做出了原则性规定。

四 年成影响下的祭祀制度

《世俘解》和《籴匡解》都记载了当时的祭祀情形，值得注意的是《籴匡解》中还留下了关于年成影响情形下的祭祀制度。

在祭祀中，自然也不可缺少动物，据《世俘解》记载："若翼日辛亥，祀于位，用籥于天位。越五日乙卯，武王乃以庶祀馘于国周庙，翼予冲子，断牛六，断羊二。庶国乃竟，告于周庙，曰：'古朕闻文考修商人典，以斩纣身，告于天于稷。用小牲羊犬豕于百神水土、于誓社。'曰：'惟予冲子，绥文考，至于冲子。用牛于天、于稷，五百有四，用小牲羊豕于百神水土社三千七百有一。'"（《世俘解》）从上述文字看，祭祀有两类，一是祭祖。武王率领众诸侯君长到周庙祭祀，杀牛6头，杀羊2只作为祭礼，遵循成汤之典，所用动物祭品在种类数量上都不多。二是祭神。武王告于众神，敬望神灵佑助，祭祀天神、谷神用牛504头，祭祀山川土地众神用羊、犬、猪3701只，所用动物祭品数量巨大。从献祭的隆重程度看，周人更重视天意，更倚重天保。《度邑解》记载武王从当时夷羊出现在朝歌郊外、飞蝗遍野的异象判断殷商灭国是上天不佑不保，从而为自己取代殷商找到合法性依据，同时也表现出了深沉的忧患意识。

当然，祭祀丰盛与否与年岁收成有很大关系，毕竟祭祀的牺牲品主要来自狩猎和畜牧，尤其是后者。《籴匡解》从年成的情况就祭祀与养殖做了较为详细的介绍："成年，年谷足宾祭，祭以盛"，"古年，俭谷不足，宾祭以中盛"，"民饥则勤而不宾，举祭以薄"，"救困大荒，有祷无祭。……俾民畜，唯牛羊。"年成分为四等，即成年（丰年）、古年（歉年）、饥年和荒年。丰年粮食充足，因此宴享宾客与祭祀都用盛大仪式。歉年粮食不充裕，因此都用中等盛典，饥年则只是慰问宾客而不宴享，祭祀时供品要少。大荒之年则只祈祷而不设祭祀，此时全国不举乐，饮食不尽欲，丧礼不遵常度，祭奠用少量粢米，不用动物牺牲。与之相应，丰年要求养牲畜的民众修饰其畜养设施，这一行为可以推测为扩大养殖规模。歉年时，三种马以及五种库房管理人互相补充兼管，所有美善之物不给修治，这些举措应该是为减少人手和畜养规模。饥年则不成群地饲养牲畜，数量大大减少，因为在饥年救困是中心任务。大荒之年百姓只养畜牛和羊，其种类都大为减少。从年岁收成情况设定祭祀规模，这其实是一项关于祭祀的应变制度。《籴匡解》没有明晰地表达年成、祭祀与畜牧业之间的联系，但是粮食的收获情况与畜牧业之间有着关联，可能存在两种情况：一是直接关联，部分粮食用于喂养动物，粮食随着年成好坏而增减，于是饲养的动物数量也随着增减；二是间接联系，因农业歉收，用于农业的劳动力增多，畜牧业的规模不得已而减少。

五　战争过程中的狩猎

古人习射，既为了战争，也为了狩猎，甚至在战争之时也会开展狩猎活动。《世俘解》记载了武王伐殷之事。所谓世俘，即大俘，说的是武王所得俘获极多，其中就包括狩猎所得："武王狩，禽虎二十有二，猫二，麋五千二百三十五，犀十有二，氂七百二十有一，熊百五十有一，罴百一十有八，豕三百五十有二，貉十有八，麈十有六，麝五十，麇三十，鹿三千五百有八。"（《世俘解》）也就是说，在伐殷期间，武王也外出狩猎，擒获老虎、猫、犀牛、氂、熊、罴、野猪、貉、麈、麝、麇等多种野兽，其中麋、鹿达数千只，可以说是种类众多，数量巨大。战时狩猎不是常有之事，但也不违背制度，因为战争与狩猎本来就联系紧密，狩猎可以作为战争的演习。

为了狩猎,当时已豢养猎犬。周公曾在会群臣时说道:"王阜良乃惟不顺之言,于是人斯乃非维直以应,维作诬以对,俾无依无助。譬如畋犬骄,用逐禽,其犹不克有获。"(《皇门解》)周公用打猎过程中骄纵的猎犬来追逐禽兽不能有所猎获为喻,说明逸言伤人不利于国家。这从侧面反映了人们在狩猎过程中已经能正确使用猎犬,这是驯化动物水平提升的结果。殷鉴不远,故而有远见的政治家反对"荒田逐兽,田猎之所",因为这样会导致"上困下腾"(《小明武解》)。统治者荒芜田地作为畋猎之所而追逐禽兽,在上者扰民下必动乱,因此对之可以执行讨伐有罪的王法。

六 动物被杀之因的探究

《周祝解》是借史立言的作品,内容多为政治说教,其言论中夹杂了许多关于动物的言论。作者往往就近譬喻,以动物来阐述政治上的道理,如以"狐有牙而不敢以噬,貗有蚤而不敢以撅"来印证"陈五刑,民乃敬"的政治观点。这种论证方式当然不尽合理,得出的观点也未必正确,但提供了一些可供分析的基本素材。仅就此例而言,说明当时存在捕猎狐狸、豪猪活体并且用笼子加以禁锢甚至虐待的行为,故而它们伤人不得或者不敢伤人。

《周祝解》中最有价值的动物言论在于探索了动物被杀的原因。首先,作者看到了动物的各种价值,而这些价值正是人类觊觎的地方。如"地出物而圣人是时,鸡鸣而人为时,观彼万物,且何为求?"公鸡因为天亮时打鸣被人们当作报时工具,这是因为在"日入而息,日出而作"的农耕时代公鸡提供的生活价值。又如"文之美而以身剥,自谓智也者,故不足。角之美,杀其牛,荣华之言,后有茅","费豕必烹,甘泉必竭,直木必伐",虎豹因为花纹漂亮被剥皮制衣,牛因角漂亮而遭到屠杀,猪因长得肥壮而被烹煮,都只因为其自身具有为人关注的审美价值、食用价值。其次,《周祝解》认为人的聪明才智甚至诡诈是对付禽兽的有力武器:"故虎之猛也,而陷于获;人之智也,而陷于诈。……故泽有兽而焚其草木,大威将至,不可为巧。焚其草木则无种,大威将至,不可以为勇。"人有聪明才智，所以能捕捉到凶猛的老虎，就算沼泽里有野兽也能以火焚的方式赶出来。作者指出这种虽有小智巧但其实很鲁莽的行为不可取也不可为。最后，作者认为人的贪欲之心才是捕杀动物的深层次根源。作者连连发问："海之大也，而鱼何为可得？山之深也，虎豹貔貅何为可服？"是因为"欲伐而不得，深斧柯；欲鸟而不得，生网罗"。可见人心贪欲在物质层面驱使人们制造斧柯、网罗等工具去捕捉鸟兽禽鱼。

第三节 《周礼》：动物制度的兴盛

《周礼》[①]是我国古代第一部系统阐述国家礼法、典制的经典。在动物制度方面，其中《天官冢宰》关涉衣食医疗，《地官司徒》关涉动物资源管理，《春官宗伯》关涉祭祀占卜，《夏官司马》关涉马政，《秋官司寇》关涉虫鸟驱除，《冬官考工记》关涉手工业技术中的动物文化。《周礼》设礼立制，动物制度庞大复杂，执掌设置完备齐全，人员数量明白清晰，体现出动物制度文化的高度发达。

一 《天官冢宰》：日常生活中的动物制度

《周礼》说周王建立国都，设立天官冢宰，其中大宰一职统领众天官，安置九类职业来任用民众，如虞衡"作山泽之材"，开发利用山林川泽的材物，还有一类叫作薮牧，"养蕃鸟兽"（《天官冢宰·大宰》）。前者管理山林，可为动物生存提供良好的栖息环境，后者以养殖鸟兽为职业。《天官冢宰》中的职掌庞杂但建制健全，主要服务于周王室。其中直接关涉动物的职掌及其机构人员配置如下。

第一类是掌管饮食的官员。这一类执掌人数众多，分工细致，他们除了为周王、王后和太子的日常饮食服务外，还负责祭祀、丧事等活动中宾客的饮食供给。

---

① 《周礼》原名《周官》，发现于汉初，成书年代当在先秦时期，据传作者为西周政治家、思想家周公旦。

负责烹煮或制作食物者，包括膳夫、庖人、内饔、外饔、腊人、笾人、醢人七职，其职掌具体事务如下："膳夫掌王之食饮膳羞"，膳夫掌管王的饭食、饮料、牲肉、美味，凡馈送王的饮食，牲肉用六种牲，周王用膳每天一杀牲，陈列十二鼎，鼎中牲肉用俎盛着呈进，属于真正的"鼎食"。"庖人掌共六畜、六兽、六禽"，庖人所涉及的情况比较复杂。庖人掌管供应六畜、六兽、六禽，辨别它们的名号和毛色。提供的畜禽及兽肉有死的、活的、鲜的、干的，既进献周王也供奉王后、太子，既供祭祀所用，也供丧事所用，还用于款待宾客。禽兽之肉则按时令进献给周王：春季羊羔肉、小猪肉，用有香味的膏脂烹调；夏季干野鸡肉、干鱼，用有臊味的膏脂烹调；秋季牛犊肉、小兽肉，用有腥味的膏脂烹调；冬季鲜鱼、鹅肉，用有羶味的膏脂烹调。庖人接受兽人所献的禽兽和向宾客献出禽兽有数量规定并年终结算，但供给王和王后的禽兽不结算。"内饔掌王及后、世子膳羞之割烹煎和之事"，内饔掌管供给王及王后、太子的牲肉和美味的宰割、烹煮、煎熬以及调味的事。内饔辨别鸡、犬、羊、牛等牲畜是否可以食用，须拥有丰富的经验，如牛夜鸣，则肉恶臭；羊毛长打结，肉就腥膻，狗后腿内侧无毛、奔跑急躁，肉就臊；鸟毛色无光泽、鸣声嘶哑，肉就腐臭；猪作远视貌而睫毛相交，肉中就生有囊虫等。"外饔掌外祭祀之割亨"，外饔掌管外祭祀用牲的宰割和烹煮，供给祭祀所需的各种肉类，陈列鼎俎，并将牲体、鱼、兽干肉等盛入其中。另有"腊人掌乾肉"（《天官冢宰·宫正/外饔》），腊人猎获的野兽做成肉脯，或风干，或切片成、或腌制咸肉，以供应祭祀、款待宾客等。

兽人、渔人、鳖人三职负责捕获兽类或鱼鳖等以供膳食。这是从捕猎动物的种类来分的：兽人"冬献狼，夏献麋，春秋献兽物"，捕捉山林中的野兽如狼、麋鹿之类。渔人"春献王鲔，辨鱼物，为鲜薧"，用鱼梁捕鱼，捉到的有鲔鱼之类。渔人在天官相关职掌中人数最多，可见当时捕鱼业比较发达，比较受重视。鳖人"春献鳖蜃，秋献龟鱼"，取泥中的鱼鳖龟蛤等。同时，这三个职位并非简单地服务王室，而且还掌管天下各自领域相关事务的政令：兽人"凡田兽者，掌其政令"，渔人"凡渔者，掌其政令"，鳖人"掌凡邦之籍事，凡渔征入于玉府"（《天官冢宰·亨人/兽医》）。

第三章 先秦动物文化的制度安排

还有在宗庙祭祀中负责进献食物者，包括笾人和醢人。"笾人掌四笾之实。"笾人掌管宗庙祭祀时用笾进献的食物，其中动物食品有大块的生鱼片、烘干的鱼、干鱼块。"醢人掌四豆之实"（《天官冢宰·酒正/掌次》），醢人掌管宗庙祭祀时用豆进献的食物，所进献动物食品有带骨的麋鹿肉、鹿肉、獐肉做的酱。行馈食礼时的动物食品有蜗牛肉酱、牛肚、蛤肉酱、大蛤肉酱、蚁卵酱、小猪两胁的肉、鱼肉酱。进献加豆所盛的动物食品则有兔肉酱、鹅肉酱、鱼肉酱等。此处各种肉酱的大量出现，可见饮食的精细化制作水平已大有提升。

第二类是医官，关涉动物的有兽医、食医等职掌。"兽医掌疗兽病，疗兽疡。"兽医治疗家畜各种疾病，但主要是疡疮。其程序是：先灌药让病畜走动，而后控制速度以发动它的脉气，再观察脉气来判断病情。使用的是外科手术：先灌药，而后刮去脓血腐肉等坏死部分，敷药后加以疗养。尽管治疗水平有限，方法也比较简单，但兽医的出现说明了当时畜牧业比较发达。"食医掌和王之六食、六饮、六膳、百羞、百酱、八珍之齐"（《天官冢宰·亨人/兽医》），食医掌管食物的调和搭配，其中有六种牲肉。认为牛肉适宜搭配稻米饭，羊肉适宜搭配黍米饭，猪肉适宜搭配稷米饭，狗肉适宜搭配高粱饭，鹅肉适宜搭配麦子饭，鱼肉适宜搭配菰米饭。周王和贵族们的膳食都依照这些调配原则。如此看来，食医颇类似于当今的营养师、食疗专家，他们在饮食上注重荤素搭配、味道调和，反映了当时人们对于饮食品质的追求。

第三类是执掌服装的官员，其中关乎动物的有司裘、掌皮。"司裘掌为大裘"，"掌皮掌秋敛皮"（《天官冢宰·司裘/内树》），司裘掌管制作大裘以供周王祭天所穿的服装，仲秋、季秋按时进献良裘、功裘，在周王的丧事上陈设皮裘、装饰皮车。凡王国中有关皮革的事都由他掌管。掌皮负责秋天收皮，冬天取革，春天献供周王使用，然后照旧例分拨皮革给百工，供给细缛的兽毛制作毡，以待王国有事时使用。司裘和掌皮职掌的设置、"式法"的遵循，都说明动物皮毛的加工、处理、制作早已出现了专业化趋势。

概言之，《天官冢宰》中饮食、医疗、服饰中的动物制度几乎都与统治阶级的日常生活（如穿衣、饮食、健康等方面）相关。

二 《地官司徒》：领地经营中的动物制度

地官司徒掌管土地和人民。其中大司徒一职统领众地官，"以土会之法，辨五地之物生"。大司徒辨别各地山林、川泽、丘陵、坟衍、原隰的名称与所出产之物，其中所涉动植物种类做了大致划分，并充分认识到它们所处的环境：山林宜毛物（长毛细密的动物），川泽宜鳞物（生长鳞甲类的动物），丘陵宜羽物（生长有羽毛的动物），坟衍宜介物（生长有甲壳的动物），原隰宜臝物（生长毛短浅的动物）。如此，"以阜人民，以蕃鸟兽，以毓草木，以任土事"（《地官司徒·大司徒》），通过区别对待，其目的是使鸟兽繁殖，从而在土地上获得更多利益。依据土地相宜的法则，把动物、植物以及人类放在一起考虑，这充分说明当时形成了人类与自然中各要素互利共生的基本观念。这也是设置地官制度的重要原则。

地官系统共有78职官，在大司徒之外关乎动物的重要职掌仅有十种，但人数在六官之中属于最多者。这些职掌，又可以进一步分类。其中有通过畜牧养殖服务于祭祀等重大事件的牧人、牛人、充人等。牧人掌管牧养六牲，以供应祭祀所用牺牲。对于祭祀所用牺牲，在毛色上有着严格规定：祭祀上天和宗庙则毛色纯赤；祭祀大地和社稷则毛色纯黑；祭祀名山大川则用各方颜色；四季祭祀所用牲则毛色纯一，但是外祭或毁折牲体之祭可以杂色不一。牛人是此类职掌中人数较多者，"牛人掌养国之公牛"，牛人饲养国中公家的牛，用途很广，包括祭祀的享牛、求牛和宴请宾客的牛；飨礼、食礼或宾射礼等场合都要进献牛以供膳食之需；军事行动也得以牛犒劳将士；丧事上以牛奠祭死者，周王与诸侯会同、征伐、巡守，也用牛来驾兵车和运载公用器物。"充人掌系祭祀之牲牷"（《地官司徒·封人/均人》），充人掌管系养祭祀所用的牲畜。祭祀五帝和先王的祭牲要圈养栏中三个月。散祭祀则把祭牲拴在国都城门上由守门人喂养。祭祀前夕要检查牲体是否完好、毛色是否纯一。

还有掌管山林、川泽、场圃等处的职掌，包括山虞、林衡、川衡、泽虞、迹人、角人、羽人等。其中，"山虞掌山林之政令"，山虞掌管有关山林的政令：一是为山民设立禁令，令其按时间规定砍伐指定地域的木材，并制定了用来惩处的刑罚。二是为祭祀山林负责办理、监视、打扫等事务。三是为周王田猎做准备、善后工作，如芟除山中猎场周围的草。"林衡掌巡林麓之禁令"，林衡掌管巡视林木的有关禁令，安排民众守护山林，按时核算成绩并予以赏罚。若砍伐木材，则需要山虞批准。"川衡掌巡川泽之禁令"，川衡掌管巡视川泽，执行有关禁令，他合理、按时安排川泽的守护人，对违反禁令者加以惩罚，为祭祀和宾客供给河中所产的鱼、蛤等物。"泽虞掌国泽之政令"（《地官司徒·草人/羽人》），泽虞掌管王国湖泽的有关政令，设置藩界和禁令，安排民众守护财物，按时缴纳皮角珠贝等给玉府，为周王田猎做准备与善后工作（如除草、收集所获猎物）。从统计数据看，林衡、川衡、泽虞机构人数众多，说明处于管辖范围的山林川泽面积广大。"迹人掌邦田之地政"，迹人掌管国家田猎场所的政令，禁止有人猎杀幼兽、获取鸟卵以及用毒箭射猎。"角人掌以时征齿角凡骨物于山泽之农"，角人掌管按时向山泽之民征收兽齿、兽角、兽骨等物以充国家赋税的政令。"羽人掌以时征羽翮之政于山泽之农"（《地官司徒·草人/羽人》），羽人掌管按时向山泽地区农民征收羽毛用作国家赋税的政令；征收到的羽毛十根为一审，百根为一抟，十抟为一缚。

此外，还有一些职掌，多从事外围工作，涉及动物的有囿人、槁人等。"囿人掌囿游之兽禁"，囿人掌管宫苑游观处野兽的防禁和牧养工作，在祭祀、丧事、招待宾客时供给兽类物品。"槁人掌共外内朝食者之食"（《地官司徒·掌葛/槁人》），槁人掌管供应在外朝和内朝当值官吏的饭食，也掌管豢养供祭祀用的狗。囿人的出现说明当时王室或者贵族们已经修筑园苑，并在其中大量畜养观赏性动物和用作肉食的动物。

概言之，《地官司徒》中畜牧、田猎、囿游中的动物制度都与领地（包括土地、山林、川泽、园苑等）上的动物管理相关，是动物畜牧狩猎文化的制度化表现。

三 《春官宗伯》：祭礼活动中的动物制度

春官宗伯掌管天下礼事。其中大宗伯掌管王国对于天神、人鬼、地神的祭祀之礼，因此和动物关系密切。如"以疈辜祭四方百物"，即用毁折牲体来祭祀四方各类小神；又如"以禽作六挚，以等诸臣"，即用禽兽作六种见面礼来区别臣子的等级：孤用的是兽皮裹饰的束帛，卿用的是羔羊，大夫用的是鹅，士用的是野鸡，庶人用的是鸭，工商之人用的是鸡。大宗伯以下的礼官之属中关涉动物的重要职掌有9种，这些职掌大致可分为三类。

第一类与祭祀相关，主要包括鸡人、司尊彝、师甸。"鸡人掌共鸡牲"，鸡人掌管鸡牲的供给，须辨别鸡牲的毛色。鸡牲普遍使用于祭祀、禳祭或衅礼之上。"司尊彝掌六尊六彝之位"，尊彝掌管尊和彝的陈列位置和用途，春季祠祭和夏季禴祭行祼礼时用鸡彝和鸟彝，四季之间的祭祀行祼礼用虎彝、蜼彝。"师甸致禽于虞中"（《春官宗伯·大卜/诅祝》），师甸负责祝告辞和各种名号，在举行大田猎时给猎物分类，到达国郊馈祭国郊四方群神，回到国都在祖庙和祢庙行舍奠礼。

第二类与占卜有关，主要涉及用龟，执掌有大卜、卜师、占人、龟人、司常等。其中，大卜掌三兆、三易、三梦之法，凡国家有大事要占问，如占卜立新君、大分封、大祭祀、国都大迁移，或进行大征伐，甚至占问小事、旅祭、丧事，都得用龟。"卜师掌开龟之四兆""占人掌占龟"，情况类似。另外，还有龟人。"龟人掌六龟之属"（《春官宗伯·大卜/诅祝》），从种类上看，龟人掌管六类龟：天龟灵属，地龟绎属，东龟果属，西龟雷属，南龟猎属，北龟若属，它们的颜色和身体特征各不相同。从时间上看，捕龟、治龟甲各有季节，春正月用牲血涂龟。在储存上，依其名称种类收入藏龟室。从上可见，用龟除范围广泛外，在种类、时间乃至归档上都有严密规定。这也是后来甲骨文献得以保存下来的一个重要因素。

第三类有司常一职。"司常掌九旗之物名"（《春官宗伯·司巫/神仕》），司常掌管九种旗的名称。这些旗帜上画有不同动物的形象，如画熊虎的叫作旗，画鸟隼的叫作旟，画龟蛇的叫作旐，用羽毛装饰旗杆叫作旞。这是动物图腾崇拜的残余。

概言之，《春官宗伯》中与祭祀、占卜、掌旗相关的动物制度都与祭礼相关，是动物神异文化的制度化表现。

四 《夏官司马》：马政管理中的动物制度

夏官司马掌管天下政典。其中大司马一职统领众政官，但他的日常工作也经常与动物打交道，需发布法令警戒民众不违犯田猎、参与处理动物以及用动物献祭等具体事务，如"大兽公之，小禽私之"，"大祭祀、飨食、羞牲鱼，授其祭"（《夏官司马·大司马》）。《夏官司马》中记载的第一类职事，也是最重要的职事为马的使用和管理，重要职掌有校人、马质、田仆、驭夫、趣马、巫马、牧师、庾人、圉师、圉人等，关涉马的评估、驾驭、调教、医疗、牧场以及王马等多个方面。

关于王马的事务，其职掌是校人。"校人掌王马之政"（《夏官司马·大驭/形方式》），校人掌管的事务可以分为八类：一是关于马的类别。校人要分辨出种马、戎马、齐马、道马、田马、驽马等类型。二是关于养马官的设置。按照数量、质量层层设置，优质马匹每乘（4匹）设值一名圉师，设四名圉；每三乘为一皂（12匹），每皂设置一名趣马；每三皂为一系（36匹），每系设置一名驭夫；每六系为一厩（216匹），每厩设置一名仆夫；六厩为一校（1296匹），设有左右二校。每厩的劣质马数是优质马数的三倍，每丽（2匹驽马）设置一圉，八丽设置一名圉师，八圉师设置一名趣马，八趣马设置一名驭夫（1024匹）。三是关于养马数量的规定。从天子至贵族数量不一，天子可养十二厩马，马六种。诸侯每国可养六厩马，马四种。卿大夫每家可养四厩马，马二种。其中公马占¼。四是关于马的祭祀及其相关事务。春季祭祀马祖，行执驹礼；夏季祭祀先牧，分养母马，阉割公马；秋季祭祀马社，遴选优秀车夫；冬季祭祀马步，献马并训练驭夫。举行大祭祀、朝觐、会同时校人还得选择纯毛色马匹分授给乘马者。五是关于马匹的清洗。清洗币马以备周王赠赐，同时也接受宾客献给周王的币马；大丧时清洗驾车的马，葬后埋掉草扎的马；周王巡守时祭祀四方山川则需要清洗黄色的马。六是关于马车的事务，举行田猎时需要率领驱赶和拦击野兽的车驾。七是关于军用马匹的规定，校人还得为军事行动挑选毛色、力量符合要求的马匹并加以分配。八是关于马政官员的管理，需要区别养马官俸禄和属吏食粮的等差。校人事务繁多，可见马之于周王的重要性，同时也反映出周王马政制度的健全。

《夏官司马》设置了关于马的评估、驾驭、调教、医疗、教育等一系列制度。其中，关于马的评估，其职掌有马质。"马质掌质马"（《夏官司马·小司马/司险》），马质掌管评估马的价值以及交易。首先，马质根据毛色、价格衡量和购买戎马、田马和驽马三种马。其次，驯马。用绳子拴系、驯养悍劣的马。最后，受理马的赔偿与争讼。如领受的马须记录马的年龄、毛色与价格。马在十天内死去要原价赔偿，十天之外死去则上缴马耳以便验证并依死马的皮肉骨骼价格加以偿还，二十天以上则不赔偿；马远行时要告知马的任载能力；有争讼则受理听断；另外，为免伤及马，还禁止一年两次养蚕。关于马的驾驭，其职掌有田仆、驭夫。"田仆掌驭田路"，田仆掌管有关田路副车的政令，负责为周王田猎和巡视野地驾驭车马；设置驱赶、拦击野兽的车辆；负责将所献禽兽分类清点；负责车速控制，田猎中为周王驾车则让马慢跑，为诸侯驾车则不让马快跑，为大夫驾车则纵马奔驰。"驭夫掌驭贰车从车使车"，驭夫负责驾驭周王副车、群臣从车和使者之车以及分类调习公马。关于马的调教，其职掌主要有趣马和庾人。"趣马掌赞正良马"，趣马负责协助校人调剂饮食喂养良马，调教马匹的进退、行止、驰骤；安排驾车、卸车顺序，辨别马匹四季所居之地和治马等事务。"庾人掌十有二闲之政教"，庾人掌管十二闲王马的政教：一是对马匹进行养护、调教和分类。庾人使马匹强壮、不过度劳累、习惯声音的刺激，教习驰马，阉割公马。马高八尺以上称龙，高七尺以上称䮫，高六尺以上称马。二是祭祀，春祭马祖、夏祭先牧以及举行执驹礼。三是教圉人养马，选择可担任圉师、圉人的人员。关于马的医疗，由巫马一职负责。"巫马掌养疾马"，巫马负责疗养病马，从校人那里领取开支；通过遛马观察疾病所在并加以治疗，协助医生用药治疗马疾；还得处理死马的交易，并将所得上交至校人。关于马的牧地管理，由牧师一职负责。"牧师掌牧地"，牧师设置牧场篱笆并颁发禁令；正月焚烧牧场上的旧草，二月让马匹交配并掌管相关政令；协助烧荒以开辟新的猎场。关于养马教育，涉及圉师和圉人二职掌。其中圉师为教师，圉人为受教育者。"圉师掌教圉人养马"，圉师负责教育培训圉人养马：春天清理去除马厩中的垫草，行衅礼后开始放牧马匹；夏天把马匹拴系到庑下；冬天向周王献马；为习射提供楦板做靶子，修剪草屋上的茅草。"圉人掌养马刍牧之事"（《夏官司马·大驭/形方式》），圉人听从圉师指使，掌管饲养和放牧马，接待宾客或有丧事时牵马摆设。

涉及祭祀动物的，主要职掌有小子、羊人、服不氏、射鸟氏、罗氏、掌畜等。"小子掌祭祀羞羊肆、羊殽、肉豆"，小子掌管祭祀时进献已经分解的羊牲和切肉；掌管关于新修的社稷坛、五祀的衅礼；举行埋沉、胡辜、侯禳等祭祀时负责清洗所用牺牲品；用牲血涂抹邦器和军械；出征或田猎时杀牲并巡示军队阵列；祭祀时协助进献祭品，完毕时接受撤下来的祭品。"羊人掌羊牲"（《夏官司马·小司马/司险》），只要举行祭祀，羊人得负责清洗和宰杀羔羊、上堂献羊头；在举行衅庙、埋沉、胡辜、侯禳、衅祭和积柴燔烟等祭礼时，负责供给所需的羊牲；接待宾客时按礼法供给羊；有时还须派贾人去购买羊牲。"服不氏掌养猛兽而教扰之"，服不氏掌管饲养猛兽而加以教习使之驯服，祭祀时提供猛兽；宾客来朝聘时，则收藏他们进献的兽皮。服不氏一职说明驯化动物已纳入管理，这是田猎和畜牧业比较发达的表现。与祭祀相关的还有鸟类，其职掌有射鸟氏、罗氏和掌畜。"射鸟氏掌射鸟"，射鸟氏不是射鸟作祭品，而是在祭祀、接待宾客、会同、出征等大事时用弓箭驱逐乌鸦和鸢。"罗氏掌罗乌鸟，蜡则作罗襦。"罗氏用罗网捕捉乌鸦和春季的鸟类，向国老进献鸠鸟以示供养，还向官吏提供鸟以示赏赐。"掌畜掌养鸟而阜蕃教扰之"（《夏官司马·候人/司右》），掌畜掌管喂养、繁殖、调教和驯服鸟类等事务，祭祀时供给蛋禽，根据季节供给候鸟，供给制作周王膳食的鸟类。掌畜和服不氏的职责类似，反映的情况也相同，都是田猎和畜牧业比较发达的表现。

最后一类是间接关系，为动物的生存、繁殖提供良好条件，其重要职掌有司爟、山师和川师。"司爟掌行火之政令"（《夏官司马·小司马/司险》），司爟掌管用火的政令，对国中失火或擅自放火烧野草的行为，担负刑罚惩处的职责。很明显，这一职责保护了生态环境。"山师掌山林之名"，"川师掌川泽之名"（《夏官司马·山师/都司马》），山师和川师分别掌管山林、河湖的名号、辨别其中物产和有利或有害于人的动植物，并指导诸侯国进贡珍异物产。可见，山师和川师对动植物资源有着比较全面的管理权限。

概言之,《夏官司马》所涉动物制度主要与王室马政管理相关,另外也涉及祭祀动物、食品动物以及驯化动物等各类动物以及山川动植物资源的管理,是动物驯服、动物资源管理的制度化表现。

五 《秋官司寇》：特定事务中的动物制度

秋官司寇掌管天下禁令,辅佐周王惩处违禁的诸侯。其中,大司寇统领众刑官,刑官中关涉动物的职掌有十五种。

在《秋官司寇》中,犬人是比较特殊的职掌,它涉及祭祀所需的牺牲,而这在秋官中不多见。犬人"共犬牲,用牷物"(《秋官司寇·司民/掌戮》)。犬牲一般要使用纯色犬只。在伏牲行辕祭、埋牲祭地神时也供给犬牲,但衅祭、沉祭、毁折牲体祭时可以使用杂色犬只。除犬人与祭祀相关外,其他与动物相关职掌均不涉及祭祀。

秋官中的蛮隶、闽隶、夷隶、貉隶等职掌与夏官紧密相关："蛮隶掌役校人养马","闽隶掌役畜养鸟而阜蕃教扰之","夷隶掌役牧人养牛马,与鸟言","貉隶掌役服不氏而养兽而教扰之,掌与兽言"(《秋官司寇·司隶/庭氏》)。从管辖关系看,他们大都隶属于夏官中的某一职掌,如蛮隶为校人所役使而负责养马,闽隶为掌畜所役使而负责养鸟,夷隶为牧人所役使而负责养牛,貉隶为服不氏所役使而负责饲养猛兽。从服务对象看,他们都须守卫王宫,周王停宿野外时则守卫在周围。从技能上看,他们能"与鸟言""与兽言",是与鸟兽最亲近的人,也是最了解鸟兽的人。

与上述亲近动物的职掌不同,另有一类特殊职掌对待猛兽猛禽之类的动物采取的是攻击、驱赶的态度,他们是冥氏、穴氏、翨氏、萍蔟氏和庭氏。"冥氏掌设弧张",冥氏设置网罗、机弩、陷阱来捕获猛兽,敲击灵鼓驱赶野兽,捕到猛兽把皮革、牙、须一起献上。"穴氏掌攻蛰兽",穴氏用烧烤食物的香气诱捕冬天蛰伏的野兽,进献珍异皮革。"翨氏掌攻猛鸟",翨氏用食物作为诱饵以捕获猛鸟,按季进献羽毛。"萍蔟氏掌覆夭鸟之巢",萍蔟氏负责毁坏妖鸟巢,用方板写上十日、十二辰、十二月、十二太岁年、二十八宿的名号,悬挂在妖鸟巢上。"庭氏掌射国中之夭鸟"(《秋官司寇·司隶/庭氏》),庭氏负责射杀都城中的妖鸟。如果有不见其形的妖鸟,就用救日弓、救月弓射箭杀死它们。"妖鸟"的说法体现了当时人们认为动物有灾有祥的观念。碧蔟氏和庭氏的方法虽然迷信，但妖鸟被射杀或者受惊飞走，则自然满足了人们的心理预期。

对于毒虫、蚊蝇之类的害虫，人们也采取驱除、毒杀的态度，专业职掌有庶氏、赤犮氏、壶涿氏和蝈氏。"庶氏掌除毒蛊"，庶氏负责驱除毒虫，他用攻祭和说祭祈求神灵除去毒虫，也用药草熏除毒虫。"赤犮氏掌除墙屋"，赤犮氏负责用蛤炭火熏除、用蛤炭水毒杀屋墙缝隙中的虫子。"壶涿氏掌除水虫"，壶涿氏敲击陶鼓、投掷火石驱除水中的毒虫，用木棍、象牙沉入水中杀死水怪。"蝈氏掌去蛙黾"（《秋官司寇·司隶/庭氏》），蝈氏用牡菊的灰烬喷洒、毒杀蛙类。从上可知当时人们广泛采用药熏、火攻、下毒方法驱除毒虫、害虫以改善生存环境。但是有些方法如祭神求神除虫则反映了人们在毒虫面前能力有限的境况。至于把蛙类当成害虫加以驱赶，或许是因为叫声太大影响日常生活，但根本原因在于当时动物知识有限，对蛙类尚未形成科学的认识。

秋官中柞氏、雍氏二职掌对于生态环境的维护有着监管责任，在一定意义上有利于动物的栖息、繁殖："柞氏掌攻草木及林麓。……凡攻木者，掌其政令"，"雍氏掌沟渎浍池之禁。……禁山之为苑泽之沈者"（《秋官司寇·司隶/庭氏》）。柞氏负责伐除草木及山脚的树林，但凡斫伐树木的人都得听从柞氏掌管的有关政令。雍氏掌管有关沟、渎（小渠）、浍（田间的排水沟）、池的禁令，禁止就山修建苑囿和在湖泽中投放药饵。尽管二职掌的设置都是为了发展农业，但它们的设置又从制度上抑制了农业对生态的过度破坏。

概言之，《秋官司寇》中的动物职掌或亲近动物或驱赶猛兽毒虫，职责比较特殊，其职掌设置是特定动物管理的制度化表现。

六 《冬官考工记》：手工技术中的动物文化

《周礼》"冬官"篇早已缺佚，西汉河间献王刘德取《考工记》补入。《考工记》内容涉及先秦时代的手工业技术，其中偶见有关涉动物的片言只语，如"攻皮之工：函、鲍、韗、韦、裘"（《冬官考工记·总叙》），而略可成篇的文字主要集中在《冬官考工记》中关于"梓人"部分："梓人为笋虡。天下之大兽五：脂者、膏者、臝者、羽者、鳞者。

宗庙之事，脂者膏者以为牲，赢者、羽者、鳞者以为笱虡。外骨、内骨、却行、纡行、以胠鸣者、以注鸣者、以旁鸣者、以翼鸣者、以股鸣者、以胸鸣者，谓之小虫之属，以为雕琢。"虽然记载的是笱虡（即笋虡，古代悬挂钟磬的木架，其木直立者为虡，横牵者为笱）上的刻饰，但反映了先秦时期的动物学知识及相关动物文化。

一是关于大（禽）兽类的分类。它把天下大兽分为五类：脂类、膏类、赢类、羽类、鳞类。骨长在内外的，倒行、侧行、连贯、纡曲而行的，用脖子、嘴、翅膀、腿部、胸部发声的，都叫作小虫类。厚唇深口、突眼短耳、胸阔后身渐小、身大颈短，这样的动物叫作赢类。嘴尖唇张、眼小颈长、身小腹低，这样的动物叫作羽类。小头长身，蜷起来显得肥大，这样的动物叫作鳞类。其中小虫类似乎不入五类之中，而脂类、膏类篇中没有进一步介绍。当然，有些知识现在看来有明显的缺憾，没有把握其真正的特质（如羽类没有提及羽毛，鳞类也不提及鳞甲），但仍然反映了当时人们对于动物的细致观察（如嘴尖唇张、颈长身小、眼细腹低等特征确实属于鸟类的形象）。

二是反映了手工技术中的动物文化。梓人制作器具时会用赢类、羽类、鳞类的动物形象作为雕饰。如用小虫类的形象用于祭器，赢类动物的形象用于钟虡，羽类动物的形象用于磬虡，鳞类动物的形象用于笱虡。之所以如此，是因为古人认为动物形象与器具之间有着相似性。如羽类动物无力而轻捷，鸣声清阳而远播，特征同磬相似，于是用来装饰磬虡，其实是希望磬能发出鸟类一样的声音。又如在笱虡上雕饰善于捕杀抓咬的兽类，则一定要深藏爪子，突出眼睛，张起鳞片与颊毛，像是勃然大怒，这类动物就被认为宜于负重、能够发出大叫声。人们希望动物能给人以力量，说明尚留有动物图腾崇拜的残余，曲折地反映了古代人类与动物之间的密切关系。

如果联系实物资料进一步考察，还能获得更多关于手工业领域的动物文化信息。先秦时期手工业技术发达，尤以陶器制造和青铜铸造最为著名。据现今考古发掘的文物来看，这两个方面的大量工艺作品都弥漫着浓郁的动物文化气息。如1955年出土于陕西西安半坡遗址的人面鱼纹彩陶盆，距今已6000年以上，为原始社会新石器时代之物。陶盆内壁彩绘有两组对称人面鱼纹，盆壁人鱼合体形象奇特，绘画线条简洁明快、风格古朴怪诞。无疑，陶盆人面鱼纹形象是远古人类渔猎生活的艺术反映。又如1938年出土于湖南宁乡的四羊方尊，是殷商晚期祭祀用的青铜礼器。就其器型而言，方尊四边上装饰兽面纹四角各塑一羊，肩部四角为卷角羊头并伸于器外，羊身、羊腿附于尊腹及圈足，四羊与尊体巧妙结合；肩饰雕有龙纹，四面正中各有双角龙首探出器表，气势大增而又浑然一体，整个器型显示出了高超的艺术水准。就其动物文化而言也异常丰富。羊是最常见的重要家畜，方尊以四羊为主体，反映出对羊的喜爱与重视。羊还被引申为政治上的某类良善德性，如西周时期"召南之国，化文王之政，在位皆节俭正直，德如羔羊也"（《毛诗正义》），节俭正直被认为是羊所具备的德性。羊尊作为祭祀礼器可以向神和祖先表达统治者的政治操守。当然，青铜羊在祭祀中有替代真羊之功用，可以减少祭品耗费、节约民财民力。这也是先秦祭祀文化中具有民本性的优秀因子。因此，四羊方尊以艺术性和思想性的完美统一成为先秦手工艺作品的杰出代表。

第四章
先秦动物文化的诗性风格

诗歌是古代文学的主体形式，中国古代文学在总体上呈现出诗性的特点。在文学层面，先秦时期中国诗性文化中也包含有大量的"动物因子"，其中《诗经》以人们日常生活中的动物为描述对象而呈现出现实主义风格，而《楚辞》则以龙马凤凰等动物形象高扬浪漫主义精神。

第一节　《弹歌》与上古诗歌中的动物文化

迄今所见，中国最古老的一首诗歌是《弹歌》。据东汉赵晔所著《吴越春秋》中《勾践阴谋外传》记载，范蠡进善射者，勾践询以弓弹之理，陈音于应对中引古歌曰："断竹。续竹。飞土。逐宍。"作为一首罕见的二言诗，据此也可以断定其产生年代之古远，而从其内容来看，它所反映的上古时期狩猎生活更是印证了这一点。

《弹歌》全诗八字，二字一句，节奏明快，风格写实，以四个步骤简明扼要地叙说了远古时代人们从砍伐竹子、制作弹弓到张弓射击进行狩猎的全过程。诗中所"逐"之"宍"是"肉"的异体字，"逐宍"指的是用弹弓、弹丸等器具追杀捕猎野兽禽鸟。此处直称猎获对象为"肉"，真实地反映了许多野生动物在远古时期人们艰苦的生活中扮演的角色更多的是食物而已。可以想象当时人们在猎获野生动物之后大快朵颐的欣喜之情，但很难从中探寻到更多的文化含义。陈音认为《弹歌》隐含"古之孝子不忍见父母为禽兽所食"的道德意义，属于后世附会，并不可信。

第四章　先秦动物文化的诗性风格

继渔猎时代之后，人类进入了农耕时代。传说在帝尧时代，天下泰和，百姓无事，生活古朴自然，于是有老人击壤而歌曰："日出而作，日入而息。凿井而饮，耕田而食。帝力于我何有哉！"［《击壤歌》，见（东汉）王充：《论衡·感虚篇》］但是另外一首上古诗歌《伊耆氏蜡辞》（《礼记·郊特牲》）反映的这一时期的生活却大异其趣。其辞写道："土，反其宅！水，归其壑！昆虫，勿作！草木，归其泽！"此诗传说为上古部落首领伊耆氏（或言神农氏）所做的蜡（腊）祭百神时的祝愿之辞，采用了极具命令色彩的咒语式表达形式。在蜡辞中，伊耆氏喝令土、水、昆虫、草木各归其位、各尽其责，以保护农作物的生长，不要危害人类。伊耆氏喝令自然的形象虽然带有浓厚的万物有灵的原始宗教意识，但是从另一方面也反映出人的主体性的大幅度提升，鲜明地表现了初入农耕时代的先民那种征服自然的理想和信心。此诗中出现的动物是昆虫，属于动物界中最大的一纲。古人很早就认识了昆虫在生态中的重要作用，也相应地做出过保护措施，譬如"昆虫未蛰，不以火田"（《礼记·王制》）。但是昆虫中的害虫也很多，它们是农业文明的天敌，其中蝗虫即是最有名的一种。于是，人们祈求此类昆虫不要兴风作浪祸害庄稼。和对待流失的水土、泛滥的草木的态度一样，"昆虫勿作"显示的其实也是一种宽容的态度，人们并不指望对它们赶尽杀绝，只是期盼不要过度繁殖、遽然发作而已。但是到后世，情况就逐渐发生了变化。如西周时期的农事诗《小雅·大田》记载："去其螟螣，及其蟊贼，无害我田稚。田祖有神，秉畀炎火。"说的是农夫们辛苦除掉食心食叶咬根咬节的害虫，不教它们祸害嫩苗，同时祈求田祖农神把害虫付之一炬。这种态度就没有那么宽容。

箴文是一种韵文，在体裁上也属于诗歌。这一文体很早即已产生，如："芒芒禹迹，画为九州，经启九道。民有寝庙，兽有茂草，各有攸处，德用不扰。在帝夷羿，冒于原兽，忘其国恤，而思其麀牡，武不可重，用不恢于夏家，兽臣司原，敢告仆夫。"（《左传·襄公四年》）这是中国现存最早最完整的箴文"虞人之箴"，据传是周武王时虞人辛甲为戒田猎而作的箴谏之辞。《虞箴》所表达的内容值得称道：其一，提出了"民有寝庙，兽有茂草，各有攸处，德用不扰"的原则。这一原则关涉人与自然的关系，说的是天下广大，百姓有所居所，野兽也有所栖依，各有生存之道而互不相扰。这是中国古代一条非常重要的动物伦理原则，影响后世可谓深远。其二，对统治者迷于田猎的行为持批判态度。沉迷田猎的直接后果虽然是政治层面的耽误国事，但受批判的更深刻的原因在于过度田猎违背了人与动物"各有攸处，德用不扰"的伦理原则，因而是一种失德行为，而失德对于政治合法性的负面影响是显而易见的。

从《弹歌》《伊耆氏蜡辞》到《虞箴》，上古时期人们用诗歌寄托了对这个世界的朴素观感和良好希冀。它们把动物从其本身具有的满足饮食之需的意义拓展到了对人与自然关系的深刻哲思，生动地描摹了上古动物文化兴起的过程。它们或写实，或抒情，或说理，以简单拙朴的文字初步展示出了后世动物诗性文化的不同风格。而古风余绪，在后世《懿氏繇》《获麟歌》《盘操》等诗歌中仍可略见一斑。

第二节　《诗经》：动物诗歌中的现实心灵

《诗经》[①]中涉及动物的篇章众多，所涉动物种类也众多，据学者统计，其中"动物为109种，内含鸟类35中，兽类26种，虫类33种，鱼类15种"[②]。《诗经》以写实的风格为我们留下了先秦动物文化的大量宝贵资料。在《诗经》所反映的婚恋、耕作、出行、采桑、制衣、宴饮、田猎、征战、祭祀等方面，动物都在其中扮演了重要角色。

一　亲近动物的社会心理

《诗经》中保存有大量关涉动物活动的情景描写。它们源自先秦时期人们生产生活的实践活动。《豳风·七月》是其中的代表性诗篇，其中诗句如："七月流火，九月授衣。春日载阳，有鸣仓庚。女执懿筐，遵彼微

[①]《诗经》是中国第一部诗歌总集，收集了西周初年至春秋中叶（公元前11世纪—前6世纪）共305篇诗歌。

[②] 孙作云：《诗经研究》，河南大学出版社2003年版，第7页。

行,爰求柔桑","四月秀葽,五月鸣蜩。八月其获,十月陨萚。一之日于貉,取彼狐狸,为公子裘。二之日其同,载缵武功,言私其豵,献豜于公","五月斯螽动股,六月莎鸡振羽。七月在野,八月在宇,九月在户,十月蟋蟀入我床下"。《七月》描写农人一家的日常生活,诗中出现了大量的动物意象。一般来说,一方面,动物是人们生活的自然环境的组成部分,如春日里飞翔于桑林间的仓庚、夏日里振翅而飞的莎鸡、秋日里钻到床下的蟋蟀,它们的飞翔、鸣叫往往昭示了特定季节的到来,是农人生活作息的物候标志;另一方面,动物也是人们劳作的对象,大量的生活情境中也就不会缺失动物的存在,如农妇采桑养蚕、捕猎狐狸为贵族制作衣裳、宰杀羔羊虔诚献祭。

在多数情况下,《诗经》中动物传达的意境充满了和谐、亲切之感。如"黄鸟于飞,集于灌木,其鸣喈喈"(《周南·葛覃》),写的是山谷之中树木葱茏,黄鸟栖息在灌木丛中,叫声和谐动听。又如"嘤其鸣矣,求其友声"(《小雅·伐木》),说的是鸟儿们高声歌唱以求得伙伴的回应。再如"鹤鸣于九皋,声闻于野。鱼潜在渊,或在于渚"(《小雅·鹤鸣》),写的是诗人所爱的园林中的鹤鸣鱼潜之情景:鹤高声鸣叫,远处都能听到;鱼潜藏在深渊,但有的也游到小洲边上来。《诗经》中关于动物活动及其情景的描写,很多直接源于人们在平静祥和的日常生活中的所见所闻。"诗可以兴",诗中的这些情景,烘托的其实是人们当时的心境,从侧面也真实地呈现出了亲近动物的社会心理。

对于某些动物,人们持一种"近而不亲"的态度。如"硕鼠硕鼠,无食我黍"(《魏风·硕鼠》)、"营营青蝇,止于樊"(《小雅·青蝇》)"鸱鸮鸱鸮,既取我子,无毁我室"(《豳风·鸱鸮》)、"南山崔崔,雄狐绥绥"(《齐风·南山》),描绘了贪婪的大老鼠、四处飞舞的苍蝇、凶恶无情的猫头鹰、淫荡的雄狐等动物形象,这是人们据其生活习性赋予了一些令人鄙弃的道德特性。尽管如此,即便是老鼠也有可爱可敬的一面(如《鄘风·相鼠》:"相鼠有皮,人而无仪"),而狐狸(如《卫风·有狐》:"有狐绥绥,在彼淇梁")也可以比喻独行求偶的楚楚可怜的青年妇人,此处以物喻人,意为此妇饶有风姿,虽妖媚却无淫荡之态。

二 对动物食品的热爱

《诗经》中有不少关于宴饮的诗歌，动物作为食物在其中扮演了重要的角色。如"鱼丽于罶，鲿鲨。……鱼丽于罶，鲂鳢。……鱼丽于罶，鰋鲤"（《小雅·鱼丽》），《小雅·鱼丽》是一篇周代燕飨宾客的通用乐歌，赞美了宴饮的丰盛。酒宴所用食材主要是鱼和酒，其中作者以"鱼丽"起兴，不厌其烦地列举了用"罶"（一种竹制的捕鱼工具，置于河中垒石拦鱼，鱼可进而不能出）捕到的六种鱼：鲿鱼、鲨鱼、鲂鱼、鳢鱼、鰋鱼、鲤鱼。事实上，在先秦时期鱼类已成为人们常见的美食佳肴。

《诗经》中有多篇诗歌提及鱼。如《大雅·韩奕》（"其肴维何，炰鳖鲜鱼"）、《小雅·南有嘉鱼》（"南有嘉鱼，烝然罩罩"）等诗在内容上几乎是《小雅·鱼丽》的翻版。《邶风·谷风》（"毋逝我梁，毋发我笱"）、《齐风·敝笱》（"敝笱在梁，其鱼鲂鳏"）、《豳风·九罭》（"九罭之鱼，鳟鲂"），乃至《周颂·潜》《小雅·鱼藻》都有关于捕鱼或鱼之种类的记载。可见，鱼类确实是人们喜欢的食物。在《陈风·衡门》一诗中，有这样的诗句："岂其食鱼，必河之鲂；岂其娶妻，必齐之姜。岂其食鱼，必河之鲤，岂其娶妻，必宋之子。"作者以鲂鱼、鲤鱼和男子们理想的妻子相提并论，可见鲂鲤在食客心目中的地位。《周颂·潜》一诗以"猗与漆沮，潜有多鱼"描写了饲养的鱼种类或数量众多的情形，并且表明饲养目的是"以享以祀，以介景福"，亦即食用和祭祀。

《诗经》中可资食用的动物种类其实很多。六畜（猪、牛、羊、鸡、鱼、雁）皆可作为食物。如"执豕于牢，酌之用匏。食之饮之，君之宗之"（《大雅·公刘》），写的是周人先祖公刘杀猪作食宴饮群臣。"牂羊坟首，三星在罶。人可以食，鲜可以饱"（《小雅·苕之华》），讲的是灾年人们宰杀的羊头特别大但十分瘦弱没什么肉，根本吃不饱。六畜之外的野生动物也可供食用，如"野有死麇，白茅包之。有女怀春，吉士诱之"（《召南·野有死麇》），说的是猎手把山野里的死野鹿当成求婚礼物送给心上人。如"幡幡瓠叶，采之亨之。君子有酒，酌言尝之。有兔斯首，炮之燔之"（《小雅·瓠叶》），诗中主人用野兔宴请客人，虽然菜品不在六畜之内，不能登大雅之堂，但主人食不厌精，变化着手段烹制佳肴。野兽野禽主要是底层百姓的动物类食物来源,当然食用者也不乏有家道破落的"君子"。

动物类食物丰富,人们也因此而感到满足、自豪:"物其多矣,维其嘉矣!物其旨矣,维其偕矣!物其有矣,维其时矣!"《小雅·鱼丽》的作者盛赞食物丰盛、种类齐备、质量佳好、味道甘美,应有尽有、供应及时。在宴会时人们甚至把这种感情歌咏出来(如《大雅·行苇》:"嘉肴脾臄,或歌或咢")。《仪礼》记载当时人们在宴会时"乃间歌《鱼丽》,笙《由庚》;歌《南有嘉鱼》,笙《崇丘》;歌《南山有台》,笙《由仪》"(《仪礼·燕礼》),这里列举的六篇皆为《小雅》中的篇章,歌颂的是天下太平,物产丰富,以贤者为本。人们感谢这片土地的丰盛赐予,正如《大雅·韩奕》一诗所述:"其肴维何,炰鳖鲜鱼,其蔌维何,维笋及蒲。……韩乐韩土,川泽訏訏,鲂鱮甫甫,麀鹿噳噳。有熊有罴,有猫有虎,庆既令居,韩姞燕誉。"来参加韩侯宴会的嘉宾面对的是一幅"炰鳖鲜鱼""笾豆有且"的情景,即大盘大碗的炖鳖蒸鱼满席都是。而韩地鱼类兽类动物资源非常丰饶,这才是真正值得羡慕的地方。这种文字上的铺陈,其实没有多少夸饰的成分。

三 对皮革和丝绸的推崇

《诗经》中对人们衣饰记载也多与动物相关,其中以"羊裘"为最。"大夫羊裘以居"(《毛诗传》),也就是说,大夫上朝时的穿戴中有羊裘衣服,羊裘是此类人士的标准配置。如《召南·羔羊》描述了一位从公府就餐回家的士大夫的衣饰:"羔羊之皮,素丝五绒。退食自公,委蛇委蛇。"这位士大夫穿着白丝线织边的羊皮大衣,体态臃肿行动起来摇摇摆摆,形象并不优雅。在《唐风·羔裘》一诗中,作者则对穿着羊皮大衣的傲慢官员充满了厌恶之情:"羔裘豹祛,自我人居居!岂无他人?维子之故。"在同名诗作《桧风·羔裘》中,统治者们"羔裘逍遥,狐裘以朝",让诗作者"劳心忉忉",十分担忧。而另外一首诗《郑风·羔裘》则充满了赞颂之意,诗中被誉为"邦之彦兮"的士大夫正直、勇武,人品一如衣品,"羔裘如濡""羔裘豹饰""羔裘晏兮",穿的是油亮鲜艳、袖口饰有多道豹纹的羊皮大衣。《诗经》中关于"羊裘"的诗作如此众多，说明羊皮作为衣物在上层社会中具有很高的普及程度。

　　羊裘之外，狐裘也是上层社会中比较流行的动物皮毛服饰。在《桧风·羔裘》中，统治者们"狐裘以朝"，明确表示狐裘是上朝的服饰，这说明狐裘比羊裘更加名贵。《小雅·都人士》记述了昔日都邑人物仪容服饰之美："彼都人士，狐裘黄黄。"其中都邑人穿的是黄色光亮的狐皮袍子。当然，这并不表示穿狐裘者就不能穿羊裘，但穿狐裘者身份更为显贵确是事实。《秦风·终南》写的是秦君在终南山受封时的情境："君子至止，锦衣狐裘。颜如渥丹，其君也哉！"其时，秦君穿戴的即是红色的狐裘。

　　先秦时期蚕织业很是繁盛。《大雅·瞻卬》一诗讽刺周幽王宠幸褒姒，乱政亡国，以至于"妇无公事，休其蚕织"。诗作者认为女人不应管理朝政，不能放弃从事蚕织。由此可知相对于公事，当时养蚕缫织是妇女们的重要家庭事务。同时，蚕丝及其织品也已在市场交换。"氓之蚩蚩，抱布贸丝"（《卫风·氓》），说的是这种交易已见于普通人的日常生活之中。但丝织品毕竟珍贵，往往用在高贵庄重的场合，如"丝衣其紑，载弁俅俅"（《周颂·丝衣》），祭祀时穿的是丝衣，戴的是爵弁。丝衣一般称作纯衣，《仪礼》记载："爵弁，服纁裳、纯衣、缁带、韎韐。"郑玄注："纯衣，丝衣也。"（《仪礼·士冠礼》郑玄注）白色的丝衣是祭祀的专用服饰。又如"素丝纰之，良马四之"（《鄘风·干旄》），说的是大夫访贤的马车以素丝作装饰材料。

　　丝出于蚕，但《诗经》中很少有关于蚕的直接描写或叙述，而是通过对于桑树、桑林的记载间接反映。当时桑林种植面积数量巨大，据《魏风·十亩之间》描述："十亩之间兮，桑者闲闲兮，行与子还兮。"十亩之间与十亩之外都是桑园，二者并非夸张之词。采桑女们"蚕月条桑，取彼斧斨，以伐远扬，猗彼女桑"，"春日载阳，有鸣仓庚，女执懿筐，遵彼微行，爰求柔桑"（《豳风·七月》）。春光明媚之时，黄莺婉转鸣唱，她们修剪桑枝，砍去过长的老枝，留下嫩枝以待成长，拎着筐走在桑间小路上摘鲜嫩桑叶，虽辛苦但也从容自得。桑林是青年女子劳作的重要场所，因此也成为见证情感的地方："隰桑有阿，其叶有难。既见君子，其乐如何！"（《小雅·隰桑》）此诗把爱情和桑树联系在一起，说的是姑娘藏匿在低地桑田中等待心上人，内心高兴，此时眼里的桑树、桑叶等景色无不是美丽的。"美孟姜矣。期我乎桑中，要我乎上宫，送我乎淇之上矣。"（《鄘风·桑中》），写的是鄘地青年与姜姓女子在桑林中幽约。除面积较大的桑林、桑园外，人们还在住宅旁和园圃中零星种植桑树。《郑风》记录了一位女子告诫意欲翻墙约会的男子不要莽撞行事："将仲子兮，无逾我墙，无折我树桑。"（《郑风·将仲子》）较大的桑园是贵族产业，而私宅旁的桑树则属于小农私产，因而尤其珍贵。桑树之于人们的重要性甚至等同于家的存在。如"维桑与梓，必恭敬止。靡瞻匪父，靡依匪母"（《小雅·小牟》），见到桑树和梓树，必起恭敬之心，因为回到家园容易引发对父母的怀念，所以后世常以"桑梓"指代家乡。桑叶、桑树、桑林指向的实际事物是能提供丝织品原材料的蚕，但是文化含义较蚕反而深厚得多。当然，这种文化意义的获得也离不开蚕这一在古代中国有着特殊地位的昆虫纲动物。

四 婚恋家庭生活的映射

在《诗经》中，婚恋与家庭生活中同样也充满了动物的身影，它们贯穿于人们恋爱、结婚、生育、思念甚至离弃等日常婚恋生活的多个场景之中。这其中，动物扮演的角色，往往是通过"兴"的形式表现出来的。所谓"兴"，孔颖达在《毛诗正义》中说："'兴'者，起也。取譬引类，起发己心，《诗》文诸举草木鸟兽以见意者，皆'兴'辞也。"也就是说，"兴"是先从别的景物、事物引起所咏之物以为寄托的委婉含蓄的表现手法。这种相互关联，典型地反映出动物与人们日常生活的紧密联系。

某些动物在人们恋爱中是美好情感的象征。如《周南·关雎》："关关雎鸠，在河之洲。窈窕淑女，君子好逑。"《关雎》是《诗经》中歌颂爱情的著名篇章，所谓"《风》之始也"。它从"关关雎鸠，在河之洲"引出"窈窕淑女，君子好逑"，以雎鸠（鱼鹰）之"挚而有别"（生有定偶而不相乱，偶常并游而不相狎），兴淑女应配君子。同样，鹌鹑和喜鹊也是动物界居有常匹、飞有常偶的典型，所谓"鹑之奔奔，鹊之彊彊"说的就是鹌鹑共栖止、喜鹊齐飞翔的现象。这些动物都可以说是中国先秦时期乃至后世传颂的"爱情鸟"，人们通过它们来寄托自己对于爱恋之人的深厚情感。但是当她们发现对方禽兽不如时，就会斥责"人之无良，我以为兄""人之无良，我以为君"（《鄘风·鹑之奔奔》），通过人禽对比，诉说自己的不幸和无知，其巨大的心理落差感跃然纸上。

在婚嫁场合中自然也少不了动物。有诗记录了穷人的婚配观："岂其食鱼，必河之鲂？岂其取妻，必齐之姜？"（《陈风·衡门》）说的是身住以横木为门的简陋之家的社会底层男子对娶妻要求并不高，不敢奢望齐姜、宋子这样的美女，就像居家饮食无须黄河中的鲂鱼、鲤鱼一样。婚嫁中有迎娶送别，某些动物的出现有着比喻意义。如《召南·鹊巢》是一首贵族接亲诗，以鸠居鹊巢起兴，"维鹊有巢"，而后"维鸠居之""维鸠方之""维鸠盈之"，一唱三叹，喻女居男室，且陪嫁的人很多。《邶风·燕燕》是中国诗史上最早的送别之作，也是一首送亲诗："燕燕于飞，差池其羽。之子于归，远送于野。"诗中以燕子参差舒展翅膀飞翔来写女子已经长大到了出嫁年龄，于是亲人远送泣别。

自古以来，人口生产是家庭、家族乃至国家的极为重大的事情，人们无不盼望子嗣繁盛。因此，古人有生殖崇拜的风尚习俗。而此事往往不便直说明宣，得借助某些动物来达成，如多产的螽斯。《周南·螽斯》一诗即是此种文化现象的反映："螽斯羽，诜诜兮。宜尔子孙，振振兮。"《毛诗序》说："《螽斯》，后妃子孙众多也，言若螽斯。"诗歌借蝈蝈多产多子的意象表达人们对于多子兴旺、世代昌盛、和聚欢乐的盼望。有时，熊罴虺蛇之类也与生殖有关，如"吉梦维何？维熊维罴，维虺维蛇。大人占之：维熊维罴，男子之祥；维虺维蛇，女子之祥。乃生男子，载寝之床"（《小雅·斯干》），此处颂扬多子多福，生男育女才能家族兴盛，其中熊罴健壮勇猛象征男子，虺蛇柔软顺从象征女子。甚至传说中的瑞兽也与生育有关，如"麟之趾，振振公子，于嗟麟兮"（《周南·麟之趾》），此诗以麟起兴，以仁兽麒麟喻仁厚公子。清人方玉润以为此诗"美公族龙种尽非常人也"（《诗经原始》），因此是一首庆贺贵族生子的赞美诗。

在家庭生活中，动物也时常出现。如《郑风·女曰鸡鸣》记载了一对恩爱夫妻的生活场景："女曰鸡鸣，士曰昧旦。子兴视夜，明星有烂。将翱将翔，弋凫与雁。弋言加之，与子宜之。"诗歌由士女二人对话组成，妻子以鸡鸣为由催促丈夫去猎鸭子与大雁，丈夫则不愿起床推说天还没亮。妻子担心它们飞走了,丈夫答应妻子射下野鸟做成佳肴("弋凫与雁",说明捕猎到的野禽类也是人们食物的重要来源)。动物意象在此主要是鸡鸣,说明了鸡早已驯化。鸡鸣作为古代报时的自然方式,密切关系到人们的生产生活。《齐风·鸡鸣》也是描写鸡鸣拂晓的时候,妻子催促丈夫早起上朝:"鸡既鸣矣,朝既盈矣。匪鸡则鸣,苍蝇之声。……虫飞薨薨,甘与子同梦。"二诗中的丈夫均贪恋床笫,用话搪塞,却表现了夫妻生活的情趣,"与子偕老""与子同梦"的情感因子在鸡鸣声中展露无遗。鸟鸣也有同样的功能:"黄鸟于飞,集于灌木,其鸣喈喈"(《周南·葛覃》),此诗写的是女子回娘家探望父母时的所见所闻,其中黄鸟集聚和鸣表征的其实是家庭生活的和谐幸福。

春秋战国时期战争频仍,"丈夫久役,男女怨旷",思念遂成为婚姻家庭生活的主题之一。动物意象在这一主题中,可以起到起兴、衬托甚至渲染的作用。如"雄雉于飞,泄泄其羽。我之怀矣,自诒伊阻"(《邶风·雄雉》),把雄雉在空中舒畅地扑扇着翅膀与自己在想念却音信渺茫对照来写,由景物及人,由动物及人,显得十分自然。在《周南·卷耳》一诗中,因思念征战的丈夫,女子无心采摘卷耳,而此时远方征人也在登高远望,"陟彼崔嵬,我马虺隤","陟彼高冈,我马玄黄","陟彼砠矣,我马瘏矣"。诗歌通过描绘战马疲惫的形态写尽战争之苦、相思之痛。又如《王风·君子于役》也是一首写妻子怀念远出服役的丈夫的诗:"君子于役,不知其期。曷至哉?鸡栖于埘。日之夕矣,羊牛下来。"不知丈夫何时回来,又担心他饮食不足,全诗感情细腻,它有意避开从正面描写妻子的思念、丈夫的愤怨,而是从侧面波澜不惊地勾勒出一幅乡野晚景图,以夕阳余晖之下鸡归窠、牛羊回村的情境寄托思妇盼归的淡淡哀愁。

还有一类诗,借动物的形象展开对家庭婚姻生活的控诉。如"鸱鸮鸱鸮,既取我子,无毁我室。恩斯勤斯,鬻子之闵斯。……予羽谯谯,予尾翛翛,予室翘翘。风雨所漂摇,予维音哓哓!"(《豳风·鸱鸮》)传说这是西周初年周公旦所作的一首政治诗。据《史记》记载:"管、蔡、武庚等果率淮夷而反。周公乃奉成王命,兴师东伐,作大诰。……天降祉福,唐叔得禾,异母同颖,献之成王,成王命唐叔以馈周公于东土,作《馈禾》。周公既受命禾,嘉天子命,作嘉禾。东土以集,周公归报成王,乃为诗贻王,命之曰《鸱鸮》。"(《史记·鲁周公世家》)但从内容上看,这是一首关于家庭生活的诗歌,诗歌以猫头鹰比喻贪恶之人,控诉夺走了她(在诗里面,控诉者是一只可怜的鸟,"予羽谯谯,予尾翛翛,予室翘翘")的孩子,又来毁坏她的家庭。也就是说,这是一首罕见的动物寓言诗,作者借动物的遭遇来诉说家庭婚姻的不幸。

五 狩猎畜牧的重要地位

先秦时期田猎文化盛行,《诗经》中有大量诗歌记载田猎活动。其中典型的诗歌如《小雅·吉日》:"吉日庚午,既差我马。兽之所同,麀鹿麌麌。漆沮之从,天子之所。……既张我弓,既挟我矢。发彼小豝,殪此大兕。以御宾客,且以酌醴。"此诗艺术地再现周宣王田猎时选择吉日祭祀马祖、野外田猎、满载而归以及宴饮群臣的整个过程:天子选择良辰吉日祭祀马祖、整治田车,登上大丘阜,准备追逐群兽。然后选择良马,率领公卿来到群鹿聚集之地,虞人沿着漆、沮二水岸边设围,将鹿群赶向天子守候之所,以供天子射猎。抬首远眺原野,广袤无垠,水草丰茂,野兽三五成群。此时周天子张弓挟矢,大显身手,一箭射中一头猪,再发射中一头野牛。会猎之后,所获甚多,天子用野味和美酒宴享群臣。全诗塑造了一位英姿勃发、勇武豪健的君主形象。

古代天子举行的田猎活动是当时的军国大事,具有军事训练、演习的功用,也是天子向诸侯展示震慑力量的场合,故无不参与其中。墨子曾说:"周宣王会诸侯而田于圃,车数万乘。"(《墨子·明鬼》)《小雅·车攻》一诗即是这一会猎盛况的反映:"我车既攻,我马既同。四牡庞庞,驾言徂东。田车既好,田牡孔阜。东有甫草,驾言行狩。"陈奂在《诗毛氏传疏》中说:"《车攻》会诸侯而田猎,《吉日》则专美宣王田也。一在东都,一在西都。"诗中"车攻马同"说的是准备充足:战车坚固、马匹整齐。后头写田猎现场旗展马鸣可谓气象宏大:诸侯及随扈逞强献艺,但又驾车不失法度,射箭百发百中,所获累累以至于庖厨充盈。

自周天子而下,田猎在诸侯国乃至民间也是备受推崇的活动。《诗经》中有诗篇甚至标题直接点明其事件就是"叔于田"。如"叔于田,乘乘马。执辔如组,两骖如舞。叔在薮,火烈具举。袒裼暴虎,献于公所"

(《郑风·大叔于田》),写叔随同公侯出发去打猎,驾起四马大车,骖马翩翩如舞,此时四面猎火高举,叔袒身赤膊勇斗猛虎,最后从容献到主公面前。这些诗篇,往往对参与田猎活动的人极尽赞美之词。如"叔于田,巷无居人。岂无居人?不如叔也"(《郑风·叔于田》),青年猎手被誉为"洵美且仁""洵美且好""洵美且武",其容貌、品德和身手将众人比了下去。再如《齐风·卢令》:"卢令令,其人美且仁。卢重环,其人美且鬈。卢重鋂,其人美且偲。"这是一首赞颂猎人的极短之歌。先写犬,重在铃声、套环,暗示猎犬之迅捷、灵便、矫疾,再写人则突出卷发美髯、品德仁慈。由犬及人,大有名犬配英雄之意。事实上,不狩不猎者很难被称为君子,正如人们所斥责的那样:"不狩不猎,胡瞻尔庭有县貆兮?彼君子兮,不素餐兮!"(《魏风·伐檀》) 而猎人地位的尊贵,又从侧面反映出了田猎之盛行和重要。

田猎所获动物种类以及捕猎的方法,《诗经》中也多有记载。从一般的小野兔(《周南·兔罝》:"肃肃兔罝,椓之丁丁") 到老虎、狼这样的猛兽(《郑风·大叔于田》:"叔在薮,火烈具举。袒裼暴虎,献于公所";《齐风·还》:"子之昌兮,遭我乎狃之阳兮。并驱从两狼兮,揖我谓我臧兮"),从陆地上的动物到水中的鱼类(如《豳风·九罭》:"九罭之鱼,鳟鲂";《齐风·敝笱》:"敝笱在梁,其鱼鲂鳏";《小雅·采绿》:"其钓维何?维鲂及鱮。维鲂及鱮,薄言观者"),再到天上飞的禽类(《王风·兔爰》:"有兔爰爰,雉离于罗";《小雅·鸳鸯》:"鸳鸯于飞,毕之罗之"),无不入于诗中。至于捕猎方法,有箭射(《召南·驺虞》:"彼茁者葭,壹发五豝,于嗟乎驺虞!")、网罗、钓钩、设置鱼梁用笱捕捉,甚至徒手上阵。

从《诗经》看,当时畜牧业非常发达。一是数量巨大。如"谁谓尔无羊?三百维群。谁谓尔无牛?九十其犉"(《小雅·无羊》),诗人以反问加设问的口吻调侃牧人:"是谁说你没有羊?一群就有三百只。是谁说你没有牛?七尺高的有九十。"其数量之大,以至于"或降于阿,或饮于池,或寝或讹",简直是漫山遍野。二是种类众多,如《鲁颂·駉》一诗,单就对马描述的细致程度这一点就足以震惊后人,"駉駉牡马,在坰之野",这些马"有骊有皇""有骊有黄""有骓有駓""有驿有骐""有骍有骆""有骝有雒""有骃有騢""有驔有鱼"。此诗歌颂鲁公养马众多,毛色各个不同。诗人不厌其烦一一列举,而夸耀马多马好,实则是赞颂鲁君深谋远虑。畜牧业的繁盛使得大量的牲畜成为社会、国家财富。如《鄘风·干旄》,写"孑孑干旄,在浚之郊","素丝纰之,良马四之""素丝组之,良马五之""素丝祝之,良马六之"。一般认为此诗写的是卫大夫以马为礼访贤聘贤。"四之""五之""六之"为聘礼之数,数字递增,意为礼物也越多。

六 马的役用与征战心态

马是《诗经》中出现频率极高的一种动物。据统计,《诗经》中言及马的诗作多达 51 首,涉及马的名目 27 种。① 马力量大,机动性强,首要的功用是服务战争,故凡有战争之处几乎都有马。如"牧野洋洋,檀车煌煌,驷騵彭彭。维师尚父,时维鹰扬"(《大雅·大明》),这是一首记载商末周初周武王和姜尚讨伐商纣王的史诗:地势广阔的牧野战场上,健壮雄骏的驷马拉着光鲜亮丽檀木战车冲锋陷阵。如"驾彼四牡,四牡骙骙。君子所依,小人所腓。四牡翼翼,象弭鱼服"(《小雅·采薇》),这是一首戎卒返乡诗,诗中说驾兵车出战,四壮马奔腾不息,则描摹出了军容之壮、戒备之严。又如"方叔涖止,其车三千。师干之试,方叔率止。乘其四骐,四骐翼翼"(《小雅·采芑》),描绘的是周宣王的卿士方叔为威慑荆蛮而演军振旅的画面。"其车三千"极言周军猛将如云、战车如潮,"四骐翼翼"说的是战车驱四马。再如"清人在彭,驷介旁旁"(《郑风·清人》),据《左传》记载:"郑人恶高克,使帅师次于河上,久而弗召,师溃而归,高克奔陈。郑人为之赋《清人》。"(《左传·闵公二年》)诗中说清邑的军队驻守在彭地,披甲的驷马驰骋起来十分强壮。

其实,战马和征人一样,大部分时间都处在奔袭征战的途中,往往显得疲惫不堪,如"嗟我怀人,置彼周行。陟彼崔嵬,我马虺隤"(《周南·卷耳》),由马之态可以想见征人的辛苦,于是战争中人马的关系也

---

① 参见马世年、马婷婷《先秦诗歌马意象的建构及定型》,《河南师范大学学报》(哲学社会科学版)2009 年第 6 期。

显得非同一般。如《邶风·击鼓》："爰居爰处？爰丧其马？于以求之？于林之下。死生契阔，与子成说。执子之手，与子偕老。"据《春秋·宣公十二年》记载，此为"宋师伐陈，卫人救陈"之事。其中描写战士互立誓言意欲同生共死搏命战场的这些诗句，情感真挚，感人至深，在后世常被用来形容夫妻情深。但诗歌使用比兴手法，是通过寻找战马表现出来的。因此，马之重要性，对于战争来说可想而知。而征人对于战马的感情自然也颇为类似对待战友的感情。

在日常公务中，马车是常用交通工具，马的作用自不待言。如"驾我乘马，说于株野。乘我乘驹，朝食于株"（《陈风·株林》），陈灵公不断夸耀自己所乘的四匹马（乘马、乘驹），足以说明马还是身份的象征。又如"有客有客，亦白其马"（《周颂·有客》），此诗是宋微子来朝周，周王设宴饯行时所唱的乐歌。其中特别突出马的颜色，是因为殷人尚白，微子来朝乘白色之马，也是示其不忘先祖的表现，因此马还具有了外交政治上的作用。《小雅·皇皇者华》则写使臣极其享受车马带来的这种排场。此诗写使臣秉承国君之明命，重任在身，故必须以咨周善道，广询博访，"我马维驹，六辔如濡""我马维骆，六辔沃若""我马维骃，六辔既均"，可见使臣在奉使途中威仪之盛。此类诗歌还有很多，如《大雅》中"仲山甫出祖，四牡业业""四牡彭彭，八鸾锵锵""四牡骙骙，八鸾喈喈"（《大雅·烝民》）等诗句，用词节奏分明，描写了为仲山甫送行场面中车马的壮观和行动的迅捷，可谓绘声绘色。

不止公务上用马可以夸饰身份之尊贵，朋友之间的日常交往也以有车马为傲。如"有车邻邻，有马白颠。未见君子，寺人之令"（《秦风·车邻》），车辘响，马嘶鸣，本诗是写贵族朋友间相互劝乐。又如"有驰有驰，驰彼乘黄。夙夜在公，在公明明"（《鲁颂·有驰》），此诗叙写鲁僖公君臣在祈年（郊祭）以后的宴饮活动。诗一开始便写马，马极肥壮，皆为黄色，这是绝非一般人士可以使用得到的高级车驾。

婚嫁大事也得用马。如"之子于归，言秣其马"（《周南·汉广》），说的是姑娘就要出嫁了，赶快喂饱她的马。如"高山仰止，景行行止。四牡骓骓，六辔如琴"（《小雅·车舝》），写的也是新婚美事：仰视远处巍峨高山，纵马奔驰在平坦大道上，新婚夫妻驾起快行四马，挽缰如同弹琴那样优雅。如"乘马在厩,摧之秣之"(《小雅·鸳鸯》),写的是每天给马厩里的辕马喂草喂杂粮,因为迎亲使用的马需要养肥才够体面。有马不用,会引来他人讽刺,如"子有车马,弗驰弗驱。宛其死矣,他人是愉"(《唐风·山有枢》),有车马的人吝啬而"弗驰弗驱",诗作者讽刺说还不如死了让他人高兴,用语可谓十分刻薄。

当然,可以役用的大型家畜还有牛。如《小雅·黍苗》:"我任我辇,我车我牛。我行既集,盖云归哉。"《黍苗》是宣王时徒役赞美召穆公(即召伯)营治谢邑之功的作品,"我任我辇,我车我牛"一句节奏急促,反映出当时役夫紧张艰辛、分工严密且合作有序的劳动过程,而牛在其中充任动力。

七 祭祀与美好生活追求

祭祀是国家大事,古人对于祭祀可谓虔诚,在特殊时期更是如此。《大雅·云汉》记载宣王时代大旱之时人们祭祀的情形:"天降丧乱,饥馑荐臻。……靡神不举,靡爱斯牲。……不殄禋祀,自郊徂宫。……上下奠瘗,靡神不宗。后稷不克,上帝不临。""后稷不克,上帝不临"的诗句表明祭祀包括祭祖和祭天。"周代祖先崇拜盛行,宗庙祭祀与郊天、社稷一起,构成了国家规定的三大主要祭典活动。"[①]"不殄禋祀,自郊徂宫"说的是祭祀的时间与空间:祭祀不断,远至郊宫。"靡神不举,靡爱斯牲"说的是祭祀对象以及祭品的数量:没有神灵不曾祭奠,而且奉献牺牲毫不吝啬。单从祭品来看,诗中"牲"所指虽然笼统,但无疑也是动物祭品。

常见的用于祭祀的动物有羊和牛。如《周颂·我将》中的祭品有牛有羊:"将我享,维羊维牛,维天其右之。"《毛诗序》曰:"祀文王于明堂也。"据《史记·周本纪》记载,武王出兵伐纣,以文王为号召集诸侯,出发前曾往毕地文王墓上举行祭祀。因此,此诗可能是出兵前祭祀文王的祷词,伐纣成功后确定为《大武》中的歌诗。周人出征必先隆重祭祀天帝,求得天帝的保佑,此诗首三句说的就是此事。也有动物祭品仅是

---

① 杨颖:《〈诗经〉祭祖诗与周代宗庙祭祀文化研究》,硕士学位论文,西北大学,2011年。

羊，如："以我齐明，与我牺羊，以社以方。"（《小雅·甫田》）以纯色羔羊作为牺牲品，祭祀皇天后土感谢四方神。这是周王祭祀方（四方之神）社（土地神）田祖（农神）的祈年乐歌。也有动物祭品仅是牛，如"清酒既载，骍牡既备。以享以祀，以介景福"（《大雅·旱麓》）。除了清醇甜酒外，红色公牛是最重要的牺牲品。牛作为祭品更受到重视，人们往往对其作较为详细的介绍，如"相维辟公，天子穆穆。于荐广牡，相予肆祀。假哉皇考！绥予孝子"（《周颂·雝》），肃恭的庙堂里，公侯助祭，天子主祭，祭祀的对象是先父，表达的是孝心，进献的是一头大公牛。又如"杀时犉牡，有捄其角"（《周颂·良耜》），祭品是有着美丽弯角的黑唇大黄牛。

可以用作祭祀的动物有很多，如鱼："猗与漆沮，潜有多鱼。有鳣有鲔，鲦鲿鰋鲤。以享以祀，以介景福。"（《周颂·潜》）漆水沮水里的鱼很多，有黄鱼、鲟鱼、白鲦、黄颊鲇和鲤鱼等，都可以用作祭品。本诗和《大雅·旱麓》里都出现了"以享以祀，以介景福"的诗句，说明祭祀的共同动机是通过献祭以求神求祖先赐予大福分。祭祀中的有些动物，虽然处于饮食范围，但已被赋予了更多的文化含义。

《诗经》中还记载了动物图腾崇拜的文化现象。据《商颂·玄鸟》所载："天命玄鸟，降而生商，宅殷土芒芒。""玄鸟生商"传说的是有娀氏之女简狄吞燕卵而怀孕生契，契建商。契因此也被称为"玄王"，《商颂·长发》有"玄王桓拨"句，《毛传》曰："玄王，契也。"据此传说，契本无父，其实只是"古者知母不知父"（《庄子·盗跖》）的母系氏族制度的反映。玄鸟生商则是早期商人崇拜鸟图腾的生动展示，古人不解母系氏族社会制度，于是把契的出生寄托到他的亲族（亦即图腾）玄鸟（燕子）身上。寻求某种动物作为崇拜对象并以之为氏族标志，这是一种原始的宗教形式。而实际上，"春分玄鸟降，简狄配高辛氏，帝与之祈于郊禖而生契，故本为天所命，以玄鸟至而生焉"［（清）顾炎武：《日知录·集释卷三》］。即春分时候，燕子筑巢产卵，商人认为这是繁殖后代的好日子，于是夫妻奔赴郊野举行求子祭祀仪式，因此这时孕育的子女也可以说是"玄鸟所生"。有些动物如龙，很可能也是图腾。《诗经》中有诗句："龙旂十乘，大糦是承。邦畿千里，维民所止，肇域彼四海"（《商颂·玄鸟》）。此处龙旂是当时一种旗帜，上画龙形，竿头系铜铃，象征的是商王的赫赫权威。动物图腾崇拜的文化在周初仍有遗存。如《大雅·生民》："诞寘之隘巷，牛羊腓字之。……诞寘之寒冰，鸟覆翼之。鸟乃去矣，后稷呱矣。"《生民》描述后稷的出生传说，有着屡弃不死的灵异：弃于隘巷牛羊庇护哺乳他，置于寒冰大鸟展翅温暖他。这种灵异表现为动物对后稷的亲近和庇佑，而这正是图腾崇拜的意义所在。

　　祥瑞动物在《诗经》中也有反映。如"凤凰于飞，翙翙其羽，亦集爰止。蔼蔼王多吉士，维君子使，媚于天子"（《大雅·卷阿》），诗中凤凰飞翔在高空中羽翅噗噗作响，引颈高歌声音响彻高冈，此时王朝贤士齐聚以听君子命令，和谐之音声悠扬。这是一首大型宴会上的颂歌，歌颂公刘率族人迁居以过上更加美好的生活。显然，凤凰之振翅高飞、和鸣高冈的形象有着美好的象征意义。

　　占卜于天以决国家大事，占卜之风在古代历久不衰。其中占卜的工具出自在古人看来具有灵异性的乌龟。《诗经》多有关涉占卜的诗句，如《小雅·小旻》："我龟既厌，不我告犹。谋夫孔多，是用不集。"这是一首政治抒情诗，诗作者对国政忧心忡忡，他不满意谋士们的空谈，甚至开始怀疑灵龟占卜的效果。"我龟既厌"反映了西周时期某些知识分子头脑中的天命观已经开始动摇。

第三节　《楚辞》：动物诗歌中的浪漫精神

　　在动物文化方面，《楚辞》①呈现出与《诗经》现实主义迥异的浪漫主义特征。《楚辞》中有着大量龙马凤凰的意象，它们体格高贵，行踪自由，无不呈现出神秘美感，成为诗人尊贵身份、高尚品格、自由心灵、远大抱负的写照，体现了诗人浪漫的精神、诡异的想象。

---

① 《楚辞》是中国最早的浪漫主义诗歌总集。《楚辞》是以战国时期楚国屈原（公元前340—前278年）的创作为代表的新诗体，其特征为"书楚语，作楚声，纪楚地，名楚物"[（宋）黄伯思《东观余论》]，重要作品有《离骚》《九歌》《天问》《九章》等。

一 龙与高贵自由的灵魂

在《诗经》中,"龙"一词出现很少,只有"山有乔松,隰有游龙"(《郑风·山有扶苏》)、"既见君子,为龙为光"(《小雅·蓼萧》)、"我龙受之,蹻蹻王之造"(《周颂·酌》)、"受小共大共,为下国骏厖,何天之龙"(《商颂·长发》)、"龙盾之合,鋈以觼軜"(《秦风·小戎》)等几处。"隰有游龙"中的"龙"指的是水泽中泛滥的蓼草、荭草,与动物之龙所处地一致,也有形似之处,体现了对龙出于水的朴素认知。"龙盾之合"中的"龙"指的是龙形纹,反映了尊龙意识和龙图腾崇拜的残余。其余几处"龙"字借用为"宠"字,均与龙无关。①

《楚辞》则有着大量的龙的意象,而且对于龙的描述较之《诗经》复杂、形象得多。如以"玉虬"显现龙之高贵体质:"驷玉虬以乘鹥兮,溘埃风余上征。"(《离骚》)以"飞龙"之"辚辚""翩翩""蜿蜿"描写龙飞之种种状态:"为余驾飞龙兮"(《离骚》),"乘龙兮辚辚"(《九歌·大司命》),"飞龙兮翩翩"(《九歌·湘君》)。以"八龙""两龙"标示龙之数量:"驾八龙之蜿蜿兮"(《离骚》),"驾两龙兮骖螭"(《九歌·河伯》)。以"青虬""白螭"描摹龙之色彩:"青虬兮骖白螭,吾与重华游兮瑶之圃"(《九章·涉江》)。《广雅》记载:"有鳞曰蛟龙,有翼曰应龙,有角曰虬龙,无角曰螭龙。"② 于是,龙的形象得以更加丰满。

龙主要是用作乘载的动力。在想象中,诗人乘着八龙、四龙(《离骚》:"驷玉虬以乘鹥兮")或者双龙的车,或凌风而行(《离骚》:"溘埃风余上征"),或一飞冲天(《九歌·大司命》:"高驰兮冲天"),或跨度梁津(《离骚》:"麾蛟龙使梁津兮"),或途经湖泊(《九歌·湘君》:"遭吾道兮洞庭"),行踪无定但极其自由。这种称为"龙"的动物,本质上是一种虚构的通天神物,它能承担常物所不能完成的任务。诗人驾乘龙车,或访仙与神相会:"欲少留此灵琐兮,日忽忽其将暮。"

---

① 参见阎雨濛《〈诗经〉与〈楚辞〉中的龙意象》,《宁波教育学院学报》2016年第8期。
② (清)王念孙:《广雅疏证》,中华书局2004年版,第307页。

(《离骚》）或与上古圣人交游："驾青虬兮骖白螭，游吾与重华游兮瑶之圃。"（《九章·涉江》）或参加重大文化、歌舞活动："驾龙辀兮乘雷，载云旗兮委蛇；翾飞兮翠曾，展诗兮会舞。"（《九歌·东君》）

总体而言，《楚辞》中的龙数量众多、形象不一，但它们体格高贵，往往担负着神圣的使命，同时又行踪自由，无不呈现出神秘的美感。显然，龙这一虚构的动物形象是诗人屈原那种浪漫的、奋争的精神的写照：高尚的品格、尊贵的身份、自由的心灵、远大的抱负。但是现实中诗人的处境恰恰相反，因此，这一形象也不可能不打下另外一种印记。如诗人在《天问》中呵问："焉有虬龙，负熊以游？"哪里有无角虬龙背着熊罴从容游乐？楚国王室为熊姓，故此处隐晦地表达了对楚王失去信心、不愿为之效劳的意思。"鱼葺鳞以自别兮，蛟龙隐其文章"（《九章·悲回风》），诗人用蛟龙隐藏身上的纹章的意象，表达了洁身自好的意愿。此时龙的形象中平添了一种愤懑、失望甚至退隐的意蕴。"蛟何为兮水裔"（《九歌·湘夫人》）的疑问还揭示了龙的困于水的矛盾境况。甚至龙演化成为令人畏惧的危险之物："螭龙并流，上下悠悠只"（《大招》）。可见，《楚辞》中龙的自然性已经变得不那么重要，它主要是诗人特立独行的精神象征，而且这种精神本身又是一个复杂的矛盾体。

二 马与凡世奋进的心态

在天为龙，在地为马。但马毕竟是凡世中的动物，不具有龙的神秘性。除此之外，《楚辞》中的马和龙多有类似之处。故而古人说："马八尺以上为龙"（《周礼·夏官·廋人》），"马实龙精，爰出水类"（《山海经·图赞》）。可见古人把体型高大的马也称作龙，认为马也可以具有龙的品性。

在《楚辞》里，马首先是诗人车驾的动力，是在现实生活中陪伴诗人时间最久的动物："步余马于兰皋兮，驰椒丘且焉止息"，"朝吾将济于白水兮，登阆风而绁马"（《离骚》），"朝驰余马兮江皋，夕济兮西澨"（《九歌·湘夫人》），"步余马兮山皋，邸余车兮方林"（《九章·涉江》），"朝骋骛兮江皋，夕弭节兮北渚"（《九歌·湘君》），"抚余马兮安驱，夜皎皎兮既明"（《九歌·东君》）。诗人有时策马奔驰，有时步马缓行，有时安抚马儿，总之是跋山涉水，人马相依。诗中兰皋、椒丘、白水、阆风、山皋、江皋、西澨、北渚、方林等诸多地点也佐证了马与人之间在时空上的密切联系。

当然，这种联系并非诗人个人所拥有，因为马的使用在当时极其广泛，数量也颇为壮观，如："屯余车其千乘兮，齐玉轪而并驰"（《离骚》），"屯余车之万乘兮，纷容与而并驰"（《远游》）。对于一个强大的诸侯国，拥有车马千乘万乘绝非夸张。在战争中，战马和战士们一起冲锋陷阵、出生入死，以伤痕累累的形象成为诗人歌颂的对象，如《九歌·国殇》："凌余阵兮躐余行，左骖殪兮右刃伤"，"霾两轮兮絷四马，援玉枹兮击鸣鼓"。甚至人与马之间有了一种情感上的联系。如"仆夫悲余马怀兮，蜷局顾而不行"（《离骚》），在诗人眼中，仆从悲伤，马也怀恋，留恋回顾不肯往前去。此时的马也就被赋予了人的情感。又如"忽驰骛以追逐兮，非余心之所急"（《离骚》），此中善于"驰骛""追逐"之马却为诗人所不喜，暗示了诗人洁身自爱、不求名利之志。

在《楚辞》中马和龙一样，也承载了诗人远大的理想、高雅的志趣、自由的品格："乘骐骥以驰骋兮，来吾导夫先路"（《离骚》），"勒骐骥而更驾兮，造父为我操之"（《九章·思美人》），"乘骐骥而驰骋兮，无辔衔而自载"（《九章·惜往日》），"服偃蹇以低昂兮，骖连蜷以骄骜"（《远游》），"宁昂昂若千里之驹乎，将泛泛若水中之凫，与波上下，偷以全吾躯乎？宁与骐骥亢轭乎，将随驽马之迹乎？"（《卜居》）在诗人笔下，纵横驰骋的骏马可以"导夫先路"，它的驾驭者是赫赫有名的造父，甚至它根本就不需要辔衔的束缚。有着先知的才能、高贵的身份、自由的品质，这种高举头颅、与良马同轭相并而不愿随波逐流、尾随驽马之迹的千里马，正是诗人自身的写照。

在《楚辞》中，龙与马有时候在意象上具有一致性。当马脱离凡俗走入神幻世界的时候，和龙就没有什么区别了。"饮余马于咸池兮，总余辔乎扶桑"（《离骚》），古代中国神话中，咸池是日浴之处，而东海日出处有扶桑之木。一般来说，马无能力到达这些地方，因此在诗人饮马咸池、系马扶桑的笔触下，马即是龙，龙即是马，很难区分开来。

三 鸟与复杂的人世社会

鸟也是《楚辞》中常见的动物。诗人熟悉周边自然环境，对鸟类生活习性了如指掌，在诗作中往往是信手拈来。如"鸟飞反故乡兮，狐死必首丘"（《九章·哀郢》）反映了候鸟迁徙的现象；"因归鸟而致辞兮，羌迅高而难当"（《九章·思美人》）反映出当时甚至出现了以飞鸟传书信的事情。"鸟次兮屋上，水周兮堂下"（《九歌·湘君》），"鸟何萃兮苹中，罾何为兮木上？"（《九歌·湘夫人》），表明诗人熟知鸟兽生活的环境，因此大胆质疑反常现象。当然，这种反常现象很可能只是诗人的合理想象，有着强烈的政治讽喻意义。

和龙、马一样，诗人关注的并非事物的本身，而是借物寓意寄托自己的理想、志趣、品格。在很大意义上，《楚辞》中的动物大都具有政治文化的意涵。这从诗人对动物的分类可以看出来，总体上龙的形象比较单一，而马可以分为"骐骥""千里之驹"和"驽马"两类，它们代指两种不同才华的政治人物。在"鸟"上，诗人进行了更加细致的划分，而且每一类都有了具体的名字。具体分为三类：

一类是品行不端的恶鸟。如"吾令鸩为媒兮，鸩告余以不好。雄鸠之鸣逝兮，余犹恶其佻巧"（《离骚》），鸩是有毒之鸟，外表艳丽；雄鸠是好鸣之鸟，举止轻浮。又如杜鹃鸟，"恐鹈鴂之先鸣兮，使夫百草为之不芳"（《离骚》），杜鹃鸣声先起暗示谗言先至。另一类是才具、品德一般者。如鸡鹜，即鸡鸭，"宁与黄鹄比翼乎，将与鸡鹜争食乎"（《卜居》），争食的鸡鸭，比喻争权夺利的小人。鸡鹜对照黄鹄，正如驽马对照骐骥（《卜居》："宁与骐骥亢轭乎？将随驽马之迹乎？"）。又如燕雀和乌鹊，"鸾鸟凤皇，日以远兮。燕雀乌鹊，巢堂坛兮"（《九章·涉江》），其中燕雀乌鹊与鸾鸟凤皇相对，指的是朝廷中的小人。上述二类都是诗人鄙夷、批判的对象，第三类才是诗人的钟爱。如"鸷鸟之不群兮，自前世而固然"（《离骚》），雄鹰不与燕雀为伍，自古如此，诗人借此表明与平庸者、卑劣者之间的坚决决裂。又如"有鸟自南兮，来集汉北。好姱佳丽兮，胖独处此异域"（《九章·抽思》），诗中所说的从南方来到汉北的羽毛美丽的鸟儿是作者对处于孤独境遇的自身的写照。这一类鸟中最为典型也被最多提及的是凤凰:"扬云霓之晻蔼兮,鸣玉鸾之啾啾","鸾皇为余先戒兮,雷师告余以未具","吾令凤鸟飞腾兮,继之以日夜","凤皇翼其承旗兮,高翱翔之翼翼","凤皇既受诒兮,恐高辛之先我"(《离骚》),"凤凰翼其承旂兮,遇蓐收乎西皇","雌蜺便娟以增挠兮,鸾鸟轩翥而翔飞"(《远游》),"鸾鸟凤皇,日以远兮。燕雀乌鹊,巢堂坛兮"(《九章·涉江》)。因其美丽、善舞,凤凰被不断虚构,渐渐得以神化、祥瑞化,"鸡头、蛇颈、燕颔、龟背、鱼尾,五彩色,高六尺许",最后变成了动物中的四灵(麟凤龟龙)之一。《楚辞》中的凤凰显然符合神化之后的特征。在诗人的想象中,御使凤车升腾飞驰,夜以继日奔忙不息,凤凰展翅飞翔连接着云旗,带领诗人拜见西方之神与天帝。它承担警戒开道的职责,甚至还以鸾鸟(青鸾,凤凰之一种)啾啾鸣叫之声为车铃之声。宋玉也这样描写凤凰:"凤皇上击九千里,绝云霓,负苍天乎窈冥之中,蕃篱之鷃,岂能与之料天地之高哉?"〔(唐)欧阳询:《艺文类聚·卷九十·鸟部上》〕无疑,在这里凤凰和龙的形象与意蕴是一致的,代表的是高贵之身、自由之态。由此衍生出另外一层意义,即凤凰具有君子之风。"鸾鸟凤皇,日以远兮。燕雀乌鹊,巢堂坛兮",说的是高尚的君子被排斥在朝堂之外。在诗人的想象中,凤凰曾接受聘礼为帝喾做媒,因而担忧在自己之前已把简狄娶走而流露出无奈之情。

"善鸟香草,以配忠贞;恶禽臭物,以比谗佞"〔(东汉)王逸:《楚辞章句·离骚经序》〕,这是东汉时期王逸评价《离骚》的论断,准确道出了《楚辞》中广采博纳鸟虫花木进行象征、暗喻的写作特色。但是总须要回到现实中,"矰弋机而在上兮,罻罗张而在下"(《九章·惜诵》),固然有着诗人身遭诬陷的暗喻意义,但也反映出人们使用弓箭射鸟、用罗网捕鸟的事实。捕鸟,主要是用来食用。如《招魂》一诗记载:"肥牛之腱,臑若芳些。和酸若苦,陈吴羹些。胹鳖炮羔,有柘浆些。鹄酸臇凫,煎鸿鸧些。露鸡臛蠵,厉而不爽些。粔籹蜜饵,有餦餭些。瑶浆蜜勺,实羽觞些。"在《招魂》《大招》中,用于食用的动物种类最多的还是禽鸟类,计有鹄、凫、鸿、鸧、鸡、鸹、鹑等多种,而且烹饪方法也极为多样,这些都反映了楚地饮食文化的繁荣。

这主要归之于地理环境，楚国地处江南，正所谓"春气奋发，万物遽只"（《大招》），因其气候温润、广有水泽（如云梦泽）、水草丰茂，自然成为野禽的重要栖息、繁殖之所。甚至出现了用来狩猎的鸟类动物园，称之为"春囿"（《大招》："腾驾步游，猎春囿只"）："孔雀盈园，畜鸾皇只。鹍鸿群晨，杂鹜鸹只。鸿鹄代游，曼鹔鹴只。……凤皇翔只"（《大招》）。在园中，不但孔雀满园，还养着凤凰青鸾；晨光里，鹍鸡大雁竞相出现，水鹜鸹鹴和鸣其间；在水中，天鹅前后嬉游，鹔鹴轻柔戏浪。这一切，呈现出了一幅有声有色、动静结合的鸟类大观图。

四 兽与险恶的自然环境

在《楚辞》中，兽和鸟一样也是常见的动物，如"心犹豫而狐疑兮，欲自适而不可"（《离骚》），"狐疑"一词来源于对狐狸行为的细致观察。"深林杳以冥冥兮，猿狖之所居"（《九章·涉江》），源于对猿类生存环境的合理推测。"操吴戈兮被犀甲，车错毂兮短兵接"（《九歌·国殇》），反映出人们利用犀牛皮制甲用于军事的情形。有时甚至出现"鸟兽"这样的复合词，如"鸟兽鸣以号群兮，草苴比而不芳"（《九章·悲回风》），反映了鸟兽类聚的群居现象。

但是，《楚辞》中很多诗句之所以留下动物的身影，往往是因为它们是诗人所处环境的一部分，更主要的是它们的出现是诗人的刻意安排，它们构成的情境与诗人表达的情感处于一种同构共存的状态。如"山萧条而无兽兮，野寂漠其无人"（《远游》），诗人以山中无兽来渲染萧条肃杀的情境，从而衬托自己的心情。又如"麋何食兮庭中，蛟何为兮水裔"（《九歌·湘夫人》），诗人以麋食于庭中的反常现象来讽刺、批判当时社会。

在对待兽上，诗人没有像对待龙、马、凤凰那样把它们打上自身的印记。在更多的情况下，兽还是大自然中的兽。如《大招》："南有炎火千里，蝮蛇蜒只。山林险隘，虎豹蜿只。鳊鳙短狐，王虺骞只。……西方流沙，漭洋洋只。豖首纵目，被发鬤只。长爪踞牙，诶笑狂只。"《大招》是一篇招魂词，诗人呼唤亡魂归来，不要在四方游荡。其中缘由是毒蛇猛兽伤人：南方烈焰千里，蝮蛇蜿蜒盘绕；山林深密险阻，虎豹往来逡巡；

鲫鳙短狐集聚，毒蛇王虺昂首。西方流沙茫茫，眼睛直长的野猪鬃毛散乱、爪子长长、牙如锯齿，诡笑中露出疯狂。诗人笔调虽略显夸张，但野兽伤人全是写实。这一方面反映出战国后期南方生态环境状态良好，适宜各种动物生存；另一方面也表明了在当时人们对猛兽的基本态度，反映了人与猛兽之间的对立关系。猛兽所在的自然界仍是人们不信任的、需要去征服的对象。

第五章
先秦动物文化的奇幻意蕴

从思维层面看，虚构和想象也是先秦动物文化的重要特征。先秦典籍《山海经》《穆天子传》因动物形象、种类、习性等方面的奇特性凸显出当时人们对于动物的大胆虚构和想象，其动物文化颇具奇幻色彩。

第一节 《山海经》：源自山海的动物想象

《山海经》[①] 中所载动物大多样貌奇怪，它们其实源自古人对山海中动物的奇特幻想。众多动物具有神奇的医疗价值，反映了古人在医疗医药方面的探索和希冀。常见的动物灾祥现象则真实地再现了古人对于灾祥现象起因的探索。《山海经》既描述了动物与人互食的生活环境，也勾画了百兽群处的理想世界，体现了先民在艰难困苦中对美好生活的向往。

一 动物的怪异形象

《山海经》所载动物大多状貌奇怪，与现存动物差异太大。正如《南山经》所述猨翼之山"多怪兽，水多怪鱼，多白玉，多蝮虫，多怪蛇"那样，"多怪"确实是其最重要的特征。以《南山经》所记载的动物为例：《南山经》中有的动物如"狌狌（猩猩）"的形象基本上属于如实记录：招摇之山"有兽焉，其状如禺而白耳，伏行人走，其名曰狌狌"，

---

① 《山海经》之名最早见于《史记·大宛列传》，是中国先秦时期奇书，作者及成书年代不详。《山海经》被明代学者胡应麟称为"古今语怪之祖"。

说猩猩状如沐猴，可以像人那样双足行走，并没有增添多少怪异的因素在里面。但是像"猩猩"这样的情形少有，很多动物都有"多怪"之处，如种属差异大的有赤鱬（人面）、鴸（人手）、顒（人面），它们具有人类特征，不可谓不怪；又如，在数量上，如狐有"九尾"、獙獙有"九尾""四耳"等，已属怪异，其中鹡鸰"三首、六目、六足、三翼"，则已显得极度夸张。

据统计，《山海经》记录有400多种神怪、异兽、奇禽。那为什么其中的动物形象颇多怪异呢？首先，与著述的起因有关。《山海经》既不是史官据实写就的信史，也不是纪实的山水游记，它是根据先有的《山海图》而展开的文字记录。由于图画能够传达的信息量有限，因此《山海经》再度描述时不得已加以想象，而文字的奇妙想象可以脱离实际、漫无边际，其过度夸张的地方自然无法以理性逻辑进行分析。其次，与著述的用途有关。《山海经》是古之巫书，与巫术、巫的职事有着密切关系。① 巫者为了取信于人而显示神奇能力，往往会对所谓的神仙境界、域外世界中的人类与动物进行大胆虚构，其手法则是从熟悉的身边事物中截取种种要素进行打乱、拼接，从而"创造"出具有众多奇异特征的生物。最后，与成书的过程有关。《山海经》是在不同时代由多人增补衍生而成。如凤凰"五彩而文"形象所反映的"德义礼仁信"道德价值源自儒家思想。战国中期孟子有"仁义礼智"的说法，西汉前期董仲舒扩充为"仁义礼智信"，而关于"凤凰"德性特征的描绘，与"四端""五常"在表述上有相似之处，但又有所差异，据此可以判断其写作时代晚于孟子，早于董仲舒。动物的形象特征只会在后世增补过程中越来越失真，凤凰即是典型一例。

还有一个不可忽视的重要原因，即动物世界本身的复杂性。动物世界本身就充满了奇异之处，其怪实不怪，只因人类少见而多怪。自人类文明诞生以来，由于自然环境的渐趋恶化和人类的不断破坏，许多动物在更多的人们得以见证之前即已灭绝，或者因濒临灭绝和栖息地远离人境而罕为人所识。而这些灭绝的或者罕见的动物很可能具有今天人类所无法想象的

---

① 参见翁银陶《〈山海经〉性质考》，《福建师范大学学报》（社会科学版）1985年第4期。

特征，因此被误认为"多怪"。这就像今天的人们看到恐龙化石时，也只能大体上想象"其状如何"，而对其细节性特征几乎无法做到真实还原。

二　人神的鸟兽形象

《山海经》中人与神的形象多具有鸟兽类动物的特征。

神具有兽、蛇、鸟等多种形象。具体说来，与龙相关的有：从柜山至漆吴之山"其神状皆龙身而鸟首"（《南山经》）①，从天虞之山至南禺之山"其神皆龙身而人面"（《南山经》），从橵𪊨之山至竹山"其神状皆人身龙首"（《东山经》），"雷泽中有雷神，龙首而人头，鼓其腹"（《海经·海内东经》）。与虎（豹）相关的有：昆仑之丘"神陆吾司之，其神状虎身而九尾，人面而虎爪"（《西山经》），宜苏之山"吉神泰逢司之，其状如人而虎尾"（《中山经》），"有神人，八首人面，虎身十尾，名曰天吴"（《海经·大荒东经》），"又有神衔蛇衔操蛇，其状虎首人身，四蹄长肘，名曰强良"（《海经·大荒北经》），"昆仑之丘有神，人面虎身，有文有尾，皆白"，"有人戴胜，虎齿，有豹尾，穴处，名曰西王母"（《海经·大荒西经》）。与蛇相关的如：从单狐之山至堤山"其神皆人面蛇身"，从管涔之山至敦题之山"其神皆蛇身人面"，从太行之山至无逢之山"其十神状皆彘身而八足蛇尾"（《北山经》），苗民"有神焉，人首蛇身，长如辕，左右有首，衣紫衣，冠旃冠，名曰延维，人主得而飨食之，伯天下"（《海经·海内经》）。与鸟相关的如：从辉诸之山至蔓渠之山"其神皆人面而鸟身"（《中山经》），北方禺强"人面鸟身，珥两青蛇，践两青蛇"（《海经·海外北经》），东方句芒"鸟身人面，乘两龙"（《海经·海外东经》），东海之渚中有神禺䝞"人面鸟身，珥两黄蛇，践两黄蛇"（《海经·大荒东经》），西海陼中有神弇兹"人面鸟身，珥两青蛇，践两赤蛇"（《海经·大荒西经》），北海之渚中有神禺强"人面鸟身，珥两青蛇，践两赤蛇"，北极天柜有神九凤"九首人面鸟身"（《海经·大荒北经》）。鸟类在此大多所指不明。但鸟身之神多有珥蛇（耳朵上穿挂着蛇）、践蛇（脚底下踩踏着蛇）的细节特征。这可能是因为这些

---

① 本节凡引自《山经》者均不标记"山经"，引自《海经》者则加标记"海经"以示区别。

鸟类神多是鹰鹫之类的猛禽。蛇往往是有毒的动物,对古人生活生产影响很大,是被憎恨的对象,因此鸟身之神多被赋予了捕杀毒蛇的能力。同时蛇也是人们日常生活中常见的熟悉的动物,它可以成为食物、药物,也可以作为宠物,在古代蛇还是生育的图腾,因此有了珥蛇之习。践蛇之能、珥蛇之习体现的是人们对蛇类既爱又怕的矛盾心理,它是早期人类既向往征服自然又能够顺应自然的一种心理反映。另外,没有具体指明是否有鸟兽之身的神也有珥蛇之习、践蛇之能:"西方蓐收,左耳有蛇,乘两龙"(《海经·海外西经》),"南海渚中,有神,人面,珥两青蛇,践两赤蛇,曰不廷胡余"(《海经·大荒南经》)。

神也具有多种家畜形象。其中与马相关的有:从钤山至莱山"其十神者,皆人面而马身"(《西山经》),从太行之山至无逢之山"其神状皆马身而人面者廿神"(《北山经》)。与猪相关的有:从太行之山至无逢之山"其十四神状皆彘身而载玉……其十神状皆彘身而八足蛇尾"(《北山经》)。与羊有关的有:从尸胡之山至无皋之山"其神状皆人身而羊角"(《东山经》)。与牛相关的有:从钤山至莱山"其七神皆人面牛身,四足一臂,操杖以行,是为飞兽之神"(《西山经》)。与狗相关的有(也可归于兽类):"有神,人面、犬耳、兽身,珥两青蛇,名曰奢比尸"(《海经·大荒东经》)。此外,与兽相关但所指不明的如:从鹿蹄之山至玄扈之山"其神状皆人面兽身"(《中山经》),"南祝融,兽身人面,乘两龙"(《海经·海外南经》),"有神,人面兽身,名曰犬戎"(《海经·大荒北经》)。

从动物种类上看,神具有的形象既有野生动物也有家畜类动物。龙、虎、蛇等动物形象说明《山海经》所反映的时代确实古远,人类敬以为神的动物大多凶猛、恶毒。但是马、猪、羊、牛、狗等家畜类动物的出现说明当时畜牧业已经有了相当程度的发展,此时应已向农业社会转型,因为从数量上来说其实这类神不少,如马身之神就有 30 位,猪身之神 24 位,牛身之神 7 位。这些神多集中在某一山脉为区域的范围之内,也说明畜牧业发展尚具有地域性,并未得到普及、推广,这正是转型期的特征。据《周礼》记载:"男巫掌望祀,望衍,授号,旁招以茅"(《周礼·春官·司巫/神仕》)。古之巫师祭山海之众神以求佑护,佑护的无非生命安全与财产阜康。那么所崇拜的神灵必须具备杀死猛兽毒蛇、庇护六畜繁殖的能力。这就是我们所说的图腾崇拜。从神的形象上看，如果神灵具有某种动物之身体特征，那么它就具有掌控某种动物的能力。如果神灵兼具若干动物的形象，则它掌控的能力也就更多。

人也可以具有动物形象，主要见于《海经》。其中具有鸟的形象者居多：羽民国"其为人长，身生羽"，讙头国"其为人人面有翼，鸟喙"，"有人焉，鸟喙，有翼，方捕鱼于海"（《海经·大荒南经》），北方禺强"人面鸟身，珥两青蛇，践两青蛇"（《海经·海外北经》），盐长之国有人"鸟首"（《海经·海内经》）。这类人的特征是或生有羽毛，或长有鸟身、鸟首，或有翅膀，或有鸟喙，其生活习性也大多与鸟相关，如海鸟捕鱼、鹰鹫擒蛇。另有较为奇特者，如"有卵之国，其民皆生卵"（《海经·大荒南经》），可能也具有鸟的特征。人具有兽类形象的也不少，有的说得比较笼统，有的则具体到了何种兽类（如虎、犬、马等）：厌火国国民"兽身黑色"，"有人方齿虎尾，名曰祖状之尸"（《海经·大荒南经》），奢比尸国"兽身、人面、大耳，珥两青蛇"（《海经·海外东经》），阘非"人面而兽身，青色"，环狗"其为人兽首人身。一曰蝟状如狗，黄色"，犬戎国"状如犬"（《海经·海内北经》），钉灵之国"其民从膝以下有毛，马蹄善走"（《海经·海内经》）。另有兼具鸟兽二形象特征者：黑人"虎首鸟足，两手持蛇，方啖之"，嬴民"鸟足，有封豕"（《海经·海内经》）。在鸟兽之外，还有人具有鱼的形象特征。他们也都生活在水中或海中，如氐人国"其为人人面而鱼身，无足"（《海经·海内南经》）。具有动物形象的人自然不是图腾崇拜的对象，但是其动物则很可能是人们膜拜的图腾。这些图腾的出现，多与人们的生活习性相关，如生活在海中即生有鱼身，善走即长有马蹄。显然，这里充满了古人对于域外的奇幻想象，其产生虽有一定的现实性，但更多的是充满了想象力的虚构性。

三 动物的医用价值

《山海经》中多种动物具有重要的医用价值。从所治病情来看，大致可分为如下种类。

一是可以强健肌体:招摇之山狌狌"食之善走",基山鶹䳑鸟"食之无卧",杻阳之山旋龟"佩之不聋"(《南山经》),昆吾之山有兽"食之不眯"(《中山经》),马成之山鶌鶌"食之不饥,可以已寓"(《北山经》)。此类动物可以让人强身健体。吃猩猩之肉可以让人擅长奔走,吃鶹䳑之肉使人不感到瞌睡、精神振奋,还有动物之肉吃了让人不做噩梦,吃鶌鶌肉能使人不觉饥饿,还可医治老年健忘症,而旋龟不是用来食用而是用来佩戴,可以让人耳朵听觉清晰。动物肉食营养丰富,能滋补肌体,这一点远古人们自然知晓。但以为吃猩猩之肉善走、佩旋龟而不聋恐怕与猩猩行动迅捷、旋龟感官发达有关,这是对动物功能的一种主观联想,并无科学依据。

二是利于繁衍生育:杻阳之山鹿蜀兽"佩之宜子孙"(《南山经》),青要之山鴢鸟"食之宜子"(《中山经》)。多子多孙、多生多育自古就是人们的愿望,有医药能疗治不孕不育自然受人关注。此处治疗药物中鸟类、兽类皆有,有的动物在外形集合了多种动物形象,如鹿蜀兽"其状如马而白首,其文如虎而赤尾",可能表达的是人们对子孙寄予的多种期望。

三是可以抵御毒气毒物:青丘之山有兽"食者不蛊"(《南山经》),栒状之山箴鱼"食之无疫疾"(《东山经》),丹熏之山耳鼠"食之不睬,又可以御百毒",蔓联之山鵁鸟"食之已风",北嚣之山有鸟"食之已喝",涿光之山鰼鰼之鱼"可以御火,食之不骄",谯明之山孟槐兽"可以御凶"(《北山经》),阴山天狗"可以御凶",英鞮之山冉遗鱼"食之使人不眯,可以御凶",天帝之山谿边兽"席其皮者不蛊"(《西山经》),首山𫛭鸟"食之已垫"(《中山经》)。南方山多林密、气候潮湿,往往瘴气(瘴气是南方原始森林里动植物腐烂后生成的毒气。隋代《诸病源候论》一书阐述"瘴气候":"夫岭南青黄芒瘴,犹如岭北伤寒也。南地暖,故太阴之时,草木不黄落,伏蛰不闭藏,杂毒因暖而生")弥漫,常致死人命。因此,抵御毒气毒物是巫医的一项重要职能。食用某些动物能让人"不蛊"(不中妖邪毒气)、"御凶"(辟凶邪之气)、"已风"(治愈风痹病)、"不骄"(避开凶邪之气)、"已喝"(使人不中暑)、"不睬"(不得膨胀病)、"已垫"(治好湿气病),也有动物具有"席其皮者不蛊"的功效。总之，这些动物的出现显示了人们在不断探索"可以御百毒"的动物性医药良方。

四是可以治疗肠胃疾病：梁渠之山嚣鸟"食之已腹痛，可以止衕"，阳山鲐父鱼"食之已呕"（《北山经》），东始之山茈鱼"食之不糠"（《东山经》）。上述动物能够"已腹痛"（止住肚子痛）、"止衕"（治好腹泻病）、"已呕"（停止呕吐）、"不糠"（不放屁），都与肠胃消化道类疾病相关。

五是可以治疗皮肤病：钱来之山㺊羊"其脂可以已腊"，英山肥遗鸟"食之已疠，可以杀虫"，松果之山螐渠鸟"可以已曝"（《西山经》），青丘之山赤鱬"食之不疥"（《南山经》），县雍之山鳖鱼"食之不骄"（《北山经》），葛山之首珠鳖鱼"食之无疠"（《东山经》），渠猪之山豪鱼"可以已白癣"（《中山经》）。这一类动物具有"已腊""已曝""为底"（治疗皮肤干裂、干皱、脚底老茧）的功能，一般是用其油脂。另一类动物治疗癣疥或使人"不骄"（没有狐骚臭）之疾，这是一类皮肤真菌感染的小病。最后一类动物如肥遗、珠鳖鱼用于"已疠"，也就是用来治疗麻风病。

六是可以治疗痈肿类疾病：天帝之山栎鸟"食之已痔"（《西山经》），天虞之山虎蛟"可以已痔"，柢山鯥鱼"冬死而复生，食之无肿疾"，（《南山经》），牛首之山飞鱼"食之已痔"（《中山经》），带山鵸鵌鸟"食之不疽"，谯明之山何罗之鱼"食之已痈"，单张之山白鵺鸟"食之已嗌痛，可以已瘺"（《北山经》）。此处动物可以治疗"痔"（痔疮）、"肿疾"（痈肿疾病）、"疽"（痈疽病）、"痈"（痈肿病）、"嗌痛"（咽喉疼痛）之类的疾病。此类动物多为鱼类，也有鸟类。

七是可以治疗疣赘之病：皋涂之山数斯鸟"食之已瘿"（《西山经》），甘枣之山難兽"食之已瘿"（《中山经》），求如之山滑鱼"食之已疣"，狱法之山繁鱼"食之已疣"（《北山经》），旄山鳡鱼"食者不疣"（《东山经》）。瘿和疣是人身上脖子等部位长出的赘余之物，数斯鸟和難兽能治疗"瘿"（脖子上的赘瘤），而能治疗"疣"（疣赘病）的动物多为鱼类。

八是可以治疗精神类疾病：基山猼訑兽"佩之为畏"，青丘之山灌灌鸟"佩之不惑"，亶爰之山类兽"食者不妒"（《南山经》），泰器之山文鳐鱼"食之已狂"，獂次之山有兽"服之不畏雷"（《西山经》），龙侯之山人鱼"食之无痴疾"，轩辕之山黄鸟"食之不妒"，阳山领胡兽"食之已狂"，北岳之山鮨鱼"食之已狂"，单张之山白鵺鸟"可以已痟"，带山鯈鱼"食之可以已忧"（《北山经》），霍山朏朏兽"养之可以已忧"，魁山飞鱼"服之不畏雷"（《中山经》）。精神类疾病主要表现为心理症状，如嫉妒（"妒"）、畏惧（"畏""畏雷"）、糊涂（"惑"）、癫狂（"狂""痟"）、痴呆（"痴疾"）、忧虑抑郁（"忧"）等。从上述材料可见，古人已常用动物类药物治疗精神类疾病。这其中有一类像猫一样的动物"朏朏"，养它可以消除忧愁，从侧面反映了宠物在舒缓精神压力方面的功能已为古人所知晓和利用。

从上可知，古人已充分利用动物作为医疗资源。可以说，《山海经》为我们提供了关于中国先秦时期医药文化的重要材料，这是其他先秦古籍（医学类典籍除外）所少见的。这其中很多治疗病症的方法（如食疗、养宠物减压）具有一定的科学性，并非荒诞不经。而从对多种病症的列举情况看，古人在医疗医药方面已经取得了巨大成就。

此外，《山海经》中的动物还具有其他功能。如御火：符禺之山鸥鸟"可以御火"（《西山经》），带山灌疏兽"可以辟火"（《北山经》）。又如御兵：中曲之山駮兽"是食虎豹，可以御兵"（《西山经》），虢山"其鸟多窝……可以御兵"（《北山经》），魁山飞鱼"可以御兵"（《中山经》）。但是动物之"御火"（避开火灾、火烧）、"御兵"（避开兵器伤害）功用很可能也属于医药价值，即它们是治疗或防治烧伤、刀伤之类的动物类药物。有些可能是由人们通过类比想象而得来的结论，如认为魁山河流中的飞鱼吃下去让人胆大不畏雷鸣，这应是河流水急声大但此鱼不畏惧，由此以为吃它在战争中不惧刀伤。当然，如某些鸟类之所以被认为"可以御火"，可能是它们经常被看到活跃于火场周围，因其反常的捕食行为而被误认为可以御火、避火；又如拥有虎牙爪的駮，在战争中其尖锐器官等可用作武器来防御敌人，因而"可以御兵"，这显然已超出了药用价值的范围。

四 动物的灾祥征兆

《山经》中多有动物与灾祥相关联的记载。从灾难与祥瑞来做首次划分，其中涉及祥瑞的有：丹穴之山"有鸟焉，其状如鸡，五采而文，名曰凤皇，首文曰德，翼文曰义，背文曰礼，膺文曰仁，腹文曰信。是鸟也，饮食自然，自歌自舞，见则天下安宁"（《南山经》），女床之山鸾鸟"见则天下安宁"，泰器之山文鳐鱼"见则天下大穰"，玉山狡兽"见则其国大穰"（《西山经》），钦山当康兽"见则天下大穰"，余峨之山㹴㺝兽"见则螽蝗为败"（《东山经》）。这6种动物祥瑞，两种关涉天下安宁，对应的动物是凤凰、鸾鸟。它们都是神鸟，唯外形略有不同，但都"五采而文"，全身各个部位都有纹理，显示出了古代理想社会的基本价值观念。另外四种动物为文鳐鱼、狡、当康、㹴㺝，它们本身也可以充当食物、药物或者消灭害虫，出现时则天下丰收，或者击退蝗灾、佑护庄稼。天下安宁与年成丰收表达了古代人们对于社会生活的最基本的愿望，而这些动物成为安宁与丰收的文化符号。其中以凤皇（凤凰）最为著名，其作为符号和象征的文化意义尤为突出，影响了自三代以来的整个先秦时期。

相对于祥瑞之兆，动物灾难之兆在数量上更多。自然界和人类社会都存在灾难，《山海经》动物兆示的社会灾难在数量上最多的是战争：鹿台之山凫徯鸟"见则有兵"，小次之山朱厌兽"见则天下大兵"，钟山钦鹀化为大鹗"见则有大兵"，鸟鼠同穴之山鳋鱼"动则其邑有大兵"（《西山经》）。战争之兆居于社会灾难之兆的首位，反映的是社会的动荡不安以及战争频仍的情况，其战乱规模大小有别，有时是"天下大兵"，也有小规模的"邑有兵"。它们曲折反映的或者是上古部族战乱，或者是夏商周三代更替时期的战乱，也可能是春秋战国诸侯争霸和兼并战争。人们通过动物来观测战争，虽乏科学依据，但符合人们意欲预知战乱的社会心理。其次是徭役之兆：卢其之山鹚鹕"见则其国多土功"（《东山经》），柜山狸力兽"见则其县多土功"，尧光之山猾裹兽"见则县有大繇"（《南山经》）。徭役之兆与统治阶级大兴土木紧密有关。大兴土木耗费民力，往往引发民变，也会破坏山林，祸及动物，自然不是祥瑞。最后与政治相关：柜山鹎鸟"见则其县多放士"（《南山经》），硾山𬋖𬋖兽"见则其国多狡客"（《东山经》）。被流放在外的多是文士，国都中奸猾的多是政客，只能说明当时政治混乱。另外，国家、县乡发生令人惊恐的事情很可能也是人祸：景山酸与鸟"见则其邑有恐"（《北山经》），耿山朱獳兽"见则其国有恐"（《东山经》）。

动物兆示的自然灾难包括水灾、旱灾、火灾以及瘟疫。自然灾祸以水旱灾害为要，其中涉及旱灾的动物有鸟类：令丘之山颙鸟"见则天下大旱"（《南山经》），钟山𪄱鸟"见则其邑大旱"，崦嵫之山有鸟"见则其邑大旱"（《西山经》），栒状之山蛰鼠鸟"见则其邑大旱"（《东山经》）。有鱼类：鸡山黑水鱄鱼"见则天下大旱"（《南山经》），女烝之山薄鱼"见则天下大旱"，子桐之山骨鱼"见则天下大旱"（《东山经》）。鱼本居水中，水涸则见。如果这些鱼平素居于深水中，见则可推知深水都已经枯竭，必定是大旱之象。有蛇类：太华之山肥遗蛇"见则天下大旱"（《西山经》），浑夕之山肥遗蛇一首两身"见则其国大旱"，幽都之山朋蛇"见则其邑大旱"（《北山经》），独山𪓳蠕"见则其邑大旱"（《东山经》），鲜山鸣蛇"见则其邑大旱"（《中山经》）。也有兽类：姑逢之山獙獙兽"见则天下大旱"（《东山经》）。总体而言，鸟、鱼、蛇、兽等动物的出现与旱灾的联系可以通过科学来解释：水是动物生存的必要条件，在缺水状态下动物会频繁出现寻觅水源，从而容易为人类所发现。涉及水灾的动物以兽类居多：长右之山有兽"见则郡县大水"（《南山经》），犲山有兽"见则天下大水"，空桑之山轻轻兽"见则天下大水"，剡山合𥂕兽"见则天下大水"（《东山经》），敖岸之山夫诸兽"见则其邑大水"（《中山经》）。涉及水灾的鸟类、鱼类、蛇类也有：玉山有鸟"见则其国大水"，崇吾之山蛮蛮鸟"见则天下大水"，邽山黄贝、蠃鱼"见则其邑大水"（《西山经》），阳山化蛇"见其邑大水"（《中山经》）。涉及其他灾害如火灾、瘟疫的有：章莪之山的毕方鸟"见则其邑有讹火"（《西山经》），硾山的絜钩鸟"见则其国多疫"，太山的蜚兽"行水则竭，行草则死，见则天下大疫"（《东山经》）。

《山海经》中此类记载，说明古人已经观察到了动物与灾祥之间的密切关系，真实地再现了古人避凶趋吉的心理状态。有些经由观察动物所得的结果是可以用科学进行解释的。但是，这些记载或者传说在很大程度上加入了人们的奇幻想象，因此细节上的可信度并不高。

五 动物食人与被食

食人动物在诸经中都有出现，多为兽类，极少数为雕类。它们一般具有猛兽猛禽的特征，如虎状、虎身、虎爪、虎牙，或者狼状、犬状、雕状，或者具有龙的形象：浮玉之山彘兽"其状如虎而牛尾，其音如吠犬"（《南山经》），鹿吴之山蛊雕兽"其状如雕而有角，其音如婴儿之音"（《南山经》），钩吾之山狍鸮兽"其状如羊身人面，其目在腋下，虎齿人爪，其音如婴儿"（《北山经》），凫丽之山蠪蛭兽"其状如狐，而九尾、九首、虎爪"，北号之山獂狙兽"其状如狼"，北号之山𪄳誉鸟"其状如鸡而白首，鼠足而虎爪"，剡山有兽"其状如彘而人面"（《东山经》），蔓渠之山的马腹兽（《中山经》），蜪犬"如犬，青，食人从首始"（《海经·海内北经》），窫窳"龙首，是食人"（《海经·海内经》）。若不是以上猛兽类型的动物，则形体高大如牛，具有杀人的利器（如"四角"）或速度（如"马足"）等特征，这些"牛形"食人兽有"穷奇""窫窳""诸怀""犀渠"等：邽山穷奇兽"其状如牛，蝟毛"（《西山经》），少咸之山窫窳兽"其状如牛，而赤身、人面、马足"（《北山经》），北岳之山诸怀兽"其状如牛，而四角、人耳、彘耳"（《北山经》），厘山犀渠兽"其状如牛"（《中山经》）。食人动物的存在，凸显了古人尤其是初民的生存状态，表明他们同猛禽猛兽类动物之间严重对立的关系。在这种关系中，人类处于下风，是被食用的对象。人们对食人动物的记载往往充满了夸张，即把多种食人动物的特征组合到一起，借以强化其凶猛特征。其实体现与人处于敌对关系的动物还有很多，如猨翼之山"多怪兽，水多怪鱼。多白玉，多蝮虫，多怪蛇，不可以上"（《南山经》）、饶山师鱼"食之杀人"（《北山经》）等记载均反映了这一状况，只是"食人"是敌对状态的极端，故而受到重视得以多次记录。

在人与动物之间人并非总是居于劣势地位，《海经》中多有关于捕食动物的记载。其中关于人类食兽的记载也很多，如君子国"衣冠带剑，食兽"（《海经·海外东经》），"中容人食兽"（《海经·大荒东经》），司幽之国"食黍,食兽,是使四鸟"(《海经·大荒东经》),重阴之山"有人食兽,曰季厘"(《海经·大荒南经》),"犬戎,肉食"(《海经·大荒北经》),"苗民厘姓,食肉"(《海经·大荒北经》)。食兽者很多是传说中古帝王的后裔,如中容是帝俊后裔,犬戎是黄帝后裔,苗民是颛顼后裔。食兽反映了某些部落的先民在与野兽的斗争中取得了一定的胜利。"食兽"是传说中三皇五帝时期人们生活状况的真实反映,是捕猎生活的一个重要方面。此外,捕鱼、捕鸟甚至捕蛇也都是远古时期渔猎文明中极其常见的生活场景,《海经》中多有记载:继无民"食气、鱼",无肠国"食鱼",深目民之国"食鱼"(《海经·大荒北经》),王亥"两手操鸟,方食其头"(《海经·大荒东经》),讙头国"为人人面有翼,鸟喙,方捕鱼",长臂国"捕鱼水中,两手保操一鱼。一曰在周饶东,捕鱼海中"(《海经·海外南经》),玄股之国"其为人衣鱼食,使两鸟夹之",黑齿国"食稻啖蛇"(《海经·海外东经》),诸夭之野"凤鸟自舞,皇卵,民食之"(《海经·海外西经》)。人们甚至连鸾凤及其鸟卵都食用,这说明在海外人们眼里此类动物绝无神性,其文明与中国殊异。王亥是商代传说中地位极为重要的一位先公,被认为是畜牧业的创始人,王亥食鸟与畜牧业的产生有一定的联系,也与早期商族以鸟为图腾有关。①

另外,人们在食兽的同时也食稻黍果实,说明渔猎时代已出现农耕文明,或者处在向农耕文明的转化过程中。《海经》中多次记载先民以植物种子为食的情况。植物类食物尤以"黍食"最多,如"国曰玄股,黍食,使四鸟"(《海经·大荒东经》),"有季禺之国,颛顼之子,食黍"(《海经·大荒南经》),"有胡不与之国,烈姓,黍食"(《海经·大荒北经》)。也有食用谷子、植物叶子以及味甜的"甘木"(植物果实、多汁的根茎之类)的:"焦侥之国,几姓,嘉谷是食"(《海经·大荒南经》),"有盈民之国,于姓,黍食。又有人方食木叶"(《海经·大荒南经》),"有不死之国,阿姓,甘木是食"(《海经·大荒南经》),这表明先民植物性食谱呈扩大趋势。而农耕时代的到来,其实缓解了人与动物之间直面相对的紧张关系。

---

① 参见胡厚宜、胡振宇《殷商史》,上海人民出版社2003年版,第33、133—146页。

六 动物与理想环境

人类理想的生活环境其特征无非是"天下安宁""万物尽有"。在《山海经》中，丹穴之山、昆仑之丘正是这种理想环境的代表：丹穴之山"有鸟焉，其状如鸡，五采而文，名曰凤皇，首文曰德，翼文曰义，背文曰礼，膺文曰仁，腹文曰信。是鸟也，饮食自然，自歌自舞，见则天下安宁"（《南山经》），昆仑之丘"有人戴胜，虎齿，有豹尾，穴处，名曰西王母。此山万物尽有"（《海经·大荒西经》）。丹穴之山是社会和谐的典型，昆仑之丘是物产丰富的典型。二者与动物都关系密切，其中丹穴之山有凤皇鸟，此鸟标示着人世间的五种基本价值，"饮食自然，自歌自舞"，体现了理想社会和谐、安宁的人文之美。昆仑之丘中的神具有虎身的特征，其人西王母也是虎齿豹尾（其实际情况很可能是其部族崇拜的图腾为虎，其女首领则穿着动物毛皮做成的服饰）。而"此山万物尽有"，说明昆仑神与西王母所辖之下物产极度丰饶。

在《山海经》中能找到多处既安宁又富饶的人间仙境，如"诸沃之野""载民之国""沃之野""都广之野""狄山"：诸沃之野"鸾鸟自歌，凤鸟自舞。皇卵，民食之；甘露，民饮之；所欲自从也。百兽相与群居"（《海经·海外西经》），载民之国"食谷，不绩不经，服也；不稼不穑，食也。爰歌舞之鸟，鸾鸟自歌，凤鸟自舞。爰有百兽，相群爰处"（《海经·大荒南经》），沃之野"凤鸟之卵是食，甘露是饮。……鸾凤自歌，凤鸟自舞，爰有百兽，相群是处"（《海经·大荒西经》），都广之野"百谷自生，冬夏播琴。鸾鸟自歌，凤鸟自舞，灵寿实华，草木所聚。爰有百兽，相群爰处"（《海经·海内经》），狄山"爰有熊、罴、文虎、蜼、豹、离朱、视肉"（《海经·海外南经》）。这些具有理想色彩的国度、地域，在社会安宁方面，在"鸾鸟自歌，凤鸟自舞"这一特征之外，还增添了"爰有百兽，相群是处"这种群体性和谐的特征。这里的鸟兽可能具有图腾的特征，故而鸟兽的和谐相处其实也意味着各部族的和平共处。在物质富饶方面，"百谷自生"，甚至能"不绩不经"而有衣、"不稼不穑"而得食。其中，"视肉"就是一种奇特动物，"聚肉形如牛肝，有两目也。食之无尽，寻复更生如故"［（西晋）郭璞注］，简直满足了人们对于肉食的最大欲望，从而把物质的丰饶推向了想象的巅峰。

《山海经》对理想生活环境的设想，体现的是中国古代人民对美好生活的向往，因此有着深厚的文化内涵。通过分析上述引文出处亦可发现，这些安宁富足的理想世界多出自《海经》记载，这说明在现实生活中人们其实无法找到这样的世界，因此只能把想象的空间拓展、延伸到无法确证的海外世界，而"海外"又更能满足人们对于这个世界的神奇幻想。

第二节 《穆天子传》：关于荒服的动物传奇

《穆天子传》[①]虽非信史，但曲折反映了先秦时期与西域部族之间的经济往来情况，其重要载体即献赐活动中的大量动物。《穆天子传》既记载有穆王众多田猎活动，也介绍穆王游历天下的精良车队，多有夸张之词。书中还甚至塑造了舂山县圃这样的生态神境。

一 动物献赐与西域贸易

《穆天子传》反映了西周穆王时期与西域部族之间的经济往来情况。其重要载体即献赐活动中的动物，除河宗之子孙柏絮且所献数量较少（《穆天子传·卷之一》："河宗之子孙柏絮且逆天子于智之□，先豹皮十、良马二六"）外，其他均数量巨大，品类繁多，如"辛巳，入于曹奴……乃献食马九百，牛羊七千，穄米百车，天子使逢固受之"（《穆天子传·卷之二》），"癸未，至于戊□之山……劳用白骖二疋，野马野牛四十，守犬七十，乃献食马四百，牛羊三千"（《穆天子传·卷之三》），"甲戌，巨蒐之□奴觞天子于焚留之小，乃献马三百，牛羊五千，秋麦千车，膜稷三十车，天子使柏夭受之"（《穆天子传·卷之四》）。有学者统计，在《穆天子传》记载的献赐物品中，域外部族贡献最多的是牲畜，其中西域珠泽、赤乌、曹奴、郅韩等提供 25000 头，漠北智氏、文山、巨蒐等提供 11742 头，可见它们都是从事畜牧业的部族。西域诸部族共向穆

---

① 《穆天子传》又名《周王游行》，作者不详，记周穆王巡游事。

王贡献牲畜367420头，还有禽兽之乳、血等动物加工品。①

据《史记》记载，"北有戎翟之畜，畜牧为天下饶"（《史记·货殖列传》），北方的戎狄部落，自古以来畜牧业繁荣。这些部落或国家，拥有的牛马数量十分惊人，另外，西域还是众多野生动物的栖息之所，人们还能捕猎到野马、野牛。这些动物的数量应该远远多于进献动物的数量。在所有动物中，良马是中原之国所缺乏的动物资源，因此是交流贸易最重要者，所以《穆天子传》中罗列动物时，作者总是把马或良马放置于前，尽管其数量远逊于牛羊。

尽管名为"献"，但不是白送，"献"常与周穆王的"赐"联系在一起。"献"与"赐"，表明是经济上的互动。周穆王所"赐"之物主要是金银器物、珠贝、布帛之类的中原和东方沿海所产之物，如："天子乃赐之黄金银罂四七，贝带五十，珠三百裹，变□雕官，（郫韩之人）无鳧上下乃膜拜而受"，"天子□昆仑以守黄帝之宫，南司赤水而北守春山之宝。天子乃□之人□吾，黄金之环三五，朱带、贝饰三十，工布之四。……天子又与之黄牛二六，以三十□人于昆仑丘"（《穆天子传·卷之二》）。环、带、饰之类词语，说明周王所赐之物并非金银等物产的初级原料，而是成型的精美工艺品，可见周王所辖地区的手工艺水平应远超西戎部落，其产品深受欢迎并在交易中能换得大批西域特产。但是周穆王所赐之物中也不乏动物，如骏马："天子赐许男骏马十六"（《穆天子传·卷之五》），这可能是以部分所献良马转赐于他人。

二 山水射猎与田猎活动

《穆天子传》中多有穆王田猎活动的记载。就其方式而言，钓鱼是其中一种："甲子，天子北征，舍于珠泽，以钓于流水"（《穆天子传·卷之二》），"辛未，天子北还，钓于渐泽，食鱼于桑野"（《穆天子传·卷之五》）。周穆王在北征途中与回程途中，多次垂钓。所钓之处一曰珠泽，一曰渐泽。其中"珠泽之薮方三十里"，是一处不小的湖泊湿地。据记载："癸亥，天子乘鸟舟龙卒浮于大沼。"（《穆天子传·卷之五》）可以

---

① 参见郑杰文《论〈穆天子传〉的认识价值》，《天津师大学报》1996年第1期。

想见还有更大的湖泊。而渐泽在桑野之侧，桑林的出现表明渐泽当远离西域，其地理位置已在周天子所辖的农桑区域之内。西域湖泊湿地的存在，说明当时气候温润，雨量丰富，是适宜人居的地方，其生态环境之优良远非今日可比。

另外一类捕猎方式是"射"，这是最主要的方式："天子四日休于濩泽，于是射鸟猎兽"，"仲秋丁巳，天子射鹿于林中"，"仲冬丁酉，天子射兽，休于深藿，得麇□豕鹿四百有二十，得二虎九狼"，"戊戌，天子西游，射于中□，方落草木鲜"（《穆天子传·卷之五》）。射猎所涉地点有水泽湖泊，也有森林，猎物既有兽类，也有鸟类。据记载："天子大飨正公诸侯王，勒七萃之士于羽琌之上，乃奏广乐。□六师之人翔畋于旷原，得获无强，鸟兽绝群。六师之人大畋九日，乃驻于羽之□。收皮效物，债车受载。天子于是载羽百车。"（《穆天子传·卷之三》）其中鸟羽的数量多到令人惊讶。

更有勇士生擒猛兽的举动："辛有虎在乎葭中。天子将至，七萃之士高奔戎，请生捕虎，必全之。乃生捕虎而献之天子，命之为柙，而畜之东虞，是为虎牢。"（《穆天子传·卷之五》）此处说七萃之士高奔戎请求为穆王生擒猛虎，捕到后装入虎笼养在东虞。至于捕猎的具体方法已无从得知。甚至周穆王本人也是捕猎能手："辛未，纽滜之兽。于是白鹿一牾□逸出走，天子乘渠黄之乘□焉。"（《穆天子传·卷之六》）周穆王亲乘渠黄马追击逃跑的白鹿，可见周天子毫不顾及身份，田猎兴致正高涨。最终鹿被剥皮取肉做成美餐，说明捕猎成功，从侧面反映出穆王捕猎水平很高。

三　春山县圃与生态神境

从《穆天子传》可知，周穆王时代田猎数量和频率都很高，主要是源于良好的生态环境："丁巳，天子西南升□之所主居。爰有大水硕草。爰有野兽，可以畋猎"（《穆天子传·卷之二》），"巳酉，天子饮于溽水之上。乃发宪令，诏六师之人□其羽。爰有□薮水泽，爰有陵衍平陆。硕鸟物羽，六师之人毕至于旷原"（《穆天子传·卷之三》）。文中说的田猎地点在大山大河之处，有水泽、丘陵、平陆等地形地貌，适合动物生存繁衍,其实这正是"爰有野兽,可以畋猎"的原因所在。但是周穆王的田猎活动严重过度,"得获无强,鸟兽绝群",这种断子绝孙式的野生动物资源掠夺方式显然违背了先秦时代常被提及的古训。

《穆天子传》中还借穆王之口塑造了一个理想的生态神境"舂山县圃":"舂山是唯天下之高山也","舂山之泽,清水出泉,温和无风,飞鸟百兽之所饮食,先王所谓县圃","舂山,百兽之所聚也,飞鸟之所栖也","爰有□兽食虎豹,如糜而载骨,盘□始如□,小头大鼻。爰有赤豹、白虎、熊罴、豺狼、野马、野牛、山羊、野豕,爰有白鸟、青鵰,执太羊,食豕鹿"(《穆天子传·卷之二》)。从上述文字分析可推知,其一,舂山是天下高山,应属高原地带,其上有雪或者冰川,有植物孳木华,但不耐其寒。

其二,这一地带先王已经命名为"县圃"。"县圃"在秦汉文献中多次出现,如"朝发轫于苍梧兮,夕余至乎县圃"(《楚辞·离骚》),"昆仑县圃,维绝,乃通天。言己朝发帝舜之居,夕至县圃之上,受道圣王,而登神明之山"(《淮南子·地形训》)。"县圃"即"悬圃","悬"言其地势之高犹悬于空中,是神明之山,而"圃"则意味着有人或神经营之意。因此,凿空西域之功已非周穆王所独有,这说明在上古时期中国与周边地区交流已经得到了极大拓展,到了后世竟成为神话传说。

其三,此山的特征有二,一为"舂山之泽,清水出泉,温和无风",山上有湖泊,湖里有清泉,气候温润无风,应是水草丰美之地。二为此山是飞鸟百兽集聚之地、饮食之地,"百兽之所聚也,飞鸟之所栖也",是一重要的鸟兽繁殖栖息区域。从所列举的动物看,种类有虎豹狼熊、牛羊猪鹿、白鸟青鵰之类。因此,舂山县圃是一处地处高原、带有神话色彩的动物繁殖栖息之所。其实,舂山县圃也只是对人世间类似场所的一种夸大而已。正如明代胡应麟所说:"先王所谓县圃之文,不过如秦汉所谓上林胡苑,所记鸟兽虽众,皆人世所常有。"(《少室山房笔丛·三坟补逸下》)

四 八骏之乘与动物役使

周穆王能游历天下,归之于有一个装备精良的车队——"八骏之乘":"癸酉,天子命驾八骏之乘,赤骥之驷,造父为御,□南征翔行,径绝翟道。升于太行,南济于河。驰驱千里,遂入于宗周。官人进白鹄之血以饮天子,以洗天子之足。造父乃具羊之血,以饮四马之乘一。"(《穆天子传·卷之四》)这个《穆天子传》中经常提及的豪华车队,由三套系统组成:"天子之骏:赤骥、盗骊、白义、踰轮、山子、渠黄、骅骝、绿耳","狗:重工、彻止、雚猰、□黄、南□、来白","天子之御:造父、三百、耿翛、芍及"。即由八匹骏马组成的动力系统、由六只猎犬组成的辅猎系统、四车手组成的司乘系统。很明显,这套机制是为天子"出□入数,田猎钓弋"服务的。对此周穆王似乎有自责之意:"于乎!予一人不盈于德,而辨于乐,后世亦追数吾过乎!"(《穆天子传·卷之一》)周穆王担心后人说他德行不足、耽于游乐,但是被近臣恭维一番后继续西游。

对"八骏之乘"还有更详细的说明:"癸酉,天子命驾八骏之乘,又服骅骝而左绿耳,右骖赤骥而左白义。天子主车,造父为御,耿翛为右。次车之乘,右服渠黄而左踰轮,右盗骊而左山子。柏夭主车,三百为御,芍及为右。天子乃遂东南翔行,驰驱千里,至于臣搜之人□奴乃献白鹄之血以饮天子,因具牛羊之潓以洗天子之足及二乘之人。"(《穆天子传·卷之四》)"八骏之乘"分为主次二乘。天子主乘,造父驾车,耿翛为副手,以骅骝、绿耳、赤骥、白义四马拉车。次车之乘,柏夭主车,三百驾车,芍及为副手,以渠黄、踰轮、盗骊、山子四马拉车。《穆天子传》中还说"天子乘渠黄之乘□焉",可见,周穆王主车、次车都曾乘用,并非固定乘用主车。

马和狗是周穆王"出□入数,田猎钓弋"时可供役使的两种主要动物。"天子之马走千里,胜人猛兽。天子之狗走百里,执虎豹"(《穆天子传·卷之一》),从役使的效果看,马可称千里马,而狗也赛虎豹。当然,这其中大有夸张成分。这种夸张在役使其他动物时体现得更为明显:"□乌鸢、鹳鸡飞八百里。名兽使足:□走千里,狻猊□野马走五百里,邛邛、距虚走百里,麋□二十里。"(《穆天子传·卷之一》)在马与狗外,周穆王团队还"征鸟使翼",其中役使的鸟类有乌鸢、鹳鸡等,可飞八百里。又"名兽使足",役使的有能走千里的动物、走五百里的狻猊和野马、走百里的邛邛和距虚（《逸周书·王会》："独鹿，邛邛距虚善走也"）、走二十里的麋等。鸟兽能飞翔奔跑数百里不为怪，然而能否真正做到"使翼""使足"，则值得怀疑。但如果把这看作当时人们驯化、役使动物的一种美好愿望，则容易理解多了。历史上有过"鸿雁传书"的托词，而且有些鸟兽（如鹰、鸽、犬）经过驯化之后，确实可以用于传信、捕猎。

实际上，周穆王在周游过程中，所役使的马匹和猎狗远远超过了"八骏之乘"的规模，如："壬寅，天子饮于文山之下，文山之人归遗乃献良马十驷，用牛三百，守狗九十，□牛二百，以行流沙天子之豪马、豪牛、龙狗、豪羊以三十祭文山。"（《穆天子传·卷之四》）在《穆天子传》中，马有食马、良马之分，食马用于庖厨，良马应该是役用之马。守狗即是看家狗，用于看家护院以保障人财安全。牛可食用，也用于拉车。周穆王在游历途中，接受了大量进献的动物，形成浩浩荡荡的庞大队伍，这其中必多有役用动物。

五　山川崇拜与祭祀活动

《穆天子传》中有多处记载了周王祭祀活动，其中最重要的是对山川的祭祀。如祭河神河宗："甲辰，天子猎于渗泽，于是得白狐玄貉焉，以祭于河宗。"（《穆天子传·卷之一》）黄河为四渎之宗，因此可以称黄河为河宗，也指黄河之神。此处，周穆王献祭河神的祭品为在渗泽猎杀的白狐玄貉。狐貉二兽本身无甚特色，但白狐玄貉却因其罕见毛色而显得珍贵。另外，在动物祭品中，"陈牲全五□具"，种类有牛马猪羊等家畜："癸丑，天子大朝于燕□之山、河水之阿……官人陈牲全五□具，天子授河宗璧，河宗伯夭受璧，西向沉璧于河，再拜稽首。祝沉牛马豕羊。"（《穆天子传·卷之一》）祭献的方式都是沉河。即将玉璧和牺牲沉入黄河，以示祭献。对江河的献祭并不限于黄河，如"癸酉，天子南祭白鹿于漯□，乃西饮于草中，大奏广乐，是曰乐人"（《穆天子传·卷之六》）。"祭白鹿于漯□"，应也是祭河神。山岳也是献祭对象："壬寅，天子饮于文山之下，文山之人归遗乃献良马十驷，用牛三百，守狗九十，□牛二百，以行流沙天子之豪马、豪牛、龙狗、豪羊以三十祭文山。"

(《穆天子传·卷之四》)此处周穆王挑选出豪马、豪牛、龙狗、豪羊等来献祭文山。

　　山川崇拜是穆王祭祀活动的一个重要特点。山川不但是王国版图的构成部分，更是王国财富的积聚之所，所以好大喜功的周王必须表达对山川及其位于其上的神的极大尊敬。其方式便是举行盛大的山川之祭。从周穆王有限的献祭山川的活动来看，所用动物牺牲都是精挑细选的，或毛色纯粹，或体形庞大，或品类齐全，无不体现了周人"尽人事，敬天命"的观念和态度。

第六章
先秦诸子的动物思想（上）

从流传下来的诸子典籍看，道家和儒家是先秦时期在动物思想上成果最为丰硕的思想流派，它们奠定了中国古代动物伦理学的基础。道家以道观照动物，其中庄子借动物性阐述自己的自由理想，创立了一种动物伦理的元哲学。儒家则以德为统领，其中孟子借动物阐述自己的仁政理想，可以看作是动物政治伦理学。墨家虽然不太关心动物，但也形成了义以为上的独特的动物思想。

第一节 先秦道家：道与动物

道家①是中国先秦时期的重要思想流派之一。道家从道的高度考察人与动物关系，对动物的自然性给予了极大关注，他们坚持解放动物，反对拘禁宠物，主张建立人与动物和谐共生的理想社会。道家动物文化对后世影响深远，至今仍引人深思。

一 道论下的人与动物关系

先秦道家以"道"为统领来看待人与动物关系。"道"是道家思想的

---

① 道家主要代表人物有老子、列子、庄子、杨朱等。老子，春秋晚期楚国人，道家学派创始人，著有《道德经》（或称《老子》）。庄子，宋国人，战国中期道家思想的发扬者，其学派著有《庄子》。另有列子（早于庄子），本名列御寇，但今传《列子》已不能复原列子思想原貌。杨朱，魏国人。子华子（与孔子同时代，晋国人）也是道家人物，其思想已纳入杂家部分介绍。

核心范畴，先秦道家由此而发展出一种独特的"道论"。如在《道德经》中，"道"被赋予了一种本根意义上的地位，它即是宇宙中最原始的材料，也是混沌不清的原始状态；从认识论来看，"道"意味着事物发展有一定的规律，它的运行有着"自然无为"的特征；从价值功用来看，"道"必须遵循且值得遵循。以老子为代表的先秦道家的道论，是对当世自然、社会规律的一种朴素但又深刻的认识。它也是先秦道家构建人与动物关系模式的哲学依据。

老子关于动物的论述不多，《道德经》中仅有简短的几句格言，但其基本思想却对后世道家的影响很大。可以说，老子为道家奠定了人与动物关系的哲学基础。老子指出："天地不仁，以万物为刍狗；圣人不仁，以百姓为刍狗。"（《道德经·五章》）刍狗即草做的狗，在祭祀典礼中用以替代真实的狗来做祭祀的牺牲。天地对待万物，圣人对待百姓，都像对待刍狗一样，无所谓"仁"或者"不仁"。天地无感情，不会去干预万物，而是任其自生自灭。既然天地如此，老子认为，圣人也当如此治理天下，遵循无为之道。在老子看来，从刍狗到百姓，乃至万物，相对于道，具有内在的一致性与平等性。这涉及人与动物关系的一个方面。在另一方面，人与动物之间的理想关系是一种基于自然德性的和谐关系。老子说："含德之厚，比于赤子。毒虫不螫，猛兽不据，攫鸟不搏。"（《道德经·五十五章》）深含德性的人，如同刚出生的婴儿那样天真无邪，无害物之心。这种德性，不是人类社会培养涵育出来的，而是自然之德。在老子看来，具备这种德性的人，毒虫不去蜇他，猛兽不去伤害他，飞鸟不去袭击他。这当然只能是一种理想的状态和境界。自然之德，就是道。合于自然之德，是对道的追求。老子指出："知和曰常，知常曰明。益生曰祥，心使气曰强。"老子提出了几条原则，其中和谐、益生的原则尤其值得注意。知道和谐、柔和才能遵循规律，增益生命叫作吉祥，反之，"物壮则老，谓之不道，不道早已"（《道德经·五十五章》）。总之，老子之道遵循自然、注重和谐、关注生命，这为道家关涉人与动物关系的思想奠定了理论基础。

在杨朱眼中，人与动物没有道德地位上的差别。在"歧路亡羊"的故事中，杨朱感叹的固然是人生多歧路、选择很艰难，但从他的不言不笑不搭理的行为也察觉得出其内心反感把动物称为"贱畜":"门人怪之,请曰:'羊贱畜,又非夫子之有,而损言笑者何哉?'杨子不答。"杨朱甚至将心比心,推己及物,公然为动物辩护:"杨朱之弟曰布,衣素衣而出。天雨,解素衣,衣缁衣而反。其狗不知,迎而吠之。杨而怒,将扑之。杨朱曰:'子无扑矣!子亦犹是也。向者使汝狗白而往,黑而来,岂能无怪哉?'"(《列子·说符》)在人与狗的比较中,杨朱认为,人在智力上不占上风,因此不要责怒于狗。由是而言,杨朱甚至否定人与动物在智慧上的高低差别。这种由人推及动物,再由动物回归人身上的辩论方法,体现了在实践上杨朱对待动物采取的是平等的态度。

杨朱之后,庄子建立了一种非人类中心主义的伦理学。庄子本人及其后学(本书不做细分,统称为庄子)对万物都持有道德上的普遍关怀,并把这种道德普遍性的观念建立在"齐物"的基础上,"天地与我并生,而万物与我为一"(《庄子·齐物论》)。在此基础上,庄子进一步考察了物的价值这一重要问题。庄子罗列出当时的各自以"道""物""俗""差""功""趣"为中心的六种价值观,即平等主义、自我中心主义、客观主义、相对主义、实用主义和情感主义的价值观。"以道观之,物无贵贱"(《庄子·秋水》),庄子坚持的是以道观照万物的平等主义价值观。这是庄子平等考量动物利益的价值根据。庄子关注动物、平等考量动物利益还有着事实根据。庄子惯于寻根究底,努力探索事物之间尤其是生物之间的利益关联性。庄子有着自己独特的物质运动观——物化观。物化的基本特征是一种"无为而万物化"(《庄子·天地》)的自化。事物运动的神秘机制,庄子称为"机缄"。同时,物化是一个循环往复的过程,庄子称之为"天均":"万物皆种也,以不同形相禅,始卒若环,莫得其伦"(《庄子·寓言》)。"机缄"与"天均"观念的出现,显示出庄子敏锐地察觉到了大自然在无人干预的情况下自会形成一种紧密联系、无限循环的机制或系统。

而在《庄子·至乐》篇中,庄子把"机缄"与"天均"观念融入"种有几"的描述中:"种有几,得水则为继,得水土之际则为蛙蠙之衣,生于陵屯则为陵舄,陵舄得郁栖则为乌足,乌足之根为蛴螬,其叶为胡蝶。胡蝶胥也化而为虫,生于灶下,其状若脱,其名为鸲掇。鸲掇千日为鸟,其名为干余骨。干余骨之沫为斯弥,斯弥为食醯。颐辂生乎食醯,黄軦生乎九猷,瞀芮生乎腐蠸,羊奚比乎不笋,久竹生青宁,青宁生程,程生马,马生人,人又反入于机。万物皆出于机,皆入于机。"(《庄子·至乐》)"种有几"说的是物种在水土环境中的运行机制,颇类似于现在的"生态系统"观念。从一般的昆虫到高度进化的人,都是这种运行机制或系统中的因子,它们处于密切联系之中,地位平等,利益关联,最终"万物皆出于机,皆入于机"。这里的"机",实质上指的是包括人类在内的天人分化之前的"自然"。由此,庄子主张"天人一",倡导"齐物",坚持以道观照万物,绝不是纯粹的主观想象,而是源于对客观生物世界的一种朴素认识。同时,因为认识的历史局限性,这一思想又具有一定的神秘性。

二 杨朱、列子论人禽之辨

人禽之辨之于老庄,是不值得关注的问题。但是,《列子·杨朱》篇关注了这一问题,文中讲述了一则以子产故事为内容的寓言。杨朱并不赞同"人是智慧且仁义的道德动物"这一观点。他借子产(公孙侨)之口表达出所反驳的观点——"人之所以贵于禽兽者,智虑。智虑之所将者,礼义"(《列子·杨朱》),然后又借子产之弟来批驳这一观点"未合于人心"。

实际上,杨朱视人为"有生之最灵者也",他说:"人肖天地之类,怀五常之性,有生之最灵者也。人者,爪牙不足以供守卫,肌肤不足以自捍御,趋走不足以从利逃害,无毛羽以御寒暑,必将资物以为养,任智而不恃力。"(《列子·杨朱》)在杨朱看来,人与天地阴阳的生存近似,怀有木火土金水五行的本性,是最有灵性的生命。虽然人的爪牙、肌肤防卫捍御不了自身,奔跑未能很好地获利避害,也没有皮羽抵抗寒暑,但是,他凭的是智慧而不倚仗蛮力。人是最智慧的动物,这是杨朱对于人的一个基本看法。在《列子·天瑞》"孔子游于太山"的寓言故事中,借荣启期之口表达了"天生万物,唯人为贵"的观点,和杨朱观点有着内在的一致性。

《列子》其他篇章也有探讨这一问题:"而人未必无兽心。虽有兽心,以状而见亲矣。傅翼戴角,分牙布爪,仰飞伏走,谓之禽兽;而禽兽未必无人心。虽有人心，以状而见疏矣。庖牺氏、女娲氏、神农氏、夏后氏，蛇身人面，牛首虎鼻：此有非人之状，而有大圣之德。夏桀、殷纣、鲁桓、楚穆，状貌七窍，皆同于人，而有禽兽之心。"（《列子·黄帝》）此处对人心与兽心、人形与兽形做了比较全面的辨析，得出的结论是：人未必无兽心，禽兽未必无人心。在此，禽兽与人类并无真正的差异。他以远古传说中的历史人物做例证来阐述这一道理。当然，"蛇身人面，牛首虎鼻"其实只是图腾崇拜的遗存记忆，并非真正的人兽一身。

现存《列子》思想驳杂，观点常有突兀之处，如列子说："桀纣唯重利而轻道，是以亡。幸哉余未汝语也！人而无义，唯食而已，是鸡狗也。强食靡角，胜者为制，是禽兽也。"（《列子·说符》）文中的列子从是否有义的标准来判断人禽之别："人而无义"是禽兽，"弱肉强食"也是禽兽。这一观点颇类似于儒家观点。但是反对侵凌、把强权者喻为禽兽却是先秦时期大多数进步思想家共同的态度。

三　庄子论动物的自然本性

对动物的自然本性（动物性）进行深入探究的道家人物是庄子。庄子考察万物，使用了一个非常重要的术语——"性"。"性"是《庄子》外编和杂编中出现较多的一个哲学范畴。如"骈拇枝指，出乎性哉""自三代以下者，天下莫不以物易其性"（《庄子·骈拇》）等。《庄子》中有大量涉及动物之"性"的言论，如："凫胫虽短，续之则忧；鹤胫虽长，断之则悲。故性长非所断，性短非所续，无所去忧也"（《庄子·骈拇》），"惴耎之虫，肖翘之物，莫不失其性"（《庄子·胠箧》），"鸱鸺夜撮蚤，察毫末，昼出瞋目而不见丘山，言殊性也"（《庄子·秋水》）。

何谓性？"性者，生之质也。"（《庄子·庚桑楚》）庄子把性看成生命的本根。同处战国时期的荀子说："生之所以然者谓之性"，"性者，本始材朴也"（《荀子·正名》），此处性指的是事物之所以成为自身的原始的属性，亦即事物原始的本质属性。要言之，动物之"性"指的是动物的自然本性，是动物生命最重要的要素，舍此则不成其自身。这种自然本性，每种动物各有不同，是谓"殊性"；也可以是动物外在的单个的属性，如凫胫"性短"、鹤胫"性长"；还可以是动物内在的综合的属性，如对于"马之真性"的描述。

对于动物而言,最要紧处在于保存其"真性"。为此,庄子讲了一个"伯乐治马"的寓言故事:"马,蹄可以践霜雪,毛可以御风寒,龁草饮水,翘足而陆,此马之真性也。虽有义台路寝,无所用之。及至伯乐,曰:'我善治马。'烧之,剔之,刻之,雒之,连之以羁,编之以皂栈,马之死者十二三矣。饥之,渴之,驰之,骤之,整之,齐之,前有橛饰之患,而后有鞭筴之威,而马之死者已过半矣。"在庄子看来,伯乐治马的种种驯化手段,只能是戕害马的真性,因此严厉批评道:"马之知而态至盗者,伯乐之罪也。"(《庄子·马蹄》)

庄子把动物性看作是动物最为重要的东西,具有至上的正当性。"彼至正者,不失其性命之情"(《庄子·骈拇》)。虽然动物本身不能主张自己的利益,但作为人类不能不关注和重视动物的这种本质性利益。这与人类世界的"性相近也,习相远也"(《论语·阳货》)或者"化性起伪"(《荀子·性恶》)大不相同,庄子关于动物性的主张直指事物本质,可谓是真正"回到动物本身"。基于对动物性的认识,庄子强烈批判了人类两种错误之举。第一,使动物"失性"的行为。"性之动,谓之为;为之伪,谓之失。"(《庄子·庚桑楚》)在庄子看来,动物之性不能随意改变,否则就有失性之虞,失性对于动物意味着失去自身的存在。第二,"削性"行为。"待钩绳规矩而正者,是削其性也。"(《庄子·骈拇》)削性是对动物本性的戕害。总而言之,在庄子看来,动物性是动物固有的、自然的、至上的属性,是其最切身的利益,它既不能失去,也不得戕害。

庄子从天人关系的哲学高度来看待动物。"曰:'何谓天?何谓人?'北海若曰:'牛马四足,是谓天;落马首,穿牛鼻,是谓人。'"他把"无以人灭天,无以故灭命"(《庄子·秋水》)作为保存动物性的基本原则。

庄子认为,万物自化之理是根本,人应该顺应它,得失皆出于自然,所以,勿以人为亡灭天然,勿以人事亡灭天命,勿以天地禀赋之道德殉葬人类虚幻的名位,一切都要返回天地自然之本真状态。返其真,其中一个主要的方面要求人类也要保存好自己的本性。人也有一个"性"的问题,但人容易失性、乱性①,所以,人性要避免追求贪图感官享受带来的"失性之得"。

庄子在其关于人生境界的言说中贯彻了对待动物的基本原则。具体来说,分为三个层次:第一层次为"与物相宜"(《庄子·大宗师》),内涵为"其于物也,与之相娱;其于人也,乐物之通而保己焉"(《庄子·则阳》)。庄子曾借孔子之口表达"入兽不乱群,入鸟不乱行"(《庄子·山木》)的观点,可以归于这一层面。第二层次为"物物而不物于物"(《庄子·山木》)。世间既有物累、物害、物殉等物化、异化现象,那么人就应该主动有为才不至于沦为异化、物化的对象。"圣人处物不伤物。不伤物者,物亦不能伤也。唯无所伤者,为能与人相将迎。"(《庄子·知北游》)寓言"庄周梦蝶"表达了这种"两忘而化其道"(《庄子·大宗师》)的物化(与物同化)境界。第三层次为"化育万物",其内涵为"配神明,醇天地,育万物,和天下,泽及百姓"(《庄子·天下》),亦即"内圣外王",从道的高度出发,以精神化育万物。庄子把这种化育万物于无形的神奇过程叫作"同帝":"精神四达并流……化育万物,不可为象。"

四 庄子论动物豢养与解放

在道家中,唯庄子关注当时的宠物豢养现象。总体而言,基于对动物性的认识,庄子反对豢养宠物:"泽雉十步一啄,百步一饮,不蕲畜乎樊中。神虽王,不善也。"(《庄子·养生主》)畜养在笼中的泽雉,所获食物比"十步一啄,百步一饮"的艰难求生要多要好,因而精神不错,但在庄子看来不见得是件好事。

养鸟、养斗鸡甚至养虎做宠物是当时社会的普遍现象。《庄子》一书中多处提到豢养宠物这一现象。宠物甚至从娱乐性、陪伴性动物变成了炫耀性动物,"鲁侯养海鸟""纪渻子为王养斗鸡""养虎"等寓言就生动

---

① 庄子学派概括了失性的类型:"且夫失性有五:一曰五色乱目,使目不明;二曰五声乱耳,使耳不聪;三曰五臭薰鼻,困惾中颡;四曰五味浊口,使口厉爽;五曰趣舍滑心,使性飞扬。此五者,皆生之害也。"(《庄子·天地》)

地反映出当时人们的狂热情状。其中"鲁君养海鸟"的寓言就有相似的两则，其一则写道："昔者海鸟止于鲁郊，鲁侯御而觞之于庙，奏九韶以为乐，具太牢以为膳。鸟乃眩视忧悲，不敢食一脔，不敢饮一杯，三日而死。"庄子针对这一荒唐事件，明确指出这是"此以己养养鸟也，非以鸟养养鸟也"。所谓的"以己养"的方式，指的是某些人按照自己的生活习惯来豢养宠物。他推许的是"以鸟养养鸟"的放归山林式的方式："宜栖之深林，游之坛陆，浮之江湖，食之鰍鲦，随行列而止，逶迤而处。"(《庄子·至乐》)庄子的评价标准是这种行为是否违背了动物的自然本性。这就是庄子说"泽雉不蕲畜乎樊中"的根本原因所在。

如果一定要豢养宠物的话，庄子提出了对待宠物的两条举措：其一是顺其性。动物"与人异类而媚养己"(和人类不同，但对人类温顺)，但一不小心也会带来杀身之祸。为此，他举"养虎者""爱马者"等例子："汝不知夫养虎者乎？不敢以生物与之，为其杀之之怒也；不敢以全物与之，为其决之之怒也；时其饥饱，达其怒心。虎之与人异类而媚养己者，顺也；故其杀者，逆也。夫爱马者，以筐盛矢，以蜄盛溺。适有蚊虻仆缘，而拊之不时，则缺衔、毁首、碎胸。"(《庄子·人间世》)除了顺其性，全其德也是一种不错的办法。在寓言"纪渻子为王养斗鸡"中，鸡由"虚憍而恃气"变成"望之似木鸡"，最后达到"德全"，此时"异鸡无敢应者，反走矣"(《庄子·达生》)。

庄子主张解放动物，反对禁锢动物，但世道往往"以天下为之笼，则雀无所逃"(《庄子·庚桑楚》)。人性与物性背道而驰，这是庄子不满世道之关键处。庄子曾反问世人："夫得者困，可以为得乎？则鸠鸮之在于笼也，亦可以为得矣。"在此种情形下，庄子期望有一种"全人"的出现，"工乎天而俍乎人"(《庄子·天地》)，其行为既能顺应自然，又能合乎人类，以无为顺应有为，或者以有为而达成无为。《列子·黄帝》篇化用了《庄子》中"朝三暮四"这一寓言故事，也表达了和庄子大致相似的观点，作者最后指出："圣人以智笼群愚，亦犹狙公之以智笼众狙也。""狙公之以智笼众狙"和"圣人以智笼群愚"，都是"物之以能鄙相笼"。所谓的宠物，只不过是被玩弄的笼中之物罢了。

五　老庄论动物的实用价值

道家关注玄虚的无用之用。在动物方面，他们更多地强调动物天赋的、内在的价值，较少谈及动物的具体的使用价值。尽管如此，老子、庄子等人在他们的著作里也无法回避动物之用这一话题。因为隐秘，他们的观点需要从各种貌似无关的文字里"钩沉"出来。

马是《道德经》中出现得较多的动物。老子说："天下有道，却走马以粪。天下无道，戎马生于郊。"（《道德经·四十六章》）马有多种用途：一是天下有道时，用来耕田种地、积粪肥田；二是天下无道混乱时，用来打仗，此时连战马都生于战场。老子以马喻治国之道，马之却以粪为有道，马之生于郊为无道。很明显，老子反战，他希望战马回到田间用于耕种。

马还有一种用途，就是用来田猎。这种用途介于农事生产与战争之间，一方面田猎能收获动物类食物，另一方面田猎常带有军事训练的性质。但老子语出警醒："驰骋畋猎，令人心发狂。"（《道德经·十二章》）驰骋，亦即驭马奔跑。驰骋田猎，意味着这是一种过度行为。老子坚决反对"驰骋田猎"，他认为，"圣人为腹不为目，故去彼取此"。那为何骑马打猎"令人心发狂"？一方面，"驰骋田猎"的王侯将相沉溺于田猎而荒废政事；另一方面，可能破坏生产以致百姓叫苦连天，概言之，所作所为非圣人之道，自然也非圣人之治。

庄子也较少论及经济性动物。除上文的"伯乐治马"外，仅有少量文字涉及，如用来食用的猪、鹅、牛等：列子学道"食豕如食人，于事无与亲"（《庄子·应帝王》），"百里奚爵禄不入于心，故饭牛而牛肥，使秦穆公忘其贱，与之政也"（《庄子·田子方》），"夫子出于山，舍于故人之家。故人喜，命竖子杀雁而烹之。竖子请曰：'其一能鸣，其一不能鸣，请奚杀？'主人曰：'杀不能鸣者。'"（《庄子·山木》）前二则文字体现了庄子对待动物的一贯态度和思想。如列子"食豕如食人"，淡忘人与动物之间的贵贱，体现了无亲疏等差的道德普遍主义情怀。这种情怀，"雕琢复朴，块然独以其形立"（《庄子·应帝王》），看似无情，却有复归朴素之道的大性情。后一则故人杀雁（鹅）招待庄子的故事，从侧面反映了时人对待经济性动物的一般态度，体现的是一种实用主义价值观。当然，庄子本人无论如何也不会赞同他朋友的这种观点。

从故人杀雁（鹅）招待庄子的故事可以看出，庄子虽然主张平等地考量动物利益，但并非一个素食主义者。《庄子》中另一则著名寓言"庖丁解牛"，内容主旨关乎养生，但涉及屠宰动物："庖丁为文惠君解牛，手之所触，肩之所倚，足之所履，膝之所踦，砉然向然，奏刀騞然，莫不中音。合于《桑林》之舞，乃中《经首》之会。"（《庄子·养生主》）可以看出，此处庄子并没有把维护动物的自然本性与宰杀动物满足人的食用需求两者对立起来，反而把本来血腥的屠宰过程写得颇有艺术感，确实怀有一种"进乎技矣"的审美追求。

六 老庄论动物与理想社会

在道家的理想社会里，动物是不可忽视的存在。

老子的社会理想是"小国寡民"："使有什伯之器而不用……甘其食，美其服，安其居，乐其俗。邻国相望，鸡犬之声相闻，民至老死，不相往来。"（《道德经·八十章》）在老子的理想社会中，先进的技术被弃置不用，百姓生活固定在较小范围之内，无战争，乏交往，民智简单、民风淳朴。其中动物扮演了一个角色，即邻国之间彼此能听到对方的狗吠鸡鸣之声。这里涉及了动物在社会中的作用：一方面，说明鸡犬在当时社会已经是最为常见的家畜，是农家不可或缺的资材；另一方面，也说明这些动物是古代理想社会的重要标志，是生活富足的象征。

和老子相比，庄子更为极端，庄子设计了一种"同与禽兽居，族与万物并"的理想社会："至德之世……当是时也，山无蹊隧，泽无舟梁，万物群生，连属其乡，禽兽成群，草木遂长。是故禽兽可系羁而游，鸟鹊之巢可攀援而窥。夫至德之世，同与禽兽居，族与万物并。"（《庄子·马蹄》）庄子设想的"至德之世"有如下几个特点。

其一，生态环境特别优良，表现为具有"万物群生"的物种多样性：植物方面"草木遂长"，动物方面"禽兽成群"。可以说，庄子从数量方面描述一个充满生机的自然界。其二，动物与人的关系特别亲密。"禽兽可系羁而游，鸟鹊之巢可攀援而窥"，说的是可以牵上禽兽一起去游玩，也可以攀缘到树上去看鸟鹊之窝。此时动物不是人类的敌人，而是关系亲密的朋友。其三，整个世界，即人类社会与自然界高度融合。在人类与动物关系亲密的状态下，"夫至德之世，同与禽兽居，族与万物并"。"居者，居其所也。"(《谷梁传·僖公二十四年》)"并也，比也，皆也，偕也。"(《类篇》)因此，"同居""族并"反映了人类与自然界生物共用同一栖息地的亲密关系，体现了人与自然生命共同体和谐共生的美好状态。当然，"至德之世"理想社会的出场，是必须有"其行填填，其视颠颠"这样一批无知无欲的"素朴"人士的出现为前提条件。因此，和老子"小国寡民"的政治设计相比，"至德之世"就是一种古典形态的生态乌托邦。

庄子建构这一生态乌托邦其实有其社会生活原型。《庄子》讲过一个"市南宜僚见鲁侯"的寓言：市南子批评鲁侯解忧之术浅陋，指出在现实世界中就算学道修业、敬鬼尊贤也不能免于忧患，是因为鲁国本身如丰狐文豹因其皮毛之美终究免不了网罗机关之祸。市南子进一步提出"刳形去皮，洒心去欲"的"去国捐俗"的解忧之法。在此庄子借市南子之口道出了一个可供鲁侯去累除忧、游于大道的"建德之国"(《庄子·山木》)。所谓的建德之国地处"无人之野"，民风朴素，没有礼义之类的约束，其实就是原始社会。也就是说，庄子为逃避残酷的现实社会，以当时某些偏僻的化外之地为原型虚构了"至德之世"的理想世界。

第二节 先秦儒家：德与动物

儒家[①]是先秦时期继道家之后出现的重要思想流派之一。儒家重视动物的民生作用，注意到了动物的多重价值，甚至支持动物的道德地位，主张道德地对待动物。在人类如何道德地对待动物这一难题上，孟子主张等

---

① 儒家代表性思想家有孔子、孟子、荀子等。孔子，春秋末年著名思想家、教育家，儒家学派创始人。孟子，战国中期邹国人。荀子，战国末期赵国人。先秦儒家代表性著作有《论语》《孟子》《荀子》《中庸》等。

差之爱，提倡发扬不忍人之心。孟子甚至借动物阐述自己的仁政理想，其动物思想可以看作一种动物政治伦理学。

一 儒家论动物的民生作用

总体上看，先秦儒家认为，动物是人们生活、生产资料的重要来源，肯定动物之于民生的重要作用。

在《礼记》中，孔子追述古代先王的生活图景："昔者先王，未有宫室，冬则居营窟，夏则居橧巢。未有火化，食草木之实、鸟兽之肉，饮其血，茹其毛。未有麻丝，衣其羽皮。后圣有作，然后修火之利，范金合土，以为台榭、宫室、牖户，以炮以燔，以亨以炙，以为醴酪；治其麻丝，以为布帛，以养生送死，以事鬼神上帝，皆从其朔。"（《礼记·礼运》）在孔子看来，古人不但从鸟兽身上寻求饮食衣物，而且还懂得了复杂多样的烹调技术。孔子由是尊奉"四灵"，他说："四灵以为畜，故饮食有由也。"龙凤龟麟四者作为众动物之长，是因其所属之类并随而至，得以充实庖厨，故而被尊为神灵。因此，动植物资源起着"以养生送死，以事鬼神上帝"的重要作用。

孔子、孟子和荀子都视动物为人类的重要生活资料。如在服饰方面，《论语》记载孔子论述君子着装搭配时说"缁衣，羔裘；素衣，麑裘；黄衣，狐裘"（《论语·乡党》），意即缁衣之内宜用黑色羊皮，素衣之内宜用白色鹿皮，黄衣之内宜用黄色狐皮。"赤之适齐也，乘肥马，衣轻裘"（《论语·雍也》），儒家弟子公西赤俨然是一富人形象。在饮食方面，先秦时期普通百姓往往以肉食作为待客之物，如子路宿于荷蓧丈人家，丈人"杀鸡为黍而食之"（《论语·微子》）。至于贵族们，饮食水准要求更高，其中鱼、肉就成了他们的日常食物，孔子本人也是"食不厌精，脍不厌细"。在孟子理想的农业社会中，动物也充当了高质量生活的代表："谷与鱼鳖不可胜食，材木不可胜用，是使民养生丧死无憾也。养生丧死无憾，王道之始也。五亩之宅，树之以桑，五十者可以衣帛矣；鸡豚狗彘之畜，无失其时，七十者可以食肉矣。"在此社会形态中，鱼鳖、鸡豚狗彘、桑蚕之类的动物都是人们养生送死必不可少的衣食资源，而古稀老人能吃上肉食则是社会富足的一种标志。施行王道的国家若以动物作为考察标准，那就是"鸡鸣狗吠相闻，而达乎四境"（《孟子·公孙丑上》）。荀子则看到了动物作为生活资料在数量上的丰富性："鼋、鼍、鱼、鳖、鳅、鳣以时别，一而成群；然后飞鸟、凫、雁若烟海；然后昆虫万物生其间，可以相食养者，不可胜数也。夫天地之生万物也，固有余，足以食人矣。"（《荀子·富国》）荀子把禽兽、鱼鳖、飞禽、昆虫之属都看成人类重要的生活资源，而且认为其数量巨大到"不可胜数"而足以养活世人。

儒家也看到了动物在生产发展中的重要作用。作为生产资料的动物（如蚕、牛、马），孟子、荀子在著作中多有提及，荀子甚至还为"冬伏而夏游，食桑而吐丝"（《荀子·赋篇》）的蚕写下赞颂的诗赋。先秦儒家甚至还敏锐地察觉到了某些动物在农业生态系统中的重要作用。如《礼记》记载："天子大蜡八。……飨农及邮表畷，禽兽，仁之至、义之尽也。古之君子，使之必报之。迎猫，为其食田鼠也；迎虎，为其食田豕也，迎而祭之也。"（《礼记·郊特牲》）古时天子腊祭的对象是八神，其中猫能捕捉老鼠，虎能消灭野猪，它们在农业生产中除害之功为甚，故而特别提及。

儒家中的孟子、荀子还进一步提倡利用动物来发展民生。如孟子说："当尧之时……草木畅茂，禽兽繁殖，五谷不登，禽兽逼人。兽蹄鸟迹之道，交于中国。尧独忧之，举舜而敷治焉。舜使益掌火，益烈山泽而焚之，禽兽逃匿。"（《孟子·滕文公上》）动物之于人类，有什么样的作用？他主要是通过两个貌似对立的观点来表达的：一是"禽兽逼人"，二是"谷与鱼鳖不可胜食，材木不可胜用，是使民养生丧死无憾也"。关于"禽兽逼人"，孟子反复诉说上古时期动物对于人类生存状态的影响，而人在政治上的作为甚至加剧了"禽兽逼人"的趋势，这一时期跨度很大，从上古时期一直到殷商时代："尧舜既没，圣人之道衰，暴君代作……园囿、污池、沛泽多而禽兽至。"两种观点看似对立，其实不然。前者说的是"驱猛兽而百姓宁"（《孟子·滕文公下》），后者说明孟子把动物看成人民日常生活的极其重要的物质财富。在这里，孟子把动物分为两类，它们在人类社会中所处的作用也截然不同，而对动物爱恨与否，一切均决定于人类生存、发展的需要。如荀子认为，对于动物应尽其美而致其用。他主张对动物资源进行有效的开发利用，以满足统治阶层和平民百姓的生活需求。荀子说："故虎豹为猛矣，然君子剥而用之。故天之所覆，地之所载，莫不尽其美，致其用，上以饰贤良，下以养百姓而安乐之。"既然要"尽其美，致其用"，就必须对其中一些动物加以改造、驯化和役用，正所谓"人力不如牛，走不如马，但牛马为用"（《荀子·王制》）。这是荀子"制天命而用之"思想的具体表现。

二 儒家论动物的道德地位

在动物的道德地位上，孔子、孟子和荀子三家观点都突出人相对于动物的中心地位，但又各有不同之处。

在孔子的思想中，动物的地位低于人。孔子曾回答弟子为何不能像长沮、桀溺那样隐居做避世之士时说："鸟兽不可与同群，吾非斯人之徒与而谁与？"（《论语·微子》）孔子认为人是不能与飞禽走兽合群共处的，二者之间有着本质的区别。孔子解释《诗经》诗作时说："于止，知其所止，可以人而不如鸟乎？"（《大学·第四章》）从其语气可判断孔子认为人比鸟要高级。《论语》记载："厩焚。子退朝，曰：'伤人乎？'不问马。"（《论语·乡党》）在处理马厩被焚事件时，孔子关心的也只是人的生命安全。因此，在动物和人的地位上，孔子毫不含糊，彻底倾向于人。他说："天地之性，人为贵。"（《孝经·圣治》）既然人的地位高于动物，那么对待人与动物的态度自然也就迥乎不同。当子游问孝时，孔子回答道："今之孝者，是谓能养，至于犬马，皆能有养，不敬，何以别乎？"（《论语·为政》）孔子认为同样是"养"，对父母等长辈加之以"敬"，就是"孝"，而对于犬马，人未有尊敬之心，只是"养"而已。

但是，孔子视动物为道德存在物。他有一个著名的道德判断："骥不称其力，称其德也"（《论语·宪问》），在此，孔子认为，千里马真正值得称赞的是它的品德，可见，千里马在他眼里是一道德存在物。孔子的依据是："凡生天地之间者，有血气之属，必有知；有知之属，莫不知爱其类。"（《礼记·三年问》）认为动物和人类一样，其体内有维持生命活动的血液和气息这两种要素，因而有知觉、智慧，进而有情感、道德。《孔子家语》记载孔子言论"鸟兽之于不义，尚知避之"（《孔子家语·困誓》），即认为动物知义，其观点和动物知爱的看法有着内在的逻辑连贯性。孔子的弟子曾子也说,"鸟之将死,其鸣也哀"(《论语·泰伯》),可以说是谨承师说。

孟子表面上认为人与动物差别不大,但他把是否经过道德教化作为动物与人的区别所在,实际上,把动物排斥在道德主体之外。关于动物与人的区别,孟子的基本观点是:"人之所以异于禽兽者几希,庶民去之,君子存之。"(《孟子·离娄下》)孟子认为,人与禽兽的差别极其微小,这种微小之处一般人抛弃了,唯有君子才保存下来。那么这点差别是什么呢?孟子说:人如果"饱食暖衣,逸居而无教,则近于禽兽"。衣食居住物质需求不是人与动物的区别点,如果人仅仅满足于此,那和动物很相近。真正的区别在于人伦教化:"父子有亲,君臣有义,夫妇有别,长幼有序,朋友有信"(《孟子·滕文公上》),也就是文化或者道德上的差异。因此,孟子把动物和未经教化的人都排斥在道德主体之外,只有君子可言道德。但没经过道德教化的庶民毕竟不是活生生的禽兽,所以,孟子不得不以"近于禽兽"来界定。由于孟子所谓的道德教化是专属儒家的,因此杨墨之徒也就被骂为禽兽了。孟子在论辩中常以"禽兽"之称攻击对手:"嫂溺不援,是豺狼也"(《孟子·离娄上》),不懂礼之权变,是禽兽;"庖有肥肉,厩有肥马,民有饥色,野有饿莩,此率兽而食人也"(《孟子·梁惠王上》),不行仁政,也是禽兽。但是,孟子并不希望在人际关系上人们把他人当成禽兽或者动物之类:"君之视臣如犬马,则臣视君如国人"(《孟子·离娄上》),他甚至希望人们之间的交往充满了爱和恭敬:"食而弗爱,豕交之也;爱而不敬,兽畜之也。"(《孟子·尽心上》)养活他人而没有爱,像是和猪打交道;爱惜却不恭敬,像是养了禽兽。无疑,孟子的这些观点源自对社会生活的深刻体察,内含着对当时社会不良道德现象的辛辣讽刺。

在荀子眼中,动物与人都是道德存在物,而不讲"礼"的人不如禽兽。荀子继承、发展了孔子的思想:"凡生天地之间者,有血气之属必有知,有知之属莫不爱其类"(《荀子·礼论》),"昔者瓠巴鼓瑟,而流鱼出听;伯牙鼓琴,而六马仰秣"(《荀子·劝学》),"乳彘触虎,乳狗不远游,不忘其亲也"(《荀子·荣辱》)。荀子也认为,人和动物都有认知能力,甚至这些能力还比较高级(如音乐审美能力),因而都具备"爱其类"的道德行为;人的认知能力是所有动物中最完善的,因而能持久地做到"亲其亲";但是,"愚陋淫邪之人"则"鸟兽之不若也"(《荀子·礼论》)、"狗彘之不若也"(《荀子·荣辱》)。所谓的"愚陋淫邪之人",是"忧忘其身,内忘其亲,上忘其君"的不讲"礼"的人。荀子承认动物的道德地位,其实是以其为底线,要求具有更高道德行为能力的人能讲"礼"(道德规范)合"群"(社会性),从而做到天下不乱、社会大治,否则,"彼安能相与群居而无乱乎?"(《荀子·荣辱》)

《礼记》对人与动物的区分可谓经典,和荀子的思想既有相同处也有差异点:"鹦鹉能言,不离飞鸟;猩猩能言,不离禽兽。今人而无礼,虽能言,不亦禽兽之心乎?夫唯禽兽无礼,故父子聚麀。是故圣人作,为礼以教人。使人以有礼,知自别于禽兽。"(《礼记·曲礼上》)《礼记》作者不把语言当成人与动物相区别的标志,而是把"礼"作为人禽之别的关键点。禽兽无礼,而人类因为有圣人教化则具备了礼。把"语言"因素突出出来,说明当时人们对人与动物的同异比较又更深了一层,虽然它也未能科学解释某些动物的"语言"现象。显然,《礼记》否认了动物的道德地位,只承认人的道德地位。

孔子、孟子、荀子三家的观点之间有所差异。孔子、荀子均从动物的"有知"推论出动物具有道德感,但是,孔子"仁厚及于鸟兽昆虫",在道德地位上并没有抬高人类。孟子则认为动物不知人伦,不是道德存在物,但人类若不懂人伦则近乎动物。荀子对于人与动物的"有知"作进一步的区别,认为尽管人之知高于动物之知,但基于性恶又判定有些人道德反而不如动物。合而言之,从孔子、孟子到荀子,儒家关于动物的道德地位的观点经历了正题、反题、合题的辩证嬗变过程。

三 孔子论动物与祭祀仪礼

在诸子百家中,儒家最为重视祭祀仪礼。孔子指出,生活中最重要的事情之一就是祭祀:"所重:民、食、丧、祭。"(《论语·尧曰》)孔子曾以动物祭品为喻安慰弟子仲弓说:"犁牛之子骍且角,虽欲勿用,山川其舍诸?"(《论语·雍也》)在本来意义上说,长着红色毛发、端正犄角的小牛犊因为外形太优秀而被常用作祭品,就算人们不想献祭神也不答应。但其潜在的文化意蕴是：祭祀很重要，别舍不得这只小红牛。事实上，孔子整理的古代经典相对于其他先秦经典保存有更多关于祭祀的记载。

《论语》有多处记载孔子关于祭肉的行为："朋友之馈，虽车马，非祭肉，不拜"，"祭于公，不宿肉。祭肉不出三日，出三日不食之矣"（《论语·乡党》）。前者涉及孔子对待祭肉的态度。在朋友馈赠物品中，孔子不拜车马但拜祭肉，视祭肉尊贵于车马，可知祭祀在他心目中的地位。后者说孔子参加国君祭祀典礼时分到的肉不留到第二天，祭祀用过的肉超过三天就不吃。这是因为古代祭祀时间比较长，士大夫得到国君赏赐的祭肉三天后拿回家时往往已馊臭变质，故也不必因其是祭肉而勉强食用。由此可见孔子讲礼，但又不拘泥于礼。

在与鲁哀公关于"大礼如何"的问答中，孔子进一步谈到了祭礼的特点。孔子认为，百姓顺应礼的教化后，才谈得上丧葬祭祀的规则。从先后顺序看，祭祀之礼是较其他礼教更高的一个阶段。从其作用看，"以敬其祭祀，别其亲疏，序其昭穆"，每年举行严肃祭礼以表达崇神敬祖之心、区别血缘亲疏、排定昭穆次序，和一般礼教的作用其实是一样的。但是"丧祭之纪，宗庙之序"的祭礼有自己的特点，必须"品其牺牲，设其豕腊"（《孔子家语·问礼》），即祭祀的礼节不可缺少动物牺牲。这是它和一般的礼教活动相区别的地方。

在回答弟子言偃"夫子之极言礼也，可得而闻乎"的提问时，孔子系统阐述了礼的产生、发展和完善的过程。其中涉及的几个方面与动物有着密切关联：其一，关于动物与礼的起源："夫礼，初也始于饮食，太古之时，燔黍擘豚，污罇杯饮，蒉桴土鼓，犹可以致敬鬼神，及其死也，升屋而号告曰，高某复然后饮腥苴熟，形体则降，魂气则上，是谓天望而地藏也。"（《孔子家语·问礼》）孔子的观点是礼最初起源于饮食。远古时期，人们在烹饪用具出现前只能对食物进行简单加工，如烧熟后手撕豚肉（"擘豚"）。人们在饮食过程中敬鬼神、行丧礼，这是礼最初诞生的情形。其二，关于动物与礼的发展。礼在人们的衣食住行、养生送死的过程中得到了进一步发展："昔之王者……未有火化，食草木之实，鸟兽之肉，饮其血，茹其毛，未有丝麻，衣其羽皮。后圣有作……以炮以燔，以烹以炙，以为醴酪……以养生送死，以事鬼神。故玄酒在室，醴酸在户，粢醍在堂，澄酒在下，陈其牺牲，备其鼎俎，列其琴瑟，管磬钟鼓，以降上神，与其先祖……"（《孔子家语·问礼》）在动物成为人类衣食资源后，人们"陈其牺牲，备其鼎俎"，"以降上神，与其先祖"，这种用动物祭品来感激上神与先祖的行为就是祭祀，于是祭礼就诞生了。其三，关于动物与礼的完成与完善。"祝"这一专门的礼职人员承担、组织祭祀活动："作其祝号，玄酒以祭，荐其血毛，腥其俎，熟其殽，越席以坐，疏布以羃，衣其浣帛，醴酸以献，荐其燔炙，君与夫人，交献以嘉魂魄，然后退而合烹，体其犬豕牛羊，实其簠簋，笾豆铏羹，祝以孝告，嘏以慈告，是为大祥，此礼之大成也。"（《孔子家语·问礼》）这一过程中，祭祀活动逐渐复杂化和程式化，在此，动物祭品的种类、部位细致分类以及复杂烹制、盛装，都是"礼之大成"的重要环节。

四 孟子论动物爱之而弗仁

孟子对孔子的动物伦理思想进行了较大改造，所以，在理论上必须解决人类如何道德地对待动物这一难题。在对动物、庶民和君子进行比较之后，孟子根据其德性的不同，区别对待之。具体到动物上，孟子的态度是：动物需要爱护，但无须上升到仁德和亲爱的高度。

首先，孟子倡导"爱有等差"："君子之于万物也，爱之而弗仁。于民也，仁之而弗亲。亲亲而仁民，仁民而爱物。"（《孟子·尽心上》）在此，孟子严格区分了"爱""仁""亲"三类德性，即对万物（包括动物）讲"爱"，对普通民众讲"仁"、对自己亲人讲"亲"，这体现了孟子仁爱有差等的思想，是对孔子开创的"泛爱众而亲仁"思想的继承和发展，也是对当时杨墨诸家主张的批判。按照孟子的说法，"仁之实，事亲是也"（《孟子·离娄上》），仁也是一种孝道，其实质是侍奉双亲，"仁""亲"二种德性在本质上差别不大，这和孟子"老吾老以及人之老，幼吾幼以及人之幼"的仁政主张是一致的。所以，实际上，孟子对待动物和人的态度才是有真正差别的。

其次，孟子主张"爱有顺序"：君子应该亲爱自己的亲人，在此基础上仁爱民众，进而爱护万物。这样一个等差排列也就是孟子持有的"推恩论"。在一次谈话中，孟子曾严厉诘问齐宣王："今恩足以及禽兽，而功不至于百姓者，独何与？"（《孟子·梁惠王上》）因为齐宣王不按照"亲人—庶民—万物"这一爱的顺序进行推恩，所以孟子对他颇有微词。同样，孟子对齐宣王"杀其麋鹿者如杀人之罪"（《孟子·梁惠王下》）的施政措施非常不满，其原因也在于此。至于"狗彘食人食"之类的动物僭越人类的事情，孟子更不容忍其发生。

最后，孟子讲求不忍之心和仁术。孟子在现实中也会遇到"宰杀动物需不需要用仁"之类的道德难题。孟子毫不掩饰自己对于肉食的喜爱。"公孙丑问曰：'脍炙与羊枣孰美？'孟子曰：'脍炙哉。'"（《孟子·尽心下》）因此，他不会反对宰杀动物供人食用的行为。但是，孟子主张宰杀动物需要讲求不忍之心和仁术。孟子讲过一个"牛羊何择"的故事：梁惠王不忍心看到牛发抖而以羊易牛衅钟，引得百姓说他吝啬。"王笑曰：'是诚何心哉？我非爱其财。而易之以羊也，宜乎百姓之谓我爱也。'曰：'无伤也，是乃仁术也，见牛未见羊也。君子之于禽兽也，见其生，不忍见其死；闻其声，不忍食其肉。是以君子远庖厨也。'"（《孟子·梁惠王上》）孟子把"牛羊何择"中的大小问题迅速转化为仁与不仁的问题。孟子的主要目的是借此向统治者兜售自己的仁政主张，而"仁厚及于鸟兽昆虫"是圣王之传统，但孟子一贯主张对待动物无须用仁，所以出现了思想上的矛盾。因为孟子所说的"不忍见其死""不忍食其肉"分明就是"恻隐之心"，是一种人之固有、非由外铄的"仁"之端。至于如何达成这种宰杀动物的不忍之心，孟子的具体操作方法是眼不见心不乱的"君子远庖厨"，虽然贴近一般人的心理实际，但多少有点虚伪。

五　儒家论动物保护的意义

先秦儒家还比较全面地阐述了动物保护的意义。他们认为，动物保护具有道德性、政治性、经济性、生态性等多重价值。

先秦儒家认为，动物保护具有道德性价值。孔子以古贤君为榜样，主张善政应好生恶杀，仁厚及于鸟兽昆虫："黄帝者……仁厚及于鸟兽昆虫"（《孔子家语·五帝德》），"舜之为君也，其政好生而恶杀……是以四海承风，畅于异类，凤翔麟至，鸟兽驯德"（《孔子家语·好生》）。春秋时期各国仁政不施、祥瑞不至，以至于孔子曾哀叹："凤鸟不至，河不出图，吾已矣夫！"（《论语·子罕》）可见，孔子强调动物保护的道德性。"子钓而不纲，弋不射宿"（《论语·述而》），不只是观念上提倡，孔子在实际生活中也身体力行。

先秦儒家认为，动物保护具有经济性价值。孔子也重视动物的经济价值。他在回答子张"仁者何乐于山也"的问题时曾说道："山，草木生焉，鸟兽蕃焉，财用殖焉。生财用而无私，为四方皆伐焉，每无私予焉。……此仁者之所以乐于山者也。"（《孔子集语·五性三》）孔子认为仁者乐山不是因为山高，而是因为山上生长有草木鸟兽，可以为民众提供财用。换种角度看，孔子认为，仁者乐山是因为山的无私特性而具有"仁"的道德性价值，而山上动植物的经济价值是促成这一结果的重要原因。孟子比孔子现实得多，他特别关注动物保护的经济价值。孟子指出："不违农时，谷不可胜食也。数罟不入洿池，鱼鳖不可胜食也。斧斤以时入山林，材木不可胜用也。"由此可知孟子很看重动物"使民养生丧死无憾"的经济价值。很明显，孟子清醒地认识到了民众无不"乐其有麋鹿鱼鳖"（《孟子·梁惠王上》）这一民情现实。孔子和孟子的侧重点虽有不同，但其动物保护的主张又都服务于政治理想的实现，因而也有政治性价值。

先秦儒家还认为，动物保护具有审美价值和生态价值。孟子认为，动物管理对于环境具有美的价值。孟子曾说："牛山之木尝美矣。以其郊于大国也，斧斤伐之，可以为美乎？是其日夜之所息，雨露之所润，非无萌蘖之生焉，牛羊又从而牧之，是以若彼濯濯也。"（《孟子·告子上》）孟子敏锐地察觉到了乱砍滥伐、过度放牧都会破坏生态环境美。而"斧斤伐之""牛羊又从而牧之"其实是因为牛山离人类生活的居住地很近，因而不幸成为植物性资源（如柴火、建材、牧草等）的供应地。而荀子觉察到了动物生存需要良好的生态环境条件："草木畴生，禽兽群焉，物各从其类也"，"树成荫，而众鸟息焉"，"积水成渊，蛟龙生焉"（《荀子·劝学》）。可以说，孟子、荀子都注意到了动物保护的生态性价值。

六 儒家论动物保护的观念

先秦儒家还提出了动物保护的一系列重要观念。

一是"长虑顾后"观念。在获取动物资源方面，孔子反对灭绝性行为："刳胎杀夭，则麒麟不至其郊；竭泽而渔，则蛟龙不处其渊；覆巢破卵，则凤凰不翔其邑。"（《孔子家语·困誓》）从文字上可以推知，孔子的这些观念直接来源于三代之世的圣王古训。孔子执政时曾颁发十四项禁令，其中规定"鸟兽鱼鳖不中杀，不粥于市"（《孔子家语·刑政》），亦即通过刑政手段禁止在集市上出卖幼小的鸟兽鱼鳖。荀子在消费动物资源方面，更是明确要求人们"节用御欲""长虑顾后"："今人之生也，方知畜鸡狗猪彘，又蓄牛羊，然而食不敢有酒肉"，"非不欲也，几不长虑顾后，而恐无以继之故也"（《荀子·荣辱》）。先秦儒家对人们获取、消费动物资源方面的行为作出明确要求，以确保动物资源的可持续发展和利用。

二是养护观念。古人察知"天地养万物"（《周易·象传·颐》），孟子进一步提出了养护万物的重要观念："苟得其养，无物不长；苟失其养，无物不消。"（《孟子·告子上》）虽然孟子本意是要人们修养善心，但从他举"牛山之美"的例子也可以看出，这一原则也适于生态领域。孟子把休养生息作为环境管理的关键，而他提出的反对过度捕捞、过度放牧则是具体的养护办法。养护的目的则不是像梁惠王那样把对于私家园林的经营用于满足一己之需，而是倡导与民同乐，这体现了孟子浓厚的民本主义精神。荀子也讲"养"："万物各得其和以生，各得其养以成"（《荀子·天论》）。相较而言，孟子注重人养，荀子注重天养。其实万物的养护来自人类与自然两个方面，缺一不可。从孟子、荀子对养护的重视可知养护观念在战国中晚期已流行于世了。

三是时禁观念。时禁观念古已有之，孔子、孟子也偶尔发表一些关涉时禁的言论，如"断一树杀一兽不以其时，非孝也"（《礼记·祭义》）、"斧斤以时入山林"（《孟子·梁惠王上》），只是尚不明朗，也没有得到特别的重视。真正重视时禁观念的是荀子，他依据"圣王之制"深入阐发了"谨其时禁"的思想。这一思想包括三个有机成分：

其一是"时",说的是"适时"。荀子指出:"养长时,则六畜育;杀生时,则草木殖。"也就是对动物植物要生杀适时。其二是"禁",也就是"禁止"。荀子指出:"鼋鼍鱼鳖鳅鳣孕别之时,罔罟毒药不入泽,不夭其生,不绝其长也。"其实,"时"与"禁"相互关联,两者都是手段,因时而养,因时而禁,时有不同,保护的手段也因之而不同。其三是"谨"。荀子在对待"时禁"方面特别强调"谨",也就是"严格",并指出,需有专门机构"虞师"来执行:"修火宪,养山林薮泽草木、鱼鳖、百索,以时禁发,使国家足用,而财物不屈,虞师之事也。"荀子认为,只有如此,"污池渊沼川泽,谨其时禁,故鱼鳖优多,而百姓有余用也"(《荀子·王制》)。

四是环境保护的原则。《中庸》提出"天地之道"的观点:"天地之道,博也、厚也、高也、明也、悠也、久也。……今夫山一卷石之多,及其广大,草木生之,禽兽居之,宝藏兴焉。今夫水,一勺之多,及其不测,鼋鼍蛟龙鱼鳖生焉,货财殖焉。"(《中庸·第二十六章》)天地之道,指的是自然界的运行法则,它具有广博、深厚、高大、光明、悠远、长久等多个特征。若以一个字来概括,就是"诚",因为"诚"专一不二,所以它生育万物不可以数量计。一块块石头堆垒成大山,那么草木就滋生出来、禽兽就居住下来;一勺勺水汇集成湖海,那么水生动物就能繁殖出来。可见,《中庸》"天地之道"强调人心意之诚、动植物数量之积累对于生态环境的正向的、持久的影响。

七　子夏对动物知识的传承

《孔子家语·执辔》篇后半部分记叙了孔子弟子子夏对于先秦动物学知识的传承。子夏之所述出自《易》和《山书》,二书都是春秋时期或更早的古书,其内容均已佚失。

第一部分来自《易》,说的是"易之生人及万物,鸟兽昆虫"。其内容和特点如下:其一,注重从阴阳、奇偶以及数学的角度来解释万物尤其是动物的产生。因为来自"易",又由传承老子而来,两者对于万物的产生有着一致的看法。其二,从上述理论出发推衍了包括人在内的众多动物(包括马狗猪鹿虎虫等)怀孕的时间,如:"八九七十二,偶以从奇,奇主辰，辰为月，月主马，故马十二月而生。"这里面除"虫八月而生"说得比较笼统外，其他动物的怀孕周期都很精准。但是并不意味着推衍的理论基础是正确的。其实，很可能由是反推而成，即从动物的孕期的实际情况反推回去，"恰好"应和了阴阳奇偶之数。这从侧面反映了古人对动物生育繁殖现象的一种探索。其三，根据外在特征对动物进行简单分类，如："介鳞夏食而冬蛰，龁吞者八窍而卵生，咀嚼者九窍而胎生，四足者无羽翼，戴角者无上齿，无角无前齿者膏，无角无后齿者脂。"(《孔子家语·执辔》) 所说大多符合客观事实，如"咀嚼者九窍而胎生"，指的是食草类哺乳动物。这是早期动物分类的知识，很可能是上古动物知识的遗存。荀子有过"饮而不食者，蝉也；不饮不食者，浮蝣也"(《荀子·大略》)的说法，和此文"蝉饮而不食，蜉蝣不饮不食"内容基本一致，这说明孔子时代犹存的这些动物学知识一直得以传承，到战国末期荀子尚能看到《易》中的相关记载。

第二部分来自《山书》，叙述了地理环境对于人类和动物的影响。此处对动物也进行了分类："食水者善游而耐寒，食土者无心而不息，食木者多力而不治，食草者善走而愚，食桑者有绪而蛾，食肉者勇毅而捍，食气者神明而寿，食谷者智惠而巧，不食者不死而神。"食水者主要是鱼类，食土者指的是生活于土中的虫类，食木者指栖居树林以树木果实、汁液为生的动物，食桑者指的是蚕一类的昆虫，食肉者即凶猛的食肉类动物，食谷者指的是小巧机灵的鸟类，至于"食气者""不食者不死"之类属于观察有误所致。还有一种分类法："羽虫三百有六十，而凤为之长；毛虫三百有六十，而麟为之长；甲虫三百有六十，而龟为之长；鳞虫三百有六十而龙为之长；倮虫三百有六十而人为之长。"(《孔子家语·执辔》) 此处把包括人在内的动物分为羽虫、毛虫、甲虫、鳞虫、倮虫，这在《礼记·月令》《逸周书·月令解》《吕氏春秋》等书中、篇章中以及诸子著作中都能见到，说明这一动物分类法已经为当时所普遍接受。而子夏对这些动物学知识的传承也得到了孔子的赞同，弟子子贡虽然认为这无补于世但也承认它的"微妙"。子夏对于动物学知识的传承可谓异类，可惜在执意德性追寻的儒家学派中没有得到重视和光大。

第三节　先秦墨家：义与动物

墨家①之学也是先秦显学。墨家创始人墨子关注人禽之辨，但动物不是他关注的焦点；主张兼爱，但兼爱又不涉及动物；视动物为国民财富，由此主张蕃殖六畜；反对饮食上穷奢极欲，故而倡导素食；认为动物有灵，相信动物公正无私。墨家动物思想重在利人利民，以追求天下公正为要义，这就是墨子所说的"万事莫贵于义"。

一　墨子论人禽之辨

墨子关注人禽之辨。他关注这一问题的历史大背景是春秋战国这一乱世。这是墨子人禽之辨的逻辑起点。墨子批判道："天下之乱，若禽兽然。"（《墨子·尚同上》）"若禽兽然"是非人类的原始状态，墨子认为，这是一种极为糟糕的混乱状态。其直观感觉是，这简直不是人能居住的世界。墨子把人类社会贬低成动物世界，表达了他对当时世道的厌恶，同时也是为自己提出一系列改造社会的理论张本。显然，墨子要回答的是"这一混乱状态因何而来""如何才能达成一个人道的世界"这样一类问题，因此，动物本身不是墨子关注的焦点，他关注的是人。

尽管动物世界如此糟糕，但墨子对于人类社会的期望很高。墨子主张兼爱："天下兼相爱则治，交相恶则乱。"（《墨子·兼爱上》）墨子认为人与人之间能够兼爱，而动物之间不相爱，人不同于动物，应该胜于动物。墨子后学记载了一个儒墨之间就"君子有无斗"问题展开辩论的故事，子夏的弟子认为："狗豨犹有斗，恶有士而无斗矣？"墨子回答说："伤矣哉！言则称于汤文，行则譬于狗豨，伤矣哉！"（《墨子·耕柱》）其实在此儒墨二家其实都承认"狗豨犹有斗"的现状，只是墨子认为不能把君子的行为降低到猪狗一般的层次，不能因为"狗豨犹有斗"，就可

---

① 墨子，名翟，战国初期鲁国人，为墨家学派的创始人。今存《墨子》是一部墨学丛书，一般认为是墨子弟子及再传弟子关于墨翟言论和墨家学派思想资料的总集。

以推论出"君子可以斗"。最终辩论以墨子嘲讽儒家弟子言行不一如猪狗而结束。

墨子"君子无斗论"背后的逻辑源于他关于人禽之辨的理论。因此，墨子必须阐明人与动物之间的差异。他说："今人固与禽兽、麋鹿、蜚鸟、贞虫异者也。今之禽兽、麋鹿、蜚鸟、贞虫，因其羽毛，以为衣裘；因其蹄蚤，以为绔屦；因其水草，以为饮食。故唯使雄不耕稼树艺，雌亦不纺绩织纴，衣食之财，固已具矣。今人与此异者也，赖其力者生，不赖其力者不生。"墨子比较人与动物，他看到动物自身有毛羽不用穿衣服，有蹄爪不必穿鞋子，有水草不担心饮食，所以它们生存依靠本能，而人类必须依靠自己男耕女织的生产劳动实践（如耕稼树艺、纺绩织纴）获得"衣食之财"才能生存。因此，实践与否是人与动物之间的差异所在。墨子还看到了实践活动不仅是生产劳动实践，还包括政治实践，他说："君子不强听治，即刑政乱；贱人不强从事，即财用不足。"（《墨子·非乐上》）

显然，人类建立的文明社会不同于自然本身。墨子意识到了文明的产生意味着对自然的征服，当然也包括对动物的制伏："古者圣人为猛禽狡兽暴人害民，于是教民以兵行。"（《墨子·节用上》）远古时代人们的生存境况残酷，在与动物的斗争中，必须找到保护自己的方法。墨子认为，古代圣王是因为看到凶禽狡兽残害百姓才教导他们带着兵器走路（"兵行"）。这些武器包括人类发明的利剑、甲衣和舟车。武器起于制伏禽兽，这在历史上也是有根据的，弓箭的发明无疑来自狩猎的需要，到后来被用于战争。

墨子思想的核心之一是兼爱，但兼爱不涉及动物："诸侯相爱，则不野战；家主相爱，则不相篡；人与人相爱，则不相贼；君臣相爱，则惠忠；父子相爱，则慈孝；兄弟相爱，则和调。天下之人皆相爱，强不执弱，众不劫寡，富不侮贫，贵不敖贱，诈不欺愚。"（《墨子·兼爱中》）简单说来，兼爱就是"天下之人皆相爱"，若拓展开来，在范围上就是在自己之外也爱他人之国、之家、之身；在人伦上，是君臣、父子、兄弟相爱；从效果来看，其形成的结果受到了仁者赞誉。但是，这种兼爱不涉及动物。墨子关注的主要是多灾多难、战争频仍的人类社会，他所代表的阶层主要解决的是底层百姓面临的问题，而动物达不到兼爱的层次，动物的存在是依附于人类世界的。简言之，墨子主张的兼爱的天下，没有对于动物的爱。

二 墨子论动物财富

墨子把"犬豕鸡豚""牛马"等动物看成个人、家庭必须得到保护的财产。墨子曾多次举例说："今有一人……至攘人犬豕鸡豚，其不义又甚入人园圃窃桃李。是何故也？以亏人愈多，其不仁兹甚，罪益厚。至入人栏厩，取人马牛者，其不仁义，又甚攘人犬豕鸡豚，此何故也？以其亏人愈多。苟亏人愈多，其不仁兹甚，罪益厚"（《墨子·非攻上》），"今有人于此，窃一犬一彘，则谓之不仁"（《墨子·鲁问》）。犬豕鸡豚马牛之类的家畜为墨子反复提及，可见其作为个人、家庭财富的重要性。墨子主张为政者应该以刑罚为手段来保护这些财产。当然，墨子也看到了"大人之好聚珠玉、鸟兽、犬马"（《墨子·节用上》）的残酷现实，故而又主张统治阶级厉行节用之法。他批评"简子之家，饰车数百乘，马食菽粟者数百匹，妇人衣文绣者数百人"，认为聚财不若聚才安全。

墨子还把牛马等动物视为军队中重要的物质资料："今尝计军上：竹箭、羽旄、幄幕、甲盾、拨劫，往而靡弊腑冷不反者，不可胜数。……与其牛马，肥而往，瘠而反，往死亡而不反者，不可胜数。"（《墨子·非攻上》）墨子主张非攻，反对战争，他深知战争的物质耗费巨大。战争对于动物的危害自然也不小，作为运载工具的牛马往往肥的变瘦，瘦的死掉，连同丢失跑掉的，可谓不计其数。但墨家未必是同情动物的遭遇，而是担心财富的损失。在战争时期，动物资源对于守城非常重要，墨家弟子列举的守城之法即涉及牛马、畜产的收集与管理："闻寇所从来，审知寇形必攻，论小城不自守通者，尽葆其老弱、粟米、畜产。"（《墨子·号令》）

同样，墨子也把野生动物资源看成国家财富。墨子曾对比宋楚二国的自然资源，劝告楚王说："荆之地，方五千里，宋之地，方五百里，此犹文轩之与敝舆也；荆有云梦，犀兕麋鹿满之，江汉之鱼鳖鼋鼍为天下富，宋所为无雉兔狐狸者也，此犹粱肉之与糠糟也。"（《墨子·公输》）在墨子看来，动物资源丰富与否是国家实力的标志。反之，动物资源的匮乏，则是国家的灾祸。"国有七患。七患者何？……畜种菽粟不足以食之"（《墨子·七患》），墨子把家畜和粮食不够吃用列为国家七种祸患之一。

动物作为国家财富，墨子认为应当得到政治保护，墨子甚至亲自劝阻对于动物的掠夺："鲁阳文君将攻郑，子墨子闻而止之，谓阳文君曰：'今使鲁四境之内，大都攻其小都，大家伐其小家，杀其人民，取其牛马、狗豕、布帛、米粟、货财，则何若？'"（《墨子·鲁问》）为阻止统治阶级不义的掠夺，他提倡向古代圣王周文王学习："昔者文王之治西土……不为大国侮小国，不为众庶侮鳏寡，不为暴势夺穑人黍稷狗彘。……此文王之事，则吾今行兼矣。"（《墨子·兼爱中》）只是这种道德高标的言论在战国时期已经没有多少听众。

从更广阔的天下视域看，墨子同样把动物看成一种财富，并大力倡导天下百姓"牺牛羊，豢犬彘"："故昔三代圣王，禹、汤、文、武，欲以天之为政于天子，明说天下之百姓，故莫不犓牛羊，豢犬彘，洁为粢盛酒醴，以祭祀上帝鬼神，而求祈福于天。"（《墨子·天志上》）墨子以上古三代圣王的名义，借天之威，阐述"莫不犓牛羊，豢犬彘"之于天下的重要性。同样，墨子认为，财富应该受到保护，"刈其禾稼，斩其树木，残其城郭，以御其沟池，焚烧其祖庙，攘杀其牺牷"（《墨子·天志下》）都是不义行为。"攘杀其牺牷"即是墨子所列的不义行为之一，就其严重性而言，可以和"焚烧其祖庙"的行为并列。

墨子甚至把"六畜蕃殖"看成天的意志与安排。如果不顺天意，天必降灾惩罚："故当若天降寒热不节，雪霜雨露不时，五谷不孰，六畜不遂，疾灾戾疫，飘风苦雨，荐臻而至者，此天之降罚也"（《墨子·尚同中》），"是以天之为寒热也，节四时、调阴阳两露也；时五谷孰，六畜遂，疾灾、戾疫、凶饥则不至"（《墨子·天志中》）。在墨子看来，六畜蕃殖和其他现象都由上天安排，而人们谨慎对待天意，其目的是通过天的威望来更好地达成自己的政治主张。

墨子重视"犓豢其牛羊犬彘"，还与其"兼爱"的政治主张有关："何以知兼爱天下之人也？以兼而食之也。何以知其兼而食之也？自古及今，无有远灵孤夷之国，皆犓豢其牛羊犬彘，洁为粢盛酒醴，以敬祭祀上帝、山川、鬼神，以此知兼而食之也。苟兼而食焉，必兼而爱之。"（《墨子·天志下》）墨子认为，假如兼而食之，必定会兼而爱之。上天兼爱天下之人，因为她对普天下的祭祀兼而食之；楚越之王爱自己的国人，因为他们食于楚越。"兼食"决定"兼爱"，因此，作为食物的"牛羊犬彘"在兼爱中的重要作用可想而知。墨子觉察到了物质利益对于社会意识的决定性作用，这是非常难得的见解。

三　墨子论节制饮食

人类以动物为食物，自古而然，由是引发出动物屠宰的问题。墨子的言论中也偶尔涉及这一问题："有一牛羊不能杀也，必藉良宰"（《墨子·尚贤中》）。从"良宰"的说法可见当时社会分工已经细化，有了不少专门从事宰杀动物的屠夫，他们之间存在竞争，其中技术高超者则脱颖而出成为"良宰"。另外，被宰杀的动物主要是牛、羊、狗、猪等家畜。在此，我们可判断，墨子完全没有从伦理的角度看待屠宰问题。

墨子谈得较多的是饮食的节制问题。为此，墨子首先考察了古代的素食传统，他认为："古之民未知为饮食时，素食而分处……其为食也，足以增气充虚，强体养腹而已矣。故其用财节，其自养俭，民富国治"（《墨子·辞过》），"古者圣王制为饮食之法，曰：足以充虚继气，强股肱，耳目聪明，则止。不极五味之调、芬香之和，不致远国珍怪异物"（《墨子·节用上》）。"素食，谓食草木。"［（清）孙诒让注］远古时期，早期人类主要依靠采集植物的果实、根茎生存，后来发展到农业生产，墨子认为，草木之实足以果腹养身，而且还能形成节俭的风气，因而达到"民富国治"。墨子从素食得出如此结论的说辞说服力不强，但是，其支持素食的意图清晰可辨。当然，支持素食并非绝对化地反对肉食，墨子本人也认可先圣"羹胾不重"（肉食不重复）的简朴做法。

在此基础上，墨子批判富贵者穷奢极欲的肉食风尚："厚作敛于百姓，以为美食刍豢，蒸炙鱼鳖，大国累百器，小国累十，前方丈，目不能遍视，手不能遍操，口不能遍味，冬则冻冰，夏则饰饐。"墨子批判的是以君王为典型的饮食风尚：在食物品类上以动物肉食为主，在工艺上制作复杂，在数量上极尽奢侈，在影响上大国小国皆然，在时序上花样翻新。

墨子担心的是君王的这种饮食风尚一旦蔓延开来，最终会造成贫富两极对立、社会大乱："人君为饮食如此，故左右象之，是以富贵者奢侈，孤寡者冻馁，虽欲无乱，不可得也。君实欲天下治而恶其乱，当为食饮不可不节。"（《墨子·辞过》）显然，墨子把倡导素食、反对饮食上的穷奢极欲上升到了政治上的正义高度。

墨子还从声、色、味、居四个层面批判享乐主义："子墨子之所以非乐者……非以犓豢煎炙之味，以为不甘也……虽身知其安也，口知其甘也，目知其美也，耳知其乐也，然上考之不中圣王之事；下度之，不中万民之利。"（《墨子·非乐上》）就其"味"而言，墨子指的仍是肉食，即所谓"犓豢煎炙之味"："犓豢"指的是动物，尤其是豢养的家畜，"煎炙"指的是食物的烹调方法。墨子认为，这是错误的，既不符合圣人传统，也不利于百姓。显然，墨子站在底层百姓的立场，反对统治阶级穷奢极欲横征暴敛，因而提出节制饮食尤其是节制肉食的观点。基于同样的立场，墨子批判历代暴君沉迷淫猎酒乐的行为："昔三代暴王桀、纣、幽、厉……外之驱骋田猎毕弋，内湛于酒乐……暴逆百姓，遂失其宗庙"（《墨子·非命下》）。

四 墨子论动物有灵

在宇宙观上，墨子是一个有神论者，他相信存在人格神的天和鬼神。墨子相信上天有意志，能赏贤罚暴，他把自然现象与人世间的文化、政治、经济等现象一一对应来证明天意的存在，实在是汉初董仲舒"人副天数"观念的先驱。因而，"贼（赋）金木鸟兽"，征收金属、树木、鸟兽以为民财，这也是上天赋予统治者的职责。

鬼神也能赏贤罚暴，赐福于众，所以是人们祭祀的对象。而且人们总是希望以少量的祭品赢得最大的回报："鲁祝以一豚祭，而求百福于鬼神。"墨子对此不以为然："今施人薄而望人厚，则人唯恐其有赐于己也。今以一豚祭，而求百福于鬼神，唯恐其以牛羊祀也。古者圣王事鬼神，祭而已矣。今以豚祭而求百福，则其富不如其贫也。"（《墨子·鲁问》）此处其实是墨子替鬼神担忧，不希望人们祭祀时用更丰厚的动物，因为祭祀越多，鬼神就要赐福更多。之所以如此，背后或许有现实的缘由，即墨家提倡节俭，反对奢侈。

墨子论证鬼神的存在，动物在其中扮演着重要的角色。他曾举例来证明"鬼神之有"。其一说：齐庄君有臣子二人诉讼多年而无法决断，于是齐君使人在神社供上一羊，让二人许诺。杀羊洒血后，羊竟然跳起来撞断了其中一人的脚(《墨子·明鬼下》)。说的是以羊断案，显示了神的公正无私，这就是墨子所说的"贵义""万事莫贵于义"(《墨子·贵义》)，"所以贵良宝者，可以利人。故曰：义为天下之良宝也"(《墨子·耕柱》)。贵义即推崇社会正义，在墨子那里其实质是维护社会底层人民的利益。墨家动物思想驳杂，但重在利人利民，以追求天下正义为核心精神。其二说：郑穆公白天在庙里看到有一鸟身素服的神入门而来，吓得赶快跑。而神告诉他是代表天帝来赐寿的，穆公问神姓名，回答是"句芒"(《墨子·明鬼下》)。中国古代民间传说中的句芒是少白皋之子，是木官之神、春神。句芒是一个半人半禽、人禽合体的形象。墨子讲的故事并不能证明鬼神的存在，但反映出原始的动物图腾崇拜仍有遗存。

动物图腾崇拜在战争中也同样存在："守城之法……弩为狗旗，戟为旌旗，剑盾为羽旗，车为龙旗，骑为鸟旗"(《墨子·旗帜》)。这里记叙了当时守城时用旗帜联络的方法，其中多用动物形象来代指所需的兵士或者物质，比如，需要弓箭时挂狗旗，需要剑盾时挂羽旗，需要战车时挂龙旗，需要战马时挂鸟旗。打旗号的规则是"以其形名为旗"，意味着所征调之物和命名之物有着密切联系。从动物的角度来看，命名大抵是取其迅捷、勇猛、机敏、凶恶、威武等强大的特征。这其实表达的还是人们希望军队强大、战力旺盛的意愿。

另外，在迎敌过程中，祭祀也用动物，这是另外一种形态的动物崇拜，在其特征上则专取其"弱"："敌以东方来……其牲以鸡。敌以南方来……其牲以狗。敌以西方来……其牲以羊。敌以北方来……其牲以彘。从外宅诸名大祠，灵巫或祷焉，给祷牲。"(《墨子·迎敌祠》) 以五行布阵迎敌，祭祀中所用动物有鸡、狗、羊、猪。此处，动物与守城时旗帜上所绘动物区别较大，表达的应该是希望敌军瘦小如鸡、顺从如狗、软弱如羊、愚蠢如猪。

五　墨家论辩中的动物

作为劳动者的哲学家，墨子及其学派对于动物关注基本源于日常的生产生活。墨子擅长论辩，虽言辞朴实，但也不乏生动类比，其中很多是生活中常提及的动物。如以"良马难乘，然可以任重致远"譬喻"良才难令，然可以致君见尊"，以"灵龟近灼，神蛇近暴"论说"彼人者，寡不死其所长"（《墨子·亲士》）。作为下层人士的代言人，"良马"是墨子常用的喻体，它可以用在不同的语境中，如"子墨子怒耕柱子"的故事中，墨子不满意耕柱子的自傲，通过耕柱子"骥足以责"的体悟来激励耕柱子"我亦以子为足以责"（《墨子·耕柱》），而在另一个故事中，墨子通过设置选择让对方回答"乘良马固车，可以速至"（《墨子·鲁问》）从而批驳彭轻生子"往者可知，来者不可知"的观点。虽然墨子对于马的显而易见的功用熟视无睹，但他的密切关注却说明了它的价值所在，只是没有去论说这种价值而已。

后期墨家对于动物的情形基本上也是这样，他们擅长逻辑学，在论说时以生活中人们熟悉的动物来比喻，而犬、马、牛、鸡等常见鸟兽类动物正是他们所乐意提及的，这种情况在《经说下》《小取》等篇中尤其突出："白马多白，视马不多视，白与视也"，"俱：俱一，若牛马四足；惟是，当牛马。数牛数马，则牛马二；数牛马，则牛马一"（《墨子·经说下》），"狗：狗，犬也。谓之杀犬，可"，"白马，马也；乘白马，乘马也。骊马，马也；乘骊马，乘马也"，"且斗鸡，非鸡也；好斗鸡，好鸡也"（《墨子·小取》）。

在与其他学派的论辩中，墨家的言论里虽然也充斥着动物的存在，但确实存在忽视动物价值的倾向。《墨子·鲁问》记载墨子与公输班的一次对决："公输子削竹木以为鹊，成而飞之，三日不下。公输子自以为至巧。子墨子谓公输子曰：'子之为鹊也，不如匠之为车辖。须臾刘三寸之木，而任五十石之重。故所为功，利于人谓之巧，不利于人，谓之拙。'"削竹木以为鹊是科技仿生学的早期成功案例，但作为手工业者的墨子没有看到这一科技价值，甚至从短期的利益标准出发否定了公输班在技术上的贡献。

第七章

先秦诸子的动物思想（下）

先秦法家、兵家、杂家的动物思想立足现实，各有特色：法家从动物状态引申出法律逻辑，兵家从战争角度重视动物军事资财，杂家从君王治理的政治角度铺开动物话题。他们在理论上广泛涉及先秦时期动物文化的各个方面，拓展了先秦动物思想的视域、丰富了先秦动物思想的内涵。

第一节　先秦法家：法律与动物

法家①是战国时期以法治为思想核心的重要流派。法家的动物思想着意探知动物性，并从动物世界引申出人世间的政治逻辑，亦即从动物世界混乱的自然状态假设出发倡导、重视法术权势。法家还主张用法来管理动物、保护自然资源、保护动物财产。法家思想的集大成者韩非不信龟策灵异与动物灾祥，在先秦诸子中可谓特立独行。

一　法家论动物的自然性

对于动物，专注于社会事务的法家其实也非常熟悉。他们在言谈之时、著述之中，常以动物为喻来说理。如"一声而非，驷马勿追，一言

---

①　法家思想先驱可追溯到春秋时的齐人管仲、郑人子产和邓析，发扬光大者是战国前期的魏人李悝、卫人商鞅、赵人慎到、郑人申不害等。战国末期的韩国公子韩非是法家思想的集大成者。法家代表人物多是春秋战国时代的政治家、改革家、思想家。法家主要的代表性著作有《管子》《商鞅书》《韩非子》《慎子》等，1975 年出土的《睡虎地秦墓竹简》也是珍贵的秦代法家资料。

而急，驷马不及"（《邓析子·转辞》）现今已衍化为成语"驷马难追"。如"乌鸟之狡，虽善不亲""坠岸三仞，人之所大难也，而猿猱饮焉"（《管子·形势》）、"屠牛坦朝解九牛，而刀可以莫铁，则刃游间也"（《管子·制分》），显示出人们对动物以及人们的相关行为观察非常细致，"屠牛"一句甚至为战国时庄子所化用并加以演绎，是"庖丁解牛""游刃有余"这些成语的最早出处。如阐释"治大国者若烹小鲜"："烹小鲜而数挠之，则贼其宰；治大国而数变法，则民苦之。是以有道之君贵静，不重变法。"（《韩非子·解老》）老子这一名言本来深奥难懂，但韩非却做出了精到的理解和浅易的阐释。也正因为熟悉动物，所以法家对于动物有着自己独到的看法。

法家甚至有意识地去探究动物的生活习性及其特点。如"有飞鸟之举，故能不险山河矣。……飞鸟之举者，轻也"（《管子·七法》），管子观察到飞鸟能飞越山河之险，于是认为，鸟之所以能如此是因为它们体轻。又如"夫鸟之飞也，必还山集谷。不还山则困，不集谷则死。山与谷之处也，不必正直"（《管子·宙合》），这就是所谓的"鸟飞准绳"：鸟回到山上、集于谷中的路线尽管会有曲折，但总的方向是直的。这是对飞鸟飞行路线长期跟踪得来的结论。再如"猎罴虎者，不于外圂，钓鲸鲵者，不于清池。何则？圂非罴虎之窟也，池非鲸鲵之泉也"，"夫水浊，则无掉尾之鱼"（《邓析子·无厚》），熊虎之类的猛兽不会生活在猪圈中，鲸鲵之类的大鱼不会生活在小池塘里，水不清也无大鱼，各种动物都有自己的生活环境与习惯。这是对动物与环境关系上升到了一种规律性的体察。

《韩非子》中记载了一个"老马识途"（《韩非子·说林上》）的故事：管仲、隰朋跟从齐桓公征讨孤竹国，春往冬返，迷路失道。管仲说："可以利用老马的智慧来帮忙。"于是跟随老马走，终于走出了迷途。山中行军缺水，隰朋说："蚂蚁冬天居住在山南边，夏天居住山北面。找到蚁冢只要下土一寸就有水。"果然找到了水。"老马识途"无疑是人们在旅途中发现的一种动物现象，古人未必能解释其中道理，但能充分利用规律。韩非甚至进一步指出动物的特点正是动物成就它们自身优势之所在："夫虎之所以能服狗者，爪牙也。使虎释其爪牙而使狗用之，则虎反服于

狗矣。"(《韩非子·二柄》)

在动物性上,法家关注动物的本能。慎子说:"鸟飞于空,鱼游于渊,非术也。故为鸟为鱼者,亦不自知其能飞能游。苟知之,立心以为之,则必堕必溺。……是以任自然者久,得其常者济。"(《慎子·逸文》)慎子认为,动物的一些特别的能力如飞翔、游泳不能称为技能,而是来自其本能。这种本能具有"应机自至,又不待思而施之"的特点,因为动物自己并不能意识到,假若它自己能意识到、会去思考,那结果就是疲惫不堪、不能持久。而"使鸡司夜,令狸执鼠,皆用其能"(《韩非子·扬权》),按照本能利用动物如公鸡司晨、猫捕老鼠则是发挥了它们的长处。

法家对于动物的认知能力有所肯定。《韩非子》中记载:"师旷不得已,援琴而鼓。一奏之,有玄鹤二八,道南方来,集于郎门之垝;再奏之,而列。三奏之,延颈而鸣,舒翼而舞,音中宫商之声,声闻于天。"(《韩非子·十过》)黑鹤知音未必是实事,只是一则寓言,但反映出作者相信玄鹤这一类动物具有发达的音乐认知能力和表现能力。另外,他们也不敢高估动物这一方面的能力。韩非引用"杨布击狗"的故事:杨朱的弟弟杨布穿白衣外出,回来时穿的是黑衣,他家的狗对着他吠叫。杨布生气要打狗。杨朱说:"子勿击也,子亦犹是。曩者使女狗白而往,墨而来,子岂能毋怪哉?"(《韩非子·说林下》)在韩非看来,狗的能力也就如此,无须责备,因为人也会犯同样的错误。据此,法家认为,在人与动物认知能力的比较之中,人没有占到多少优势。

二 法家论动物与政治逻辑

法家明了人类社会与动物界的区别:"天以时使,地以材使,人以德使,鬼神以祥使,禽兽以力使。"(《管子·枢言》)在管子看来,人类世界讲求道德,而动物世界盛行的是力量之争。管子以道德性作为人与动物相区别的标准的观点其实是春秋以来的流行观点。但是法家并不以德性为尚,而是走向了另一个极端。由尚力的动物性出发,法家认为,动物生存的世界是一个弱肉强食的世界。春秋战国时期,诸侯征战争霸,崇尚的是武力,所以,法家又不由自主地将动物世界的逻辑应用于人类社会。早期法家代表人物管子、商鞅甚至直接把远古人们与动物所生存的两个世界等同起来："古者未有君臣上下之别，未有夫妇妃匹之合，兽处群居，以力相征"（《管子·君臣》），"胜民之本在制民……本不坚，则民如飞鸟禽兽，其孰能制之？"（《商君书·画策》）。法家认为，治理天下必须以法来制约民众，否则人与飞鸟禽兽没什么差别。这些文字从侧面反映出法家对于动物的一个基本判断：飞鸟禽兽"无法"，动物世界是一个混乱的世界。

关于动物世界混乱的自然状态假设，是法家倡导、重视法术权势的理论前提。而且，法家在论述这一理论时，也喜欢以动物来说事。管子特别重视法律的作用，他说："养人如养六畜……论功计劳，未尝失法律也。"（《管子·七法》）这是拿动物说人事。"百人逐兔"的故事是法家常用的一段说辞："今一兔走，百人逐之，非一兔足为百人分也，由未定。……积兔满市，行者不顾，非不欲兔也，分已定矣。分已定，人虽鄙，不争。"（《慎子·逸文》）慎子通过"百人逐兔"的故事阐述了"分定不争"的道理。这一故事，法家人士甚至反复使用，《商君书》中《定分》篇也以此为喻。因此，法家反对背法而治："背法而治，此任重道远而无马牛，济大川而无舡楫也。"（《商君书·弱民》）法家讥讽儒家的思想观念为虱虫："六虱：曰礼乐；曰《诗》《书》；曰修善，曰孝弟；曰诚信，曰贞廉；曰仁义；曰非兵，曰羞战。"（《商君书·靳令》）法家鄙视礼乐教化，他们更多的是推崇权威。"势者，君之舆。威者，君之策。臣者，君之马。民者，君之轮"（《邓析子·无厚》）。邓析子把臣子看作君王所驱使的马，在权威的鞭策下，马拉着由百姓构成的双轮车舆载着君王驶向目的地。

法家思想的集大成者韩非建立了一套以"法"为中心、"法""术""势"相结合的封建专制集权理论。他也善于以动物为喻来阐述自己的观点。韩非和以前的法家代表人物一样，都喜欢从动物世界引申出人世间的政治逻辑。如："无棰策之威，衔橛之备，虽造父不能以服马；无规矩之法，绳墨之端，虽王尔不能以成方圆；无威严之势，赏罚之法，虽舜不能以为治。"（《韩非子·奸劫弑臣》）韩非明确反对儒家的仁爱主张，鼓吹严刑重罚，认为治国如治马，无规矩则最好的驯马师也无法驾驭马匹，因此治国须行"威严之势、赏罚之法"。

韩非视刑律为"咒虎的爪角"。他以此为喻警告老百姓："夫咒虎有域，动静有时。避其域，省其时，则免其咒虎之害矣。民独知咒虎之有爪角也，而莫知万物之尽有爪角也，不免于万物之害。何以论之？……事上不忠，轻犯禁令，则刑法之爪角害之。"（《韩非子·解老》）韩非以动物为喻：野牛和猛虎都有各自的领域，活动和休息都有一定的时间，如果避开它们的活动领域、了解它们的活动时间，如果能规避就可以免其伤害。但是韩非批评百姓只知其一不知其二，未能看到万物都有坚爪利角。就刑律而言，侍奉君上不忠诚，轻易违犯禁令，刑律的爪角就会侵害他。韩非强调君主的权威。他把君王身边的臣子喻为吃人的老虎："主失其神，虎随其后。……主施其法，大虎将怯；主施其刑，大虎自宁。法制苟信，虎化为人，复反其真。"（《韩非子·扬权》）君主唯有坚决执行法令刑罚，"老虎"才会服帖顺从、重新成为忠臣。因此，绝不能放松君主独裁的权威："一栖两雄，其斗颙颙，豺狼在牢，其羊不繁。一家二贵，事乃无功。"（《韩非子·扬权》）韩非举例说，一窝栖居两只雄鸟，羊圈里有豺狼，必然会大肆争斗，同样一家也不能有两个主人，否则事情就不会成功。如此言论的出台，显然是韩非为封建君主专制集权做论证。韩非重势。他在阐释老子"鱼不可脱于深渊"一言时说："势重者，人君之渊也。"（《韩非子·喻老》）在韩非看来，权势好比君主深潭里的鱼。君主的权势如果落到臣子下人手中，就像鱼离开了深潭。齐简公、晋国都是典型的例子，他们都因为权势失落而国亡身死。韩非还以"犀车良马"为喻主张治国须有"法术赏罚"："治国之有法术赏罚，犹若陆行之有犀车良马也"（《韩非子·奸劫弑臣》），即依靠坚车好马可以在陆地上冲破陡坡险阻的危险，而掌握法术之道，实行严刑重罚，就可以成就霸王的功业。

三 法家论动物的役使和驯服

法家对于役使牛马等大型家畜的作用看得很明白。管子曾指出牛马在商业交易活动中的重要作用："负任担荷，服牛辂马，以周四方。"（《管子·小匡》）

商人们负任担荷，赶牛驾马，使贸易得以流通四方，而牛马作为主要的运载动力承担了这一重任。为保护牛马，"天下乘马服牛，而任之轻重有制"（《管子·乘马》），在当时，牛马负担轻重都有一定的限度。"牺牲不劳，则牛马育"（《管子·小匡》），管子甚至要求统治阶级爱惜民力，祭祀不妄取于民，以使牛马繁殖得更多。

其实，"马者，军之大用"。在《韩非子·解老》篇中，韩非借解读老子思想叙述了马匹役使的两种情况。一是"天下无道，戎马生于郊矣"：人君无道暴虐其民导致民产绝，继而畜生减少、战马缺乏，以至于郊外快生小驹的母马也得征调出战。二是"天下有道，却走马以粪也"：有道之君外无怨仇而内有德泽，因此战士不再用马来追击敌兵，民众也不再用马来运输粮草，只把奔跑的马歇下来从事农业耕作施肥。也就是说，在和平时期，马还用于农耕。

随着马匹的广泛使用，相马成为一项重要职业。伯乐在古代成为这一行业的代名词。韩非多次以伯乐相马的故事来阐述道理，其中一个说的是伯乐的弟子相马："一人举踶马。其一人从后而循之，三抚其尻而马不踢。此自以为失相。其一人曰：'子非失相也，此其马也，踒肩而肿膝。夫踢马也者，举后而任前，肿膝不可任也，故后不举。子巧于相踢马拙于任肿膝。'"（《韩非子·说林下》）从分析烈马为何不踢人可以看出伯乐的弟子对马的身体构造、脾性了如指掌，表现出了很高明的相马技能。另一个说"伯乐教其所憎者相千里之马，教其所爱者相驽马"，是因为"千里之马时一有，其利缓；驽马日售，其利急"（《韩非子·说林下》）。可见，在法家眼里的伯乐不但技能高妙，也颇有经营之术。

由于马的大量役用，于是出现了"学御"（"御"也是儒家六艺之一）现象，教授学习驾驭车马也就成为一种职业。赵襄主向王子于期学御，于期总结驾驭车马之道："凡御之所贵：马体安于车，人心调于马，而后可以进速致远。"（《韩非子·喻老》）王子于期总结驾驭车马的要点：让马感到身体舒适不受约束，让驾车人的注意力跟紧马的动作，然后车马才能够奔跑得既快又远。而不是把注意力都放置在他人身上，否则怎么能和马协调一致？人马合一、车马合一才是驾驭车马之正道。

在驯马上，最能体现法家对待动物的态度。韩非说："无棰策之威，衔橛之备，虽造父不能以服马。"(《韩非子·奸劫弑臣》) 不用马鞭子威吓、马嚼子约束，即使是驾车的能手也驯服不了马匹。韩非虽然阐述的是"明仁义爱惠之不足用，而严刑重罚之可以治国"这一观点，但也能判断出法家对待动物不会像儒家那样讲求仁义恩惠，因为待民如此，对待动物就更不用说了。

但是并非法家思想影响下的人们会虐待动物。就牛马而言，现在从睡虎地竹简中秦律文献资料可略见一斑。如《秦律十八种·仓律》记载的是关于饲养驾用传马的法规，可谓十分细致周到：每次驾用传马喂饲二次，回程再喂饲一次，都要八匹马一起喂；连驾多次，不得超过每天饲喂一次；驾车路远，还可加喂一次。又如对舆马的保护，《睡虎地竹简·秦律杂抄》对马匹伤害做了具体惩罚规定，还禁止虐待马匹：马皮破伤一寸罚一盾；二寸罚二盾；超过二寸罚一甲；不准加以鞭打，违反的罚一盾，已驾车马不及时卸套罚一盾。秦律比较严酷，有时实施连坐之法：马服役的劳绩被评为下等，罚厩啬夫一甲，令、丞、佐、史各一盾。对于管理耕牛也同样有着明确的奖惩规定，如《秦律十八种·厩苑律》说每年四次评比耕牛，正月大考核，成绩优秀者赏赐田啬夫酒一壶、干肉十条，免除饲牛者一次更役，赏赐牛长资劳三十天；成绩低劣的，申斥田啬夫，罚饲牛者资劳两个月，如果因耕田牛瘦了，会笞打主事者。在乡里考核的话，成绩优秀的赏赐里典资劳十天，成绩低劣的笞打三十下。当然，这些制度细则的出台，都是为了更好地保护动物财产。

四 法家论动物保护与猎杀

法家既不惮于猎杀凶猛动物，同时也主张保护动物类财产，并用法律的形式规定下来。如《秦律》规定："射虎车二乘为曹。虎未越泛藓，从之，虎环（还），赀一甲。虎失（佚），不得，车赀一甲。虎欲犯，徒出射之，弗得，赀一甲。豹廌（遂），不得，赀一盾。"(《睡虎地竹简·秦律杂抄》) 秦律关于猎虎的各种惩罚细则，其细节处都规定十分周详，考虑到了会出现的各种情况，真可谓是"深文周纳"：虎没有弃掉肉饵走开加以追逐以致使虎逃回，罚一甲；老虎逃走未猎获，每车罚一甲；老虎要进犯，出车射虎未猎获，罚一甲；豹逃走未猎获，罚一盾。又如："百姓犬入禁苑中而不追兽及捕兽者,勿敢杀;其追兽及捕兽者,杀之。河(呵)禁所杀犬,皆完入公;其它禁苑杀者,食其肉而入皮。"(《秦律十八种·田律》)涉及动物保护的几种情况,如禁止对动物下毒,禁止在禁苑中纵犬捕猎,禁止砍伐山林,等等。

对于动物是猎杀还是保护,法家有自己独到的见解:"昔者昊英之世,以伐木杀兽,人民少而木兽多,黄帝之世,不麛不卵,官无供备之民,死不得用椁。事不同,皆王者,时异也。"(《商君书·画策》)昊英氏时代民众可以捕杀野兽,而黄帝时代却不让捕杀幼兽、吃鸟蛋,昊英、黄帝做法不同但都称王于天下。可以"伐木杀兽"是因为昊英时民众少而野兽多,这固然有一定道理,但是黄帝时代未必就不是"人民少而木兽多"。商鞅并没有说出黄帝时代"不麛不卵"的具体原因,只是笼统地认为这是因为时代不同所致。倒是管子从保护农业的角度来解释为何要禁止砍伐渔猎:"山林虽广,草木虽美,禁发必有时……江海虽广,池泽虽博,鱼鳖虽多,罔罟必有正,船网不可一财而成也。非私草木爱鱼鳖也,恶废民于生谷也。"(《管子·八观》)管子主张山林草木封禁开发必须有时,江海池泽中鱼鳖捕捞须有官管理,但是,这并非对草木、鱼鳖偏爱,而是担心民众荒废粮食生产,因为不可只依靠单一财路来维持生活。简言之,限制上山采伐下水捕鱼,为的就是促使民众专务粮食生产。法家在禁猎禁捕上的解释上说服力并不强。其根本原因在于他们不愿接受儒家的仁爱观点,但是又没有找到十分过硬的理由,于是要么避而不谈,要么自说自话。

但是,在猎杀动物的原因上,法家往往一针见血。韩非在解说老子"罪莫大于可欲"一言时以历史故事为例:"翟人有献丰狐、玄豹之皮于晋文公。文公受客皮而叹曰:'此以皮之美自为罪。'"(《韩非子·喻老》)韩非借晋文公之口说丰狐、玄豹之死在于其皮毛漂亮。可见,动物之利才是人们杀害野生动物的欲望之源。显然,韩非所要表达的意思其实已经偏离老子所要表达的观点。

五 法家论生态环境保护

生态环境是否良好,关系到统治者的财富多少,所以统治者无不仔细算计。管子指出:"流水,网罟得入焉,五而当一。……泽,网罟得入焉,五而当一。"(《管子·乘马》)管子对比两种类型的土地,指出生态环境不佳者甚至仅及生态环境良好者的百分之一。而其中"网罟得入焉"的河流和沼泽地带所产出者(主要是渔业收入)尤多,相当于五分之一,比无木之山、涸泽、薮、漫山、泛山等地产出要丰富。

法家如管子对于动物与生态环境之间的关系有着明晰而准确的认识。如家畜,"壤地肥饶,则桑麻易植也;荐草多衍,则六畜易繁也"(《管子·八观》)。管子从国家财富的角度看待山林牧草:若土地肥沃,能养蚕的桑树就容易种植,若牧草繁茂,则六畜容易兴旺。对于野生动物,"蛟龙得水,而神可立也;虎豹得幽,而威可载也"(《管子·形势》)。在水中蛟龙才能树立神灵,在幽谷里虎豹才可保持威力,深水、幽谷正是这些动物所处的有利"形势"。所以,无论是家养动物还是野兽,其生存繁衍都离不开良好的环境。

管子提出君王必须致力解决的、能让国家富裕的"五事",其中有两事关涉动物:"山泽救于火,草木植成,国之富也","六畜育于家,瓜瓠荤菜百果备具,国之富也"。一是防止山泽火灾以使草木繁殖成长。这与动物并无直接关系,但草木繁盛必将为野生动物的生长繁殖提供良好的栖息地。二是农家大量畜养六畜,管子把这看成国家富足的重要措施。在《管子》中,还特别提及了这两个方面相应的制度建设:一是"修火宪,敬山泽,林薮积草,夫财之所出,以时禁发焉",设置虞师这一职掌,以制定防火法令,防止山泽林薮之处堆积枯草引发火灾,对自然资源的出产按时封禁和开放等。二是"行乡里,视宫室,观树艺,简六畜,以时钧修焉"(《管子·立政》),设置乡师这一职掌,巡查乡里树木、庄稼的生长,视察六畜的状况。

无论是山林、薮泽还是牧场,都涉及国家土地的使用。法家从耕战的需求来配置土地的比例。商鞅指出古代先王"为国任地"的情形是:"地方百里者,山陵处什一,薮泽处什一,薮谷流水处什一,都邑蹊道处什一,恶田处什二,良田处什四,以此食作夫五万,其山陵、薮泽、谿谷可以给其材,都邑蹊道足以处其民,先王制土分民之律也。"(《商君书·徕民》)还有另外一种说法,据《商君书》记载:"山林居什一,薮泽居什一，薮谷流水居什一，都邑蹊道居什四，此先王之正律也。"大体情况类似。这是古人构建的农业社会的"山水林田湖"的生态系统。这一体系能确保"垦田足以食其民，都邑遂路足以处其民，山林、薮泽、谿谷足以供其利，薮泽堤防足以畜"（《商君书·算地》）。也就是说，山地、森林、湖泊、沼泽、山谷足够供应民众粮食、牲畜等生活资料，为军队出征配置充足的战备物资。

另外，人们的某些日常行为也有益于生态环境。如"小夫死，以上至大夫，其官级一等，其墓树级一树"（《商君书·境内》），这是秦国制定的丧葬活动中的一个细节，说的是小夫以上直到大夫死后，爵位每高一级，坟上就多种一棵树。无疑，不管出于什么目的，这些措施若得以推行都会有助于山林恢复、控制水土流失。事实上，这很大可能已成为一种广泛接受的社会行为。据《左传》记载秦晋殽之战中蹇叔哭秦师，秦穆公遣使谓之："尔何知，中寿，尔墓之木拱矣！"（《左传·僖公三十二年》）可见贵族死后种植"墓木"之说非假。

六 法家论国民的动物财富

法家不忌讳言利，而且重利。如管子十分看重"民之经产"："何谓民之经产？畜长树艺，务时殖谷，力农垦草，禁止末事者，民之经产也。"（《管子·重令》）所谓民众的"经产"，指的是饲养牲畜，搞好种植，增产粮食，努力农事，开垦荒地等。其中饲养的牲畜就是民众的重要财产之一。韩非也指出，人们捕鳣养蚕，是因为"利之所在"，是衣食之需："鸟有周周者，重首而屈尾，将欲饮于河，则必颠，乃衔其羽而饮之，人之所有饮不足者，不可不索其羽也。鳣似蛇，蚕似蠋，人见蛇则惊骇，见蠋，则毛起。渔者持鳣，妇人拾蚕，利之所在，皆为贲、诸。"（《韩非子·说林下》）

事实上，春秋战国时期的诸侯们都重利贪利，动物之利自然在其中。《管子》记载："狄人攻卫，卫人出旅于曹，桓公城楚丘封之。其畜以散亡，故桓公予之系马三百匹，天下诸侯称仁焉。……桓公知诸侯之归己也，故使轻其币而重其礼。故使天下诸侯以疲马犬羊为币，齐以良马报。诸侯以缕帛布鹿皮四分以为币，齐以文锦虎豹皮报。"（《管子·小匡》）

第七章　先秦诸子的动物思想（下）

这是齐桓公用物质收买诸侯、称霸天下过程中的一段小插曲。管仲献了两策：一是安置三国国君，齐国花费了数百乘车马；二是送出虎皮、豹皮和文锦给予各诸侯国而只索要素帛、鹿皮这样的回报。通过如此外交手段，齐国开始号令天下各国。可见，良马、虎皮、豹皮等珍贵动物资产在诸侯国外交中发挥着重要作用。但是管子的政治智慧显然超越了一般诸侯，他用"明王"的要求规约齐桓公："夫明王之所轻者马与玉，其所重者政与军。"（《管子·霸言》）因怀有政治抱负，所以，桓公才能不贪图小利而求取霸权。齐桓公自己也承认有缺点："寡人不幸而好田，晦夜而至禽侧，田莫不见禽而后反。诸侯使者无所致，百官有司无所复。"（《管子·小匡》）这是齐桓公在自我批评反省，他说，自己沉湎田猎以致耽误政事。

在法家眼里，动物之利相对于霸业王图都只是些小利。韩非将"晋献公将欲袭虞，遗之以璧马"看成"将欲取之，必固与之"（《韩非子·喻老》）的政治权术，批评、嘲讽虞君贪图小利的行为："奚谓顾小利？昔者晋献公欲假道于虞以伐虢。……虞公贪利其璧与马而欲许之。"（《韩非子·十过》）韩非曾多次引用虞君贪图良马玉璧导致亡国的故事，用意颇为深刻。作为衣食之需，动物自有其价值。但是法家反对在此方面的过分奢靡。"纣为象箸而箕子怖"的故事（《韩非子·喻老》《韩非子·说林上》）韩非曾多次提及，可见颇受重视。商纣制作象牙筷子，为什么箕子感到害怕？箕子推论的逻辑是：使象牙用筷子则一定出现杯子用犀牛角的情形；俭朴的生活不会使用象筷玉杯，那么以后吃的就会是奇珍异兽的胎儿，由此会引生锦衣玉食之类的奢侈事情。果然，后来商纣设肉林酒池，建炮烙之刑，终于丧身亡国。此处，箕子的逻辑其实也是韩非的逻辑。

对于动物财富，国家都会有法律进行规定、管理。秦律中有大量关于此方面的记载。如"人户、马牛及者（诸）货材（财）直（值）过六百六十钱为大误，其它为小"（《睡虎地竹简·法律答问》），此律说错算人户、牛马以及价值超过六百六十钱的财货就是大误，可见牛马之重要。又，"计校相缪（谬）（也），自二百廿钱以下，谇官啬夫；过二百廿钱以到二千二百钱，赀一盾；过二千二百钱以上，赀一甲。人户、马牛一，赀一盾;自二以上,赀一甲"(《睡虎地竹简·其余部分·效律》),此律更为细致,规定错算的惩罚:人口一户或牛马一头罚一盾,两户或两头以上罚一甲。甚至"其乘服公马牛亡马者而死县,县诊而杂买(卖)其肉,即入其筋、革、角,及(索)入其贾(价)钱"(《秦律十八种·厩苑律》),驾用官牛马而牛马死于某县,应由该县将肉全部卖出,然后上缴其筋、皮、角,并将所卖的价钱全部上缴。因为动物是重要财富,所以繁殖动物职责重大,国家甚至为此制定法律。秦律对主管动物繁殖但办事不力的官员科以重罚:"牛大牝十,其六毋(无)子,赀啬夫、佐各一盾。羊牝十,其四毋(无)子,赀啬夫、佐各一盾"(《睡虎地竹简·秦律杂抄》),成年母牛、母羊中若十头有六头不生小牛、小羊,罚啬夫、佐各一盾钱。

七 韩非论龟策神异不可信

到战国晚期,那些传说中的动物如龙凤之类已经很少见之于史实记载了。虽然思想家们经常提及它们,也只限于特定语境之中,如传说中上古时代的圣王事迹:"昔者黄帝合鬼神于泰山之上,驾象车而六蛟龙,毕方并镅,蚩尤居前,风伯进扫,雨师洒道,虎狼在前,鬼神在后,腾蛇伏地,凤皇覆上,大合鬼神,作为清角。"(《韩非子·十过》)有时学者们在论说之中引以为"譬如":"夫龙之为虫也,柔可狎而骑也;然其喉下有逆鳞径尺,若人有婴之者,则必杀人。人主亦有逆鳞,说者能无婴人主之逆鳞,则几矣。"(《韩非子·说难》)但绝非作者真的相信有龙存在和龙有逆鳞,这时候龙凤之类的神异动物已经无人去关注是否真正存在,它们已演化成一种精神性的文化形象。譬如龙的形象越到先秦后期,其灵性逐渐消失而世俗性得以发展,越来越趋向于指代帝王本人,其文化内涵也变成了君王权力所体现出来的政治威严性。

韩非对于灵龟占卜之类的行为也大加挞伐,他以历史上血的教训展开批驳:"赵龟虽无远见于燕,且宜近见于秦。秦以其'大吉',辟地有实,救燕有有名。赵以其'大吉',地削兵辱,主不得意而死。又非秦龟神而赵龟欺也。"韩非通过分析"凿龟""数策"而得来的预言与战争的结局之间的矛盾,指出并非赵国占卜灵验而燕国占卜不验,也并非秦国占卜灵验而赵国的占卜不验。从战国兼并战争的事例论证"凿龟数策""星象方位"并不能真正占兆,所以最后韩非指出:"龟筴鬼神不足举胜,左右背乡不足以专战。然而恃之,愚莫大焉。"(《韩非子·饰邪》)

第二节 先秦兵家:战争与动物

兵家①是先秦诸子中关注军事、研究战争的思想流派。兵家动物思想服务于现实的战争需要,并不关心动物的伦理地位。但是兵家同样熟悉、了解动物,他们往往从军事的角度关注动物,视动物为军事活动的重要资财,役用动物时持人马相亲的友善态度,还重视动物的文伐功用。

一 兵家论动物的道德地位

在春秋战国时代,兵家虽然没有像纵横家那样言辞犀利,但也不乏论辩之才。在兵家著述中,为了增强论说的说服力,也常用打比方这一言说方法,而动物即是其中常用的喻体。如魏文侯"不好军旅之事",吴起游说道:"今君四时使斩离皮革,掩以朱漆,画以丹青,烁以犀象。冬日衣之则不温,夏日衣之则不凉。以长戟二丈四尺,短戟一丈二尺。革车奄户,缦轮笼毂,观之于目则不丽,乘之于田则不轻,不识主君安用此也?若以备进战退守,而不求用者,譬犹伏鸡之搏狸,乳犬之犯虎,虽有斗心,随之死矣。"(《吴子兵法·图国》)吴起批判魏文侯在军旅之事上华而不实,好象孵雏的母鸡去和野猫搏斗、吃奶的小狗去进犯老虎那样必死无疑,通过"修德废武,以灭其国"的事例生动地阐述了"内修文德,外治武备"的道理,从而赢得了魏文侯的信任和重用。又如:"量吾境内之民,无伍莫能正矣。……天下诸国助我战,犹良骥騄耳之驶,彼驽马鬐兴角逐,何能绍吾气哉?"(《尉缭子·制谈》)尉缭子强调军队中什伍制

---

① 兵家是先秦时期对战略与战争研究的思想派别。代表性人物有西周初年政治家姜尚、春秋时期齐国人孙武、司马穰苴、战国时期卫国人吴起、魏国人尉缭子等,其代表性著作有《孙子兵法》《吴子兵法》《司马法》《六韬》《尉缭子》等。

度的重要性，如果制度不健全或者指挥不得当，其结果也无助于军队的气势，因为敌人像飞驰的骏马，而援兵像迟钝的劣马。尉缭子用战马为喻，既切合论说的军事环境，也达到了论说的目的。再如，用"鸷鸟将击，卑飞敛翼；猛兽将搏，弭耳俯伏"来说明"圣人将动，必有愚色"（《六韬·武韬·发启》），用动物的行为来描述兵阵的变化："凡用兵之大要，当敌临战，必置冲陈，便兵所处。然后以车骑分为鸟云之陈，此用兵之奇也。所谓鸟云者，鸟散而云合，变化无穷者也"（《六韬·豹韬·鸟云泽兵》），都十分生动形象，从而把抽象的、难以理解的道理或事物解说得清楚明白。

兵家善于用动物为喻体来阐说道理，其实与他们善于观察、熟悉世情有很大关系。如《孙子兵法》中记载"鸟集者，虚也"（《孙子兵法·行军》），说的是敌方营寨上有飞鸟停集，说明营寨已空虚无人。这些对动物行为习性的细致观察以及在言辞中的运用，从侧面反映出动物对当时兵家活动中的影响。自然而然，也会涉及兵家对动物伦理地位的一些看法：如"取天下者，若逐野兽"的观点："取天下者，若逐野兽，而天下皆有分肉之心。"（《六韬·武韬·发启》）春秋战国时期，周天子在事实上不再是天下之共主，诸侯之间为领土、人民、财富而相互征伐已是常事。"取天下者，若逐野兽"的观点只是形象的比喻说法，说的是夺取天下政权就如田猎时追逐野兽，天下人都有分享它一块肉的意图。但是，如果抛开政治层面的意涵，单从动物这一层面分析，则当时兵家持有的观念是：野兽是人人都可以追杀、猎食的对象。又如"外内乱，禽兽行，则灭之"的观点："会之以发禁者九。……外内乱，禽兽行，则灭之。"（《司马法·仁本》）会合诸侯颁发九项禁令，其中之一说若国家内外淫乱、行同禽兽，就应灭掉它。所谓"禽兽行"，指的是不"以仁为本，以义治之"。言外之意，禽兽是不讲仁义的，其行为为人所不齿，故而可杀可灭。因此，可以推断司马穰苴不会认为动物具备道德主体地位。

二　兵家论动物的军事价值

兵家关于动物伦理上地位低下的观念其实属于当时主流看法，但是并非动物在生活中不重要。相反，兵家认为动物尤其是马牛是军事活动中的重要资财。历史上多有利用动物服务于战争的记载。据《周礼》记载，当时周朝即已设有一种官职"犬人"，专司养犬、驯犬，使用犬只进行军事防御。战国时齐将田单发明火牛阵战术。公元前279年，田单向燕军诈降使之麻痹，而于夜间用牛千余头，于牛角上缚上兵刃、牛尾上缚苇灌油，点燃火牛猛冲燕军，并以五千勇士随火牛阵冲杀，最终大败燕惠王军队，连克七十余城。

动物在战争中作为"战攻守御之具"起着重要的作用："马、牛、车、舆者，其营垒蔽橹也。……牛马，所以转输粮用也。鸡犬，共伺候也。"（《六韬·龙韬·农器》）说的是马车和牛车可用作营垒和蔽橹等屏障器材，牛马可用来转运军粮，鸡狗可用来报时和警戒，因此国家必须用心准备。在战阵中，根据所使用的兵种和不同战法来布阵："用车用马，用文用武，此谓人陈。"（《六韬·虎韬·三陈》）事实上，车骑在战争中变得越来越重要："车者，军之羽翼也，所以陷坚陈，要强敌，遮走北也；骑者，军之伺候也，所以踵败军，绝粮道，击便寇也。……夫车骑者，军之武兵也，十乘败千人，百乘败万人；十骑败百人，百骑走千人，此其大数也。"（《六韬·犬韬·均兵》）毫无疑问，车骑需要战马作为运载动力。因此，战争需要装备大量马匹。由是孙子感叹战争耗费之大："凡用兵之法，驰车千驷，革车千乘，带甲十万，千里馈粮。则内外之费，宾客之用，胶漆之材，车甲之奉，日费千金，然后十万之师举矣。"（《孙子变法·作战》）说的是十万之师装备轻车、重车各一千辆，需马八千匹。"力屈、财殚、中原、内虚于家，百姓之费，十去其七；公家之费，破军罢马，甲胄矢弓，戟盾矛橹，丘牛大车，十去其六"（《孙子兵法·作战》），一次战争，公家私家的财产，由于车辆破损，马匹疲惫，盔甲、弓箭、矛戟、盾牌、牛车的损失，消耗十分之六七。另外，军中还有很多地方需要动物资源，如鸟禽的毛羽："经卒者，以经令分之为三分焉：左军苍旗，卒戴苍羽；右军白旗，卒戴白羽；中军黄旗，卒戴黄羽。"（《尉缭子·经卒令》）

而且，战争对于马匹的质量要求也更高。众多军事家都论述到这一点："车坚马良，将勇兵强，卒遇敌人，乱而失行，则如之何?"（《吴子兵法·应变》）"兵不告利，甲不告坚，车不告固，马不告良，众不自多,未获道"(《司马法·严位》)。"车坚马良"是兵家对于车马质量的基本要求。若达不到要求,则军队的机动性会大打折扣,就会被视为没有掌握取胜之道。此时,骑兵已经成为兵家着意重视的兵种,高度重视"选骑士之法":"取年四十以下,长七尺五寸以上,壮健捷疾,超绝伦等,能驰骑彀射,前后左右,周旋进退,越沟堑,登丘陵,冒险阻,绝大泽,驰强敌,乱大众者,名曰武骑之士,不可不厚也。"(《六韬·犬韬·武骑士》)骑士如此优秀,那么在坐骑配置上必然选择强壮精良、训练有素的马匹,否则骑兵的战力就达不到理想效果。

掠取牛马等牲畜是军事活动的直接目的,但也为兵家所不取。军事行动的目的很多,一般来说,会针对土地、人口、粮食、牛马等。它们被争抢掠夺,是统治者最关心或最担心的事情。如周武王问姜太公:"敌人深入长驱,侵掠我地,驱我牛马……为之奈何?"(《六韬·豹韬·突战》)又如武侯问吴起:"暴寇卒来,掠吾田野,取吾牛羊,则如之何?"(《吴子兵法·应变》)但是,抢劫财富的行为往往为高明的军事家所不齿,如吴起说:"军之所至,无刊其木、发其屋,取其粟、杀其六畜、燔其积聚,示民无残心。"(《吴子兵法·应变》)他认为,破城之后在控制局面后不能继续其残忍的一面,征服敌方靠的是安定民心,所以,反对追求眼前利益的掠夺行为(如"杀其六畜")。对于敌人侵掠土地、驱夺牛马的突袭行为,有兵家分析其将会失败:"如此者,谓之突兵。其牛马必不得食,士卒绝粮……敌人虽众,其将可虏。"(《六韬·豹韬·突战》)

有的军事家甚至把军事行动建立在仁义的基础上。司马穰苴指出:"贤王制礼乐法度,乃作五刑,兴甲兵以讨不义","会之以发禁者九",其中之一是"外内乱,禽兽行"。因此,对军队将士严加约束:"入罪人之地,无暴圣祇,无行田猎,无毁土功,无燔墙屋,无伐林木,无取六畜、禾黍、器械,见其老幼,奉归勿伤。"(《司马法·仁本》),可见"无行田猎""无取六畜"是"仁术"的重要内容之一。

三 兵家论动物的役使原则

战争之于兵家是分内常事,在战争中如何役使战马也是他们必须时常面对的问题。从战马这一特殊动物,我们能看到他们对待动物的一些基本原则。

一是"刍秣以时,则马轻车"。据《吴子兵法》记载:"使地轻马,马轻车,车轻人,人轻战。明知险易,则地轻马;刍秣以时,则马轻车;膏锏有余,则车轻人;锋锐甲坚,则人轻战。"(《吴子兵法·治兵》)吴起谈到进兵的方法时,提出"四轻"原则,亦即地形便于驰马、马便于驾车、车便于载人、人便于战斗。其中"两轻"涉及了战马:了解地形的险易以便于驰马、对马饲养适时以便于驾车。"马、牛、车、兵,佚饱,力也"(《司马法·定爵》)。因为马在战争中起着机动力的作用,所以兵家特别重视马的喂养和保护,而且派有专人从事这一方面的工作(《尉缭子·武议》:"赏及牛童马圉者,是赏下流也")。为了保障战士和战马不因饥饱而影响战斗力,有兵家甚至提出配置"百货之官"以控制商品市场价格:"人食粟一斗,马食菽三斗,人有饥色,马有瘠形,何也?市有所出,而官无主也。夫提天下之节制,而无百货之官,无谓其能战也。"(《尉缭子·武议》)

二是"人马相亲,然后可使"。为此,吴起曾细致地阐述驯养军马的方法和要求:"夫马,必安其处所,适其水草,节其饥饱。冬则温厩,夏则凉庑。刻剔毛鬣,谨落四下,戢其耳目,无令惊骇,习其驰逐,闲其进止,人马相亲,然后可使。车骑之具,鞍、勒、衔、辔,必令完坚。凡马不伤于末,必伤于始;不伤于饥,必伤于饱。日暮道远,必数上下,宁劳于人,慎无劳马,常令有余,备敌覆我。能明此者,横行天下。"(《吴子兵法·治兵》)这是一份非常全面、细致的驯养军马的守则:首先,对军马的起居饮食作规定,要求马厩安全、水草适合,饥饱有度、寒暖适时,注重的是安适性。其次,对军马的养护训练作规定,要求剪刷鬣毛、铲蹄钉掌,让它熟悉各种声音和色彩以不致惊骇,练习奔驰追逐,熟悉前进、停止的号令,注重的是可使性。最后,对军马的使用作规定,要求相关配置完整坚固,尤其注意军马喂养的饥饱情况,在天黑路远的情况下不能让马劳累,注重的是在使用度上留有余地。这其中,"人马相亲"是驯养的关键环节,也是军马驯养者持有的基本态度。但是,这种人马相亲的友善态度并非承认马和人具有同样的道德地位。兵家的态度很务实,精细驯养马匹只是让它们能更好地服从战士的驾驭,从而更好地服务于战争需要（如"备敌覆我"，即防敌人袭击）。

"人马相亲，然后可使"的观点在兵家中得到广泛认可，有的统治者甚至也从中得到启发，视百姓如需要多次喂食才能赢得亲近的牛马，主张通过施惠布财的方式进行笼络："惠施于民，必无爱财。民如牛马，数喂食之，从而爱之。"（《六韬·武韬·三疑》）"民如牛马"，正是基于对民性与动物性相通的认可，兵家把对待动物的伦理原则运用于社会领域。应该说，兵家既是沟通动物伦理与人世伦理的先行者，也是先秦民本思想的践行者。

当然，有时如此厚待牛马过于耗费资财，于是有兵家人士持不同意见："今也，金木之性不寒而衣绣饰，马牛之性食草饮水而给菽粟。是治失其本，而宜设之制也。"（《尉缭子·治本》）此处批判以粮食饲喂牛马的做法，认为违反了它们食草为生的本性，提出要建立更加合理的管理制度。有时，军中出现对待动物的异常情况，如"粟马肉食，军无悬甀，不返其舍者，穷寇也"（《孙子变法·行军》）。孙子分析说，敌人用粮食喂马，杀牲口吃，这是被逼入绝境的"穷寇"的迹象，必须慎重对待。

四　兵家论动物的文伐功用

关于动物，兵家于战争之外较少关注。当然，他们的著作中也有其他的一些关于动物的言论，反映了所处时代普遍存在的一些历史事实或者观念。如在祭祀上坚持"野物不为牺牲"（《尉缭子·治本》），用龟甲进行占卜："将既受命，乃命太史卜，斋三日，至太庙，钻灵龟，卜吉日，以授斧钺"（《六韬·龙韬·立将》）。又如关于田猎活动的记载："文王将田，史编布卜曰：'田于渭阳，将大得焉。非龙、非螭、非虎、非罴，兆得公侯。天遣汝师，以之佐昌，施及三王。'"（《六韬·文韬·文师》），等等。

还有一类"战争"，与武力征服相对，被兵家称之为"文伐"："文王问太公曰：'文伐之法奈何？'太公曰：'凡文伐有十二节：……遗良犬马以劳之……'"（《六韬·武韬·文伐》）说的是用乱臣贼子、声色犬马之类来破坏敌国，达到武力征服的目的，"十二节备，乃成武事"。"遗良犬马以劳之"，也就是"小人先之，悦之以声色犬马，纵之以驰骋田猎"

[(北宋)苏辙:《汉昭帝论》],通过"和平演变"的方式让对方从内部瓦解。无疑,某些动物如良马、猎犬在其中充当了重要的角色。这本是先秦时期诸侯国之间政治斗争的一种常用手段,但兵家也视之为一种战争,显示出了兵家独特的广义战争观。

第三节 先秦杂家:君王与动物

杂家①是中国战国末至汉初的学术流派,以博采各家之说见长。先秦杂家最重要的著作是《吕氏春秋》,其动物思想同样也服务于秦王一统天下、运筹君权这一政治目标,为此它主张节性适欲以为君王本体、尊师重乐以助君王成长、重视动物资源以资君王军事、相信动物祥瑞以寻求王朝更替的政治合法性,同时告诫君王应节俭葬死以彰显德化。

一 杂家论重生养性与动物性饮食

《吕氏春秋》春季十二篇为君主本体论、效用论,主要用道家贵生无为之说。②《吕氏春秋》特别重视道家子华子的学说,为此,提出"六欲皆得其宜"的重要观点:"所谓全生者,六欲皆得其宜也。"(《仲春纪·贵生》)子华子在理论上把生存状态与欲望的满足联系到一起,根据欲望的满足程度划分生命的等级。其中全生为"贵生""尊生""重己"的最佳状态。"全生"不是保全生命,而是生命得到应该的各种享受,即"六欲皆得其宜也"。但是,追求全生容易走向偏颇,"得其宜"并非轻易达成。《吕氏春秋》的作者有感于"世之贵富者,其于声色滋味也,多惑者",指出有三种富贵病——"务以自佚""务以自强"和"务以自乐",其中"肥肉厚酒,务以自强"称之为"烂肠之食"(《孟春纪·本生》)。《吕氏春秋》在饮食上反对对于动物类食物的过度消费,认为肉食"害于

---

① 杂家"兼儒墨,合名法,知国体之有此,见王治之无不贯,此其所长也。"(《汉书·艺文志》)《吕氏春秋》是战国末年秦国相邦吕不韦门客集体编撰的杂家著作,又名《吕览》。

② 参见黄伟龙《〈吕氏春秋〉成书考》,《文献季刊》2003年第1期。

性"。什么是人之性?"人之性寿"(《孟春纪·本生》),即长寿。

《吕氏春秋》认为,万物总是会去干扰、搅乱人性,从而使得人不能长寿。但是,"物也者,所以养性也,非所以性养也"(《孟春纪·本生》),在物与性之间,物应该服务于性,而非相反。"夫耳目鼻口,生之役也"(《仲春纪·贵生》),人的感性需求应受生命的支配,而非相反,由此提出"全性之道"的基本原则:"圣人之于声色滋味也,利于性则取之,害于性则舍之,此全性之道也。"(《孟春纪·本生》)所谓"全性之道"是以是否有利于生命及其寿命作为标准的,凡是有利于长寿的、有利于生命的,就采纳,反之亦然。在实际生活中,针对人的感官欲望,《吕氏春秋》主张"节性":"昔先圣王之为苑囿园池也,足以观望劳形而已矣;其为宫室台榭也,足以辟燥湿而已矣;其为舆马衣裘也,足以逸身暖骸而已矣;其为饮食酏醴也,足以适味充虚而已矣;其为声色音乐也,足以安性自娱而已矣。五者,圣王之所以养性也,非好俭而恶费也,节乎性也。"(《孟春纪·重己》)"节性"就是调节性情使它适度。养性,并非刻意追求节俭,只是适度就行。据此,就动物而言,苑囿园池,能够游目眺望、活动身体就行,不必充实奇珍异兽;车马衣服,足以舒身暖体就行,不必要求宝马轻裘;饮食酏醴,只要合乎口味、填饱饥肠就行,不可穷极口腹之欲。"节性"的做法,是对统治阶级穷奢极欲行为的一种反驳,是总结历史上王朝兴衰惨痛教训后的清醒之言。在古代,动物性资源属于奢侈生活的范围,节制动物性资源的消费,对于百姓和统治阶级都有好处:对于平民百姓,是减轻负担、降低欲望,从而安于现状;而对于富贵权势之人,是减少索取,求得长寿,则是通过减少横征暴敛以延续王朝的统治寿命。

《吕氏春秋》甚至为"节性"寻找到了医学或生理学上的依据:"先王不处大室,不为高台,味不众珍,衣不燀热。燀热则理塞,理塞则气不达;味众珍则胃充,胃充则中大鞔,中大鞔而气不达。"(《孟春纪·重己》)衣服过于厚暖就会闭结人身上的脉理,脉理闭结则气不通畅;饮食过于丰盛就会填塞满胃,造成胸腹闷胀,胸腹闷胀则气不通畅。过饱过暖雍塞脉理、阻滞气达,对于身体无益。现今中医学"通则不痛,痛则不通"的说法,就是这一道理。但《吕氏春秋》没能从社会制度的层面提出"节性"的具体措施，只能将希望寄托在圣人的自我修养上："欲有情，情有节。圣人修节以止欲，故不过行其情也。"（《仲春纪·情欲》）《吕氏春秋》按照圣人的标准打造君王，因为圣人能合理安置其欲望，成就大业于天下。

在修身上，《吕氏春秋》提出了养生精气说："故凡养生……精气之集也，必有入也。集于羽鸟，与为飞扬；集于走兽，与为流行；集于珠玉，与为精朗；集于树木，与为茂长；集于圣人，与为复明。"（《季春纪·尽数》）因此，养生就是"养精气"。精气是万物生机之所在，它聚集在飞鸟上就表现为飞翔，聚集在走兽上就表现为奔跑，聚集在树木上就表现为茂盛。此说虚无缥缈，但对于生态的保护仍有一定的启发：养护万物生机。圣人因为有了精气便会变得聪明睿智。《吕氏春秋》妄图把君王打造成睿智的圣人，但是成就功名也有其道："水泉深则鱼鳖归之，树木盛则飞鸟归之，庶草茂则禽兽归之，人主贤则豪杰归之。"（《仲春纪·功名》）在此，《吕氏春秋》一改"贵生""尊生"的君主本体论，转变为追求功名的君主效用论。此处所引文字，也关乎动物生存，只是目的已不在动物本身。显然，作者借动物与生态的关系来阐述君主如何达到最佳效果的道理。

二 杂家论成长教育与动物文化

《吕氏春秋》夏季主题是君主的成长教育，反映的基本上是儒家学说。动物文化已经深深融入儒家教育思想中。如在"尊师"方面："生则谨养……死则敬祭，敬祭之术，时节为务，此所以尊师也。……入山林，入川泽，取鱼鳖，求鸟兽，此所以尊师也。视舆马，慎驾御；适衣服，务轻暖；临饮食，必蠲洁；善调和，务甘肥……此所以尊师也。"（《孟夏纪·尊师》）尊重老师的做法有三大方面，但每一方面都涉及动物：一是老师生时则小心奉养，老师亡故则恭敬祭祀。二是为老师编结网具，进入山林川泽中捕捉鱼鳖、猎取鸟兽。三是为老师查看车马，小心驾驭，备办饮食调和五味，务求甘甜肥美。因此，尊重老师，其实是侍奉老师，侍奉的具体内容涉及祭祀、狩猎、车驾、饮食等方面，而这些也正是先秦动物文化氛围最为浓郁的地方。

《吕氏春秋》批评在学习中粗心大意、浅尝辄止却想学得精通、深入的人,认为他们对待通达事理的老师和道术的传授态度上是错误的:"草木、鸡狗、牛马,不可谯诟遇之,谯诟遇之,则亦谯诟报人,又况乎达师与道术之言乎?"(《孟夏纪·诬徒》)对待动植物不能责骂诟辱,何况是对待老师呢?这里有一个观点,即不可粗暴对待草木、鸡狗、牛马。为什么?因为它们会以同样的方式报复人。儒家讲仁爱,道家讲平等,杂家也接受了这一观点。但把草木、鸡狗、牛马之类的动植物都看成有感觉的生命体,以生命平等对待之,这是《吕氏春秋》在理论上的发展。这一观点的具体细节我们无从知晓,但是它对于生态保护、动物关爱有着积极的意义。

《吕氏春秋》仲夏季夏八篇以《周礼》《礼记》为本,以音乐为教育内容。《吕氏春秋》的乐论,也有多处关涉动物:首先,就其起源而言,古乐的内容与形式都与动物相关:"昔葛天氏之乐,三人操牛尾,投足以歌八阕。"古时葛天氏时期的音乐演奏形式是三人持牛尾踏脚歌唱,舞乐的内容有八章,其中一章叫"玄鸟"。玄鸟是部落图腾,音乐的内容与此种动物相关。传说中的古代圣王制乐,多与动物关联,如:"(黄帝令伶伦)制十二筒,以之阮隃之下,听凤皇之鸣,以别十二律。其雄鸣为六,雌鸣亦六,以比黄钟之宫。""帝喾乃令人抃,或鼓鼙、击钟磬、吹苓、展管篪。因令凤鸟、天翟舞之。"(《仲夏纪·古乐》)其次,作为一种把握世界的意识形式,音乐反映的内容中有动物。《季夏纪·音初》以神话的方式描述了北音的诞生:"有娀氏有二佚女,为之九成之台,饮食必以鼓。帝令燕往视之,鸣若谥隘。二女爱而争搏之,覆以玉筐。少选,发而视之,燕遗二卵,北飞,遂不反。二女作歌,一终曰:'燕燕往飞',实始作为北音。"有娀氏二女子因喜欢燕子最终有没有留住燕子,于是做了一首"燕燕往飞"的歌。音乐表达的是人们的感情,但感情是具体的、有所附丽的,与生活息息相关的动物于是成为寄托情感的对象。最后,乱世没有和谐完美的音乐。《吕氏春秋》认为三王五帝时代的音乐已臻尽善尽美,而政治混乱的国家充满了动物灾异现象,其君主听不到和谐完美的音乐。动物灾异观对政治的文化影响可谓深远,而音乐其实也是政治的一面镜子,于是动物灾异现象成为音乐是否完美的一个判断标准。动物灾异本无多少科学依据，附会居多，但这种附会确实与政治现实紧密关联。

三 杂家论军事斗争与动物资源

《吕氏春秋》秋季篇全言军事，可以说是一篇君主军事论。它倡义兵，斥救守，主用儒家后期王道学说。如："故兵入于敌之境，则民知所庇矣，黔首知不死矣。至于国邑之郊，不虐五谷，不掘坟墓，不伐树木，不烧积聚，不焚室屋，不取六畜。"（《孟秋纪·怀宠》）兵入敌境而不烧杀抢掠，这是一种仁爱。其实不止儒家提倡，墨家、兵家、法家也都是如此。上述所引文字中有"不取六畜"，这是因为六畜是百姓的重要生活、生产资料，是他们的主要财富之一。

动物资源也是统治者笼络士人的重要物质，而士人是决定战争成败的重要因素。《仲秋纪·爱士》记载了两个故事：第一个说秦穆公所乘之马被野人吃了，反而送酒给他们，一年之后与晋国发生韩原之战，"野人之尝食马肉于岐山之阳者三百有余人，毕力为缪公疾斗于车下，遂大克晋，反获惠公以归"。另一个说赵简子有两头心爱的白骡，有人生病要白骡之肝治病。赵简子杀白骡取肝送给他，说："夫杀人以活畜，不亦不仁乎？杀畜以活人，不亦仁乎？"秦穆公和赵简子在所爱的动物与人之间，都选择人，因而最终在死生存亡的关头得到了他人的帮助。"行德爱人，则民亲其上；民亲其上，则皆乐为其君死矣。"这是《吕氏春秋》要告诉君主的一个重要道理。

马是重要战略物资，所以《吕氏春秋》也有所论及："今有千里之马于此，非得良工，犹若弗取。良工之与马也，相得则然后成，譬之若枹之与鼓"（《季秋纪·知士》），"伯乐学相马，所见无非马者，诚乎马也"（《季秋纪·精通》）。前者说千里马与良工的关系，两者相得相成，实是以马喻人。这是告诫统治者要爱惜人才、了解人才，着意于"知士"二字。后者讲的是伯乐如何发现千里马，实指统治者如何发现人才，着意于"精通"二字。先秦时期尤其是春秋战国时代，"千里马情结"是底层士子普遍共有的一种情绪，《吕氏春秋》以此告诫统治者爱惜人才、了解人才并善于发现人才。

四 杂家论节丧节葬与生态保护

生死是古人非常重视的大事情，勘破生死问题是对智慧人士的特别要求："审知生，圣人之要也；审知死，圣人之极也。"《吕氏春秋》对待生死的基本态度是："知生也者，不以害生，养生之谓也；知死也者，不以害死，安死之谓也。"（《孟冬纪·节丧》）活着注重养生不害生，死了注重安死不害死，这是基本原则。《吕氏春秋》"孟冬纪"兼用儒、墨、道三家学说阐明君主应重视安死节丧的道理，尤其在末篇《异用》中把安死节丧提高到别等差、救民疾、悦近来远的君主德化的政治高度。

但是，在对待死上，当时社会上已经出现了厚葬之风："国弥大，家弥富，葬弥厚。含珠鳞施，玩好货宝，钟鼎壶滥，舆马衣被戈剑，不可胜其数。诸养生之具，无不从者。题凑之室，棺椁数袭，积石积炭，以环其外。"《吕氏春秋》列举了厚葬的种种表现：死者口含珍珠，身穿玉衣；赏玩嗜好之物、珍宝钟鼎之属、车马衣被戈剑之类、养生之器无不随葬；用巨木累积而成的棺椁多达数层，外面堆积石头木炭。《吕氏春秋》反对厚葬，认为"以此为死，则不可也"。如果有利于死者，那么就算贫国劳民，慈亲孝子也不会拒绝，因为葬丧的本意是藏匿，"葬也者，藏也"，但是也不忘提醒："凡葬必于高陵之上，以避狐狸之患、水泉之湿。此则善矣，而忘奸邪、盗贼、寇乱之难，岂不惑哉？"（《孟冬纪·节丧》）修筑高大的陵墓，固然能避开狐狸之患、水泉之湿，但不能避开恶人、盗贼、匪乱的祸害，最终还是得不到安全。概言之，《吕氏春秋》反对厚葬的直接理由是社会动乱不安全，厚葬会导致盗墓掘墓，由是造成死者之辱。

其实，深层次的原因是厚葬耗费的资源过大，不但不能安死，还害生。所以，《吕氏春秋》指出，有远见的政治家都反对厚葬："先王之葬，以必俭。必合，必同。何谓合？何谓同？葬于山林则合乎山林，葬于阪隰则同乎阪隰。此之谓爱人"（《孟冬纪·安死》）。通过古圣王的示范作用，《吕氏春秋》提出了丧葬"必俭、必合、必同"的三原则。"先王以俭节葬死"，尧墓上处处种上树，禹墓不烦扰众人。必合、必同指的是葬于山林就与山林合为一体，葬于山坡或低湿之地，就与山坡或低湿之地环境相同。

《吕氏春秋》提出的葬丧原则，具有重大的生态意义：其一，反对厚葬，为社会节约大量的动植物资源。中国古代历代帝王、贵族们讲究"视死如生"，把生前世界搬进地底坟墓，常用的墓葬规格"黄肠题凑"耗费巨量木材，而所陪葬的牛马等动物也常难以计数。其二，主张在墓上植树，有利于生态环境的恢复。墓地是一个庄严的所在，墓地的植被往往能得到后人更好的保护。其三，丧葬讲求"合同"。"合同"的实质是墓葬与环境相融合，这样就不会破坏山林山坡等自然环境。对于动物而言，这是保护它们的生存环境。

五　杂家论政治生活与动物灾祥

《吕氏春秋》相信灾祥之说，认为"凡帝王者之将兴也，天必先见祥乎下民"（《有始览·应同》）。它把灾祥理论与阴阳家的五德始终理论相结合，为王朝更替寻找合法性依据："黄帝之时，天先见大螾大蝼。……土气胜，故其色尚黄，其事则土。……及文王之时，天先见火赤乌衔丹书集于周社……火气胜，故其色尚赤，其事则火。"（《有始览·应同》）这些祥瑞事物里面，很多是动物。黄帝之时，上天先显现出大蚯蚓、大蝼蛄这样的土中动物，因此被认为有土德，故而土气胜。文王之时，上天先显现红色乌鸦衔丹书停在社庙，因此被认为有火德，故而火气胜。五德始终理论本身没有多少科学道理，但是，它认为，社会是变化的、王朝是可以更替的，而且王朝的更替是有征兆的，这对于狂妄的统治者也不啻于严厉的警告。

《吕氏春秋》还认为，灾祥的出现有一定的客观规律性："夫覆巢毁卵，则凤凰不至；刳兽食胎，则麒麟不来；干泽涸渔，则龟龙不往。物之从同，不可为记。"（《有始览·应同》）"祸福之所自来，众人以为命，安知其所？"一般人认为祸福是命中注定的，但其实不知道祸福到来的原因。《吕氏春秋》认为，事物同类相从，事物之间存在着因果联系。它用动物与周边环境的关系为喻来论证这种因果关系：捣毁鸟巢、毁坏鸟蛋，凤凰就不会飞来；剖开兽腹，吃掉兽胎，麒麟也不会过来；汲干池沼，捕尽鱼类，龟龙就不会游来。所以，动物灾祥征兆其实根源于人类的所作所为，根源于人类自身的德性。应该说，《吕氏春秋》这一看法有一定的合理性和进步性。

《吕氏春秋》指出统治者应该"务在事,事在大",要求他们有远大理想、宏大格局。它仍以动物为喻:"地大则有常祥、不庭、歧毋、群抵、天翟、不周,山大则有虎、豹、熊、螇蛆,水大则有蛟、龙、鼋、鼍、鳣、鲔。"(《有始览·谕大》) 单从字面上看,此段文字讲述动物保护和环境保护的道理:动物生存的空间越大,动物种类就会越多,所以山大就有虎豹熊猿猴之类的野兽,水大就有蛟龙鼋鼍鳣鲔之类的水族。《吕氏春秋》把生态领域的道理引申到人类社会领域,生动形象,它的作用其实是双重性的:一是在原初的意义上,有利于动物保护;二是在引申意义上,告诫统治者不要沦为"燕雀之智"而自以为安,最终危害了国家利益。

六 杂家论动物性及人禽之辨

《吕氏春秋》很关注人性与动物性之间的不同之处。在《慎行论·察传》中,说到对于传言要持审慎的态度,不然会产生"人像狗"的笑话:"数传而白为黑,黑为白。故狗似玃,玃似母猴,母猴似人,人之与狗则远矣。"人与非人动物,尽管有相似特征,但差别很大,但若不"闻而审",也会犯大错误。

在人性上,《吕氏春秋》继承了荀子的观点:"凡人之性,爪牙不足以自守卫,肌肤不足以捍寒暑,筋骨不足以从利辟害,勇敢不足以却猛禁悍。然且犹裁万物,制禽兽,服狡虫,寒暑燥湿弗能害,不唯先有其备,而以群聚邪!群之可聚也,相与利之也。"(《恃君览·恃君》)亦即人是群居的社会性动物,通过建立社会,人们之间通过相互利用产生巨大力量,虽无爪牙但能自卫,皮肤无毛发但能制造衣服抵御寒冷,筋骨力量不够但能趋利避害,谈不上勇敢但能杀死驱赶猛兽。因此,社会性的人胜于动物、强于动物凭借的不是动物所天生具有的身体条件。这种社会性,便是"君臣父子兄弟朋友夫妻十际"为内容的"人伦":"凡人伦,以十际为安者也,释十际则与麋鹿虎狼无以异,多勇者则为制耳矣。"(《慎行论·壹行》)但是《吕氏春秋》也没有阐述清楚"群聚"为何有如此大的作用,它以太古时代无君因而不利生活为由,认为君道可以让群聚产生更大的利益（如礼仪制度的制定、财富的集聚、技术的发展），其实是为君权集中的合理性作论证。

除了对人的社会性特征有着准确把握外，《吕氏春秋》对动物性已有了较为深入的探究。它认为，在人与动物的比较之中，动物在爪牙、肌肤、筋骨、脾性等方面的特征也凸显出来，这就是动物性。不同之类的动物有其各自的"性"："今使燕雀为鸿鹄凤凰虑，则必不得矣。其所求者，瓦之间隙，屋之翳蔚也。"（《恃君览·长利》）燕雀与鸿鹄凤凰不同，在于其"志向"之不同。《吕氏春秋》已熟练地使用"性"这一概念："夫登山而视牛若羊，视羊若豚，牛之性不若羊，羊之性不若豚，所自视之势过也"（《贵直论·壅塞》）。动物性的研究主要来自道家学派，其他学派很少从理性层面涉及，因而很少使用"性"这一概念。《吕氏春秋》对"性"做了一个界定："性者，万物之本也，不可长，不可短，因其固然而然之，此天地之数也。"（《不苟论·贵当》）也就是说，性是事物的根本，是固有而不可改变的，是自然之定数。那么，"性"其实就有了"自然本质"的内涵。当然，本质所显示出来的个别属性也是"性"。《吕氏春秋》使用"牛之性""羊之性"这些说法，可能受到了《庄子·马蹄》篇中"马之真性"的影响。可惜，只是片言只语，又从属于其他论述，没能像《庄子·马蹄》那样形成关于动物性的专门论文。

第八章
先秦动物文化的中国特性

天人合一、崇道尚德、以民为本等基本主张彰显了先秦动物文化的旨趣。可以说，先秦动物文化在核心理念、主要特征和理论归宿上都体现出了深厚的中国传统哲学意蕴。这是先秦动物文化其"中国性"最重要的标志，也是当代继承与弘扬其优秀因子的理论基点。

第一节 核心理念：天人合一

天人合一是先秦动物文化的核心理念。先秦"天人合一"理念经历了从神性、自然性到德性多种形态，在这些观念中，动物在天人之际都处于不可或缺的地位，有着不能忽视的身份，产生了不容置疑的作用，但其表现形式又各自不一。总而言之，尊崇天道、顺应自然、注重和谐，是先秦时期人们探究、对待动物时普遍执有的理念。

一 先秦"天人合一"的理论形态

先秦时期，人们在"天人之际"问题上多持"天人合一"的理念，可是在理解上又大相径庭。主要体现为人们对"天"的理解差异很大，即便是同一人，"天"在不同的语境中所指往往不同。如孔子曾说："天何言哉？四时行焉，百物生焉"（《论语·阳货》）"天生德于予，桓魋其如予何？"（《论语·述而》）"不怨天，不尤人"（《论语·宪问》）。孔子所言的"天"有多种含义：一是自然之天，体现为"四时行焉，百物生焉",它的运行呈现出季节更迭和生命繁衍的规律性;二是道德之天,它能"生德于予""丧斯文",这种能够赋予道德、毁灭文化的天具有最高德性;三是人格之天,天是"知我者",而我也"不怨天",天和人都具有意识和情感,可以相互沟通。此处的道德之天与人格之天其实都具有超越于人类的神秘力量,因此可称为神性之天。

天之自然性是客观存在的属性,而天之神性乃是由于人们对天之自然性认识不深刻以及征服自然的能力不足所致。因此,时代越古远,"天"就具备越多神性,此时人们对天的态度不是恐惧就是祈祷。如《尚书》用"天降"一词描述灾难来临的突然性,如"天降之咎"(《大禹谟》)、"天降威"(《大诰》)、"昊天大降丧于殷"(《多士》)、"今天降疾"(《顾命》)。同时又用"天佑"一词表达内心祈愿,如"佑我烈祖"(《说命下》)、"天佑下民"(《泰誓上》)、"天乃佑命成汤"(《泰誓中》)、"启佑我后人"(《君牙》)。随着人类征服自然能力的提升,对原有的天的认识产生了怀疑。此时对天的理解具有一定的矛盾性,如孔子既承认天的自然性,也不否认天的神性,所以,他主张"知天命",但又"畏天命"(《论语·季氏》),甚至不愿意言"天道"(《论语·公冶长》:"夫子之言性与天道,不可得而闻也")。

天的多种形象往往同时存在于人的意识之中,在不同历史时期此消彼长。先秦时代,人们大多取其中一种含义,如墨家创始人墨子认为,天有道德判断力和执行力,因此,他理解的天是有神性的:"天子为善,天能赏之;天子为暴,天能罚之。"(《墨子·天志中》)而道家更多地倾向于自然之天,用语时一般与"地"对举而出,如老子说:"人法地,地法天,天法道,道法自然。"(《道德经·二十五章》)还说:"天地不仁,以万物为刍狗。"(《道德经·五章》)直陈天地并不施仁恩,否定天的人格或神格。庄子发展了老子的思想,在自然性的基础上进一步把万事万物那种自然而然的状态或属性也称为天,与人为状态相对:"牛马四足,是谓天;落马首,穿牛鼻,是谓人。"(《庄子·秋水》)孔子之后的儒家也对天做了进一步的发挥,其中孟子更加突出天的道德特性。孟子说:"若夫成功,则天也"(《孟子·梁惠王下》),"天之生此民也,使先知觉后知,使先觉觉后觉也"(《孟子·万章上》),把天看成社会活动成败甚至人类知识的决定者、赋予者,同时还认为"诚者天之道"(《孟子·离娄上》),把作为道德价值的"诚"当成天的特性。

总之,随着认识、征服世界的能力的提升,加以所处生活环境的影响,人们对天的理解也呈现出历史性的演变。由是,先秦时期"天人合一"理念表现为三种基本理论形态。

第一种是原始形态的"天人合一",以明神性为基本特征。在上古传说、神话中,天地原本相通。据《国语》记载:"古者民神不杂。民之精爽不携贰者,而又能齐肃衷正,其智能上下比义,其圣能光远宣朗,其明能光照之,其聪能月彻之,如是则明神降之,在男曰觋,在女曰巫。"(《国语·楚语下》)此时男觋女巫负责沟通天地,为人类社会制定秩序并赋予意义。后来天地相分、人神不扰,于是出现"绝地天通"的状况:"颛顼受之,乃命南正重司天以属神,命火正黎司地以属民,使复旧常,无相侵渎,是谓绝地天通。"《尚书·孔氏传》解释说:"帝命羲和,世掌天地、四时之官,使人神不扰,各得其序,是谓'绝地天通'。"尽管如此,还是有极少数人执掌了沟通天地的职责,如南正重(重即羲)。

第二种是以老庄为代表的道家的"天人合一",以尚自然为总体特征。道家认为,在渊源上,天与人归结于一。老子以"道"统领天与人:天与人都由道生成,又都取法于道,最终天与人都归之于自然之道。在方式上,人以"无为"与天合一。庄子主张顺应自然,把这称为"天道":"无为而尊者,天道也;有为而累者,人道也。"(《庄子·在宥》)庄子的无为建立在"知天之所为,知人之所为者"的基础上,他认定"人与天不相胜"。道家清醒地认识到,人在自然面前非常渺小,于是采取了无为、顺应的态度,以人的自然之性去迎合天性、天道。在理想追求上,"无为自化""天行物化"的境界最能体现道家天人观的深厚意蕴。老子、庄子深刻体察到人与自然之间的矛盾,也痛恨"损不足以奉有余"为"人道"的社会,但仍然怀抱社会理想和人生追求。老子期待"民无为而自化"(《道德经·五十七章》),庄子追求"其生也天行,其死也物化"的"天乐"(《庄子·天道》),向往"独与天地精神往来"(《庄子·大宗师》)的物我浑然一体的自由境界。

第三种是以孟子为代表的儒家的"天人合一",以尊德性为重要特征。孟子的"天人合一"其实质是"天人相通"。在孟子看来，一方面，"人皆有不忍人之心"，"恻隐之心，人皆有之；羞恶之心，人皆有之；恭敬之心，人皆有之；是非之心，人皆有之"，故而可以成为讲求仁义礼智的道德君子。另一方面，天也是具备"诚之道"的道德性的主宰者，天道与人心在"性"上是一致的，存在相通之处，故而"尽其心者，知其性也；知其性，则知天矣"（《孟子·尽心上》）。和道家取消人的主体性不同，孟子高度发扬人的主体性，强调人的道德意识的能动性，这就是所谓的"尽心知天"。孟子这一思想对后世的影响甚大，在汉初经董仲舒发展，随着儒家地位渐趋鼎盛而成为中国古代"天人合一"理念的主要形态。

但是，不管时代特征如何，"天人合一"理念指向的最高价值都是和谐。"夫大人者，与天地合其德，与日月合其明，与四时合其序，与鬼神合其吉凶。先天下而天弗违，后天而奉天时。天且弗违，而况于人乎？况于鬼神乎？"（《易传·文言》）战国时代的学者对此作出总结，这种和谐既涉及人与天（地）之间，也涉及人与人之间，还涉及人与神鬼之间。也就是说，通过协调人与自然、人与社会、人与神鬼之间的矛盾达成全面和谐，这是先秦"天人合一"理念的总体目标和价值追求。

二 原始"天人合一"格局中的动物

"天人合一"理念说的是"天人之际"的大问题，但所涉及者其实并不只有天与人二者，天人之间还有众多生物也裹挟其中，其中动物尤其值得关注。可以说，动物在"天人合一"的三种形态中尽管表现和作用各不相同，但都不容忽视。

在原始形态的"天人合一"格局中，动物处于天人之间，发挥着重要的沟通作用。

首先，动物作为祭天的牺牲品，是天人沟通的重要手段。祭天是古代一项重要事务，极其隆重庄严。天上有神灵，名号不一，如在楚地叫作东皇太一，屈原甚至作《九歌》（楚国郊祀之歌）歌颂他。神性的天让人敬畏，所以有时天象异常（如出现日食），尽管不合礼制也得祭天，如"六月辛丑朔，日有食之，鼓，用牲于社，非礼也"（《左传·文公十五年》）。祭天或天神的祭品种类繁多，动物类食品即肉食占据主导地位。古人用动物祭品供奉天或者天神，以求其庇佑，某些家畜如牛羊在其中起到了送达人们意愿的作用，如"维牛维羊，维天其右之"（《诗经·周颂·我将》）。动物肉类是较之五谷类更为营养美味的食物，以此祭天，更能表达人们对上天或天神的诚意和敬畏。敬献的动物类祭品称为"牺""牷""牲"："今殷民乃攘窃神祇之牺牷牲。"（《尚书·微子》）它们在选择上往往要求十分严格，《孔传》解释说："色纯曰牺，体完曰牷，牛羊豕曰牲。"即要求牛羊猪等祭品毛色纯一、形体完整。

其次，祥瑞灾异动物作为天意的宣示者，也是天人之间的沟通者。在"绝地天通"之后，人与天（神）之间沟通的途径塞绝，通天的事务已经垄断在极少数通灵人士身上。天意从来高深难测，也不轻易示之于人，但并非天意就不为人知晓。在人们看来，天意必须借助于某些特殊而具体的事件显示出来，这就是灾异祥瑞事件。在种种灾异祥瑞事件中，动物往往频繁出现，承担宣示天意的职责。如"牝鸡司晨"，周王据此称伐商是"恭行天之罚"的正义行动。在灾异方面，在人们看来，禽类中的鸱枭、虫类中的蝗螟、蛇等都能展现灾异、预示天意。有些史书如《公羊传》作者的灾异观念突出，表达了比较明晰的天人感应思想。有灾必有祥，其中凤凰、鸾鸟、麒麟是其中最为著名的祥禽瑞兽。先秦时期，祥瑞灾异动物被人们收集、归类甚至著录到典籍中，《山海经》一书可谓祥瑞灾异动物之集大成者。

最后，某些虚构的神性动物本身承载着登天之任务。如龙凤鸾鸟之类。这类虚构动物主要见于《楚辞》中。譬如龙是诗人屈原所乘载的交通工具的动力。在想象中，屈原乘着八龙、四龙或者双龙的车，行踪无定但极其自由。这种称为"龙"的动物，本质上是一种虚构的通天神物，它能承担常物所不能完成的任务，因此诗人驾乘龙车，可以访仙与神相会，可以与上古圣王（上古圣王因有通天之能也已被神化）交游。同样，凤凰神化之后也具备登天之能。在诗人的想象中，它承担警戒开道的职责，甚至还以青鸾（凤凰之一种）鸣叫之声为凤车铃声，凤车飞驰，奔忙不息，带领诗人拜见西方之神与天帝。

还有，龟作为占卜动物，在天人沟通上作用突出。龟是四灵之一，本身有长寿之征,因此其龟甲自古被用来占卜预测吉凶。远在夏代,《尚书》就有记载九江纳锡大龟之事。殷商时代,龟甲即被王室用来占卜社会生活中的大小事项。"殷人尊神,率民以事神,先鬼而后礼。"(《礼记·表记》)甲骨占卜在商亡之后逐渐消失,但用龟占卜在周以后仍屡见不鲜。司马迁在《史记》中专列《龟策列传》,他解释说:"三王不同龟,四夷各异卜,然各以决吉凶。"(《史记·太史公自序》)

原始的"天人合一"格局的经典形态出现时间早、存在时间长,具有浓厚的神性色彩,但这一特性随着人类认识能力的增强而逐渐消退,这就是我们常说的"祛魅"。事实上,先秦时期,灾异祥瑞之说在春秋之后的历史记载中变得越来越少,如考察《竹书纪年》即可知战国时期已很难找到相关记录了。而驾龙御凤的瑰丽想象到屈原那里也几成绝响。后世祭祀之仪已不如古时繁复尊崇,龟策占卜也不复殷商当年之盛,但它们仍或多或少保存下来,成为传统动物文化中的一部分。

三 道家"天人合一"格局中的动物

在道家的"天人合一"格局中,动物处在天(自然)的那一端,与人在无对立的状况中和谐发展。其中以庄子的思想尤为典型。

首先,动物以大自然的一部分而直接成为天的内容。道家的"天人合一"是人与包括动物在内的大自然融为一体。如在庄子的理想世界"至德之世"中:"禽兽可系羁而游,鸟鹊之巢可攀援而窥","同与禽兽居,族与万物并"(《庄子·马蹄》)。在这个世界里,以禽兽为代表的动物一方面是万物中的一群,它们数目众多、成群以计;另一方面它们与人类和谐相处,可交往、可亲近而互不相害。事实上,庄子把理想的人也当成自然界的一部分。由是,人与动物都统合到了自然界(天)中。把人和动物置于自然界中的应有的位置,是道家"天人合一"格局的基础和重要前提。

其次,人与动物都在自然而然的状态下生活,人不去改变动物性亦即动物的自然性(天性)。庄子曾为动物性被戕害而忧心悲伤:"凫胫虽短,续之则忧;鹤胫虽长,断之则悲。"在庄子看来,像伯乐发明的种种驯化手段,只能是戕害马的真性。庄子把动物的天性看作动物本身最为重要的东西，具有至上的正当性——"彼至正者，不失其性命之情"（《庄子·骈拇》）。庄子还进一步把"无以人灭天，无以故灭命"这一观念作为保存动物性的基本原则。从动物的角度来看，让人尊重而不是去改变动物的天性，是道家"天人合一"格局的核心内涵之一。

最后，在庄子看来，万物都在均衡状态中流转迁化。物化的基本特征是一种"无为而万物化"（《庄子·天地》）的自化状态。庄子认为，"万物皆出于机，皆入于机"（《庄子·至乐》），这其实是生物尤其是动物乃至人类演变的一种自然法则。人与动物都是平等的物种，他们生活在一种可以称为"天均"的机制中："万物皆种也，以不同形相禅，始卒若环，莫得其伦，是谓天均。天均者天倪也。"（《庄子·寓言》）庄子认为，万物有着共同的起源，以不同形态相互替代、循环往返，这种自然的均衡就是"天钧"。庄子察觉到了大自然中那种紧密联系、无限循环的生态系统。由是，道家揭示了"天人合一"格局的运作机理。

但是，道家的"天人合一"是一种把人降低到动物层面的幻想。庄子所说的人是行为迟缓、拙朴无心、无知无欲的"素朴"人士。至德之世是一种以原始社会为蓝本的虚构，庄子对于它的设计有着强烈的反文明色彩。同时，庄子对动物性的理解也是理想化的，他眼里的动物可羁而游、可攀援而窥，可以说，这是在德性上以素朴之士等同对待禽兽鸟雀了。显然，庄子严重低估了动物的野性（如残暴性）。

四 儒家"天人合一"格局中的动物

按照孟子"尽心知天"之说，天与人之间因其人的道德主体性建立了连通的环节，无须借助动物这一环节，因此动物在天人格局中的地位和作用就变得无足轻重。在孟子的相关言论中，动物更多地出现在他为当时统治者设计的王道霸业蓝图中，它们是百姓养生丧死的重要生活资料。但是，如果王道体现的是天意，那么动物（尤其是牛、羊、马之类的牲畜）作为百姓和国家财富的象征无疑也就成为天人合一的佐证。因此，动物在孟子那里象征着一种政治伦理，也起到了沟通王道与天道的作用。

孟子之前有孔子、子思，之后还有荀子等，他们思想中的天人观念没有孟子那样典型，但对于动物在天人合一格局中的作用也有诸多论述，同样体现了所处历史阶段儒家学派的特征。孔子罕言天道，主要是因为春秋末世的政治局面让他感到失望。他曾感叹说："凤鸟不至，河不出图，吾已矣夫！"（《论语·子罕》）凤鸟与河图都是祥瑞，而祥瑞不至，这是天人不谐的征兆。凤鸟是天道的象征，凤鸟出现意味着政治上天人合一格局的到来。孔子内心相信并盼望天人合一，只是他对世道有着深刻的认识，以至于瑞兽真出现时，反而为其"出非其时而害"而悲伤流泪。孔子对于祥瑞的矛盾态度实际上反映了当时天的神性已然衰落。孔子没有否认天的神性，他更多的是关注现实的人世间。而于人世间，孔子最认同的是五帝三代时期，他认为，黄帝"仁厚及于鸟兽昆虫"，舜"其政好生而恶杀"，出现了"凤翔麟至，鸟兽驯德"（《孔子家语·好生》）的美好现象。动物在这些传说中的时代里，既是圣王驯服的对象（如牛马、猛兽），也是圣王仁德惠及的对象（鸟兽昆虫），还是见证盛世的祥瑞（凤鸟麒麟）。

圣王治世在后世《中庸》里获得了极高的评价："大哉圣人之道！洋洋乎，发育万物，峻极于天。"（《中庸·第二十七章》）既然圣人之道与天一样崇高，那自然是一种天人合一的状态。《中庸》对圣人的赞颂也达到了"配天"的高度："舟车所至，人力所通，天之所覆，地之所载，日月所照，霜露所队：凡有血气者莫不尊亲。故曰：'配天。'"（《中庸·第三十一章》）"配天"指的是圣人之美德可以与天相匹配，其实这是"天人合一"的另一种说法。在此，包括人在内的所有动物亦即"有血气者"对圣王的尊敬亲近即是天人合一的重要依据之一。

到了战国晚期，孔子、孟子、子思所称德性的天在荀子那里变成了自然之天。荀子宣称"唯圣人为不求知天"，但并非反对"知天"。荀子的"知天"指的是对自然的认识和探索："圣人清其天君，正其天官，备其天养，顺其天政，养其天情，以全其天功。"（《荀子·天论》）"知天"的内容包括清楚天生的主宰，管好天生的感官，完备天然的供养，顺应天然的政治原则，保养天生的情感，从而成全天生的功绩。荀子强调在知天的基础上"明于天人之分""制天命而用之"。这是一种唯物主义色彩浓厚的、倡导实践主体性的天人合一观念，这一点把他和孔子、孟子严格区别开来。同时，荀子对孔孟的圣王思想有所继承，在他设想的王制社会中，动物保护、动物财富等因素是重要内容。荀子期盼当世的统治者行圣王之制，最终能达成天人合一的境界。就这一点，他和孟子并没有什么不同。因此，动物作为百姓余用之物，同样也是天人合一的佐证，起的是沟通王道与天道的作用，只不过此处的天人与动物均已"祛魅"，天是自然之天，道是自然之道，动物也是自然之物。

第二节　主要特征：崇道尚德

崇道尚德是先秦动物文化的主要特征。先秦时期"道""德""道德"等范畴与今天我们日常理解的含义并不完全一致，但又都是人们对其世界观、价值观、道德观以及方法论的反映、体现和凝练。动物伦理是人世伦理的一种折射和推衍，无论是道家的"志于道"，还是儒家的"据于仁"，或者一般民众之于动物的感情，多以保护、仁爱动物为美德。

一　先秦时期的"崇道尚德"

先秦时期，尤其自春秋后期至战国时代，"道""德"以及"道德"等概念逐渐在社会生活中占据重要的地位，崇道尚德成为先秦时期人们精神生活中的常态。故而老子说："万物莫不尊道而贵德"（《道德经·五十一章》）。孔子阐述其教育思想的基本原则："志于道，据于德，依于仁，游于艺。"（《论语·述而》）管子合"道""德"而为"道德"："道德定而民有轨矣。"（《管子·君臣上》）但是先秦时期"道""德"以及"道德"范畴的含义并非固定不变，而是在生成流转之中不断顺应漫长而又急剧变化的时代潮流。

"道"作为中国文化史的基本范畴，最初出现在《道德经》中。道家创始人老子把"道"界定为一种本体论意义上的终极、神秘之物。后世的庄子之道是"自本自根"之物，具"生天生地"之能（《庄子·大宗师》），仍在老子的视域之中。庄子后学甚至对"道"进行了"每下愈况"的大胆处理，即具体化为世俗之事、日常之物，如蝼蚁、稊稗、瓦甓甚至屎溺（《庄子·知北游》）。法家韩非继承了老子关于道的两个观点:"道者,万物之所然也,万理之所稽也"(《韩非子·解老》),"道者,万物之始,是非之纪也",但是"明君守始以知万物之源",最终指向"治纪以知善败之端"(《韩非子·主道》)这一法治目标,这是一种因"道"全法、以"道"护法①的方法论策略。由老子、庄子到韩非,道由超越之物逐渐变为世俗之物,道论的本体论色彩减弱,人生论、政治论色彩增强,其路向正是《周易》所谓的"推天道以明人事"。儒家孔子宣称"天下有道则见,无道则隐"(《论语·泰伯》),此处天下之道显然是人世之道,亦即他仰慕的先王之道。孟子则直接把这种道具体到尧舜等先王身上,其基本内涵就是"仁政":"尧舜之道,不以仁政不能平治天下。"(《孟子·离娄上》)孔孟之道已经不是老庄意义上的道,它更侧重于伦理性、制度性方面,具体到政治领域则是治世之王道。

和"道"一样,"德"这一文化范畴同样也经历了大致类似的变化。《国语》载司空季子言及黄炎二帝故事:"二帝用师以相济也,异德之故也。异姓则异德,异德则异类。"(《国语·晋语》)此处"德"与部落姓氏和通婚生育相关,具有图腾的性质。庄子说"物得以生谓之德"(《庄子·天地》),《周易》中"天地之大德曰生"(《周易·系辞》),都是在生育的意义上来界定"德"。后来,图腾崇拜渐变为祖先崇拜,再集中到部落首领或国家领袖身上,如《尚书》中有"桀德""文王德"的记载,可见无论君王品德如何,其行为均可以配之以德,此处"德"是一种不带是非判断的行为。到春秋晚期,德的含义开始越来越具备后世所说的道德价值属性,其核心内涵也就逐渐被提炼出来、固定下来,包括仁义礼智信孝忠等主要德目,如"礼乐皆得,谓之有德"(《礼记·乐记》)。有学者指出,"德"的含义在先秦经历了原始社会的图腾观念、殷商时的祖先崇拜和上帝崇拜、西周时周王的政行懿德、春秋时的伦理道德这样几个阶段。②

"道"和"德"在意义上不同,地位也有较大差异。一方面,正如老子所说"孔德之容,惟道是从"(《道德经·二十一章》),"道"是

---

① 参见谢祥皓《韩非的道和法》,《江淮论坛》1981 年第 6 期。
② 参见巴新生《试论先秦"德"的起源与流变》,《中国史研究》1997 年第 3 期。

"德"的引领者,"德"处于从属地位。可见,老子是先尊道而后贵德。在孔子的"志于道,据于德,依于仁,游于艺"(《论语·述而》)的教育教学体系中,"道"位列最前,"德"与其他范畴位于其后,二者的地位与分量显然有所不同。另一方面,即从历史生成的角度看,"道"和"德"的地位是有序列性的。老子认为"大道废,有仁义"(《道德经·十八章》)、"失道而后德,失德而后仁"(《道德经·三十八章》)。老子的说法,说明曾经至高无上的"道"在春秋后期已经开始沦丧,被"德""仁"等价值先后替代,清晰地反映了世界观下行的路向,亦即由自然转向人间,由天道转向人伦。孔子的态度要积极一些,他对"道""德""仁"全盘接受,但实际上是以"仁"为中心建立了自己的思想体系。至战国末期,有的思想家甚至宣称:"夫道、德、仁、义、礼五者,一体也"(《素书·原始》)。从这一方面看,"道""德"以及其他文化范畴之间其实都存在着密切的关联。

"道"与"德"合为"道德",这一范畴较早见于《管子》:"道德定于上,则百姓化于下矣。"(《管子·君臣下》)"在《左传》中,'道'字出现一百余处,'德'字出现一百五十余处,'道'与'德'连用绝无一例"①,到战国后期,"道德"一词被广泛使用,荀子是较多使用"道德"这一范畴的学者,如他说:"故学至乎礼而止矣,夫是之谓道德之极。"(《荀子·劝学》)此处"道德"之义重点不在"道"而在"德",指的是受"礼"所制约的行为规范,已然是在伦理意义上使用这一概念了。故而有学者指出,形而上之"道""德"具象化后等同于"德",进而等同于"仁义礼乐","道德"也逐渐成为一个伦理概念。② 这是先秦时期人们精神世界发展的必然,并非全如老子所谓的"失道""失德"。由此,"道德"的时代性内涵也就塑造了中华民族早期的精神面目。

概言之,"道""德""道德"这些概念都是先秦人们对其世界观、价值观、道德观以及方法论的反映、体现和提炼。先秦老庄的道论更多地是一种世界观以及由此而生成的方法论,探求的是世界的最高法则("道

---

① 刘笑敢:《庄子哲学及其演变》(修订版),中国人民大学出版社 2010 年版,第 29 页。
② 向帅:《先秦"道德"概念的形成及其伦理化考述》,《理论界》2016 年第 9 期。

法自然")。而先秦德论则主要关涉人或者动物行为及其价值,只是它们后来越来越具有了伦理性质,最后"道德"这一范畴取代了"道"和"德"。

二 寄寓于动物上的世界观

在先秦学者们看来,在动物这一事物上有"道"可循,可由此知世界、明社会、察政治。

其中,庄子是这一观念的代表人物。据《庄子》记载:"东郭子问于庄子曰:'所谓道,恶乎在?'庄子曰:'无所不在。'东郭子曰:'期而后可。'庄子曰:'在蝼蚁。'……"(《庄子·知北游》)在庄子看来,道是一种普遍性与特殊性相统一的存在,它既可无所不在,也能寄托在小小的动物(如蝼蚁)身上。在动物身上可以体察到道,但庄子又认为道实不可知,最终走向了不可知论的虚无主义之途。与庄子的故弄玄虚不同,老子有时反而把道说得很具体:"天下有道,却走马以粪。天下无道,戎马生于郊。"(《道德经·四十六章》)以马的两种生活状态描述社会的两种政治态势——有道与无道。这两种道,其实是对老子理想的小国寡民和春秋乱世政治状况的一种概括。所以,马在这里,是社会政治之道的呈现者。由现象而探寻本质,老子的这一说法饱含对乱世的深切体会,也充满了辩证法智慧。孟子常说的"王道",也是政治之道。他阐述王道与动物的关系:"谷与鱼鳖不可胜食,材木不可胜用,是使民养生丧死无憾也。养生丧死无憾,王道之始也。"(《孟子·梁惠王上》)动物作为百姓"养生丧死"的重要生活资料,被孟子看成王道政治的前提条件。在道的政治层面看待动物,孟子和老子有着共同点,只不过政治理想不同而已。

儒家经典《中庸》讲究"至诚之道":"至诚之道可以前知。国家将兴,必有祯祥;国家将亡,必有妖孽。见乎蓍龟,动乎四体。"(《中庸·第二十四章》)"至诚"即极端真诚。《中庸》把"诚"上升到本体论的高度,作为一种"道"来对待。在《中庸》里,这种神灵一般的精神可以预知未来,微妙无比。具体体现为国家兴旺有祥瑞之兆,国家衰亡有不祥之象,而灾祥事物(包括动物)、占卜灵龟其实是不可或缺之物,它们被认为是至诚之道的体现。当然,这在方法论上犯了倒果为因的逻辑错误。此外,《中庸》还讲"天地之道":"天地之道,博也、厚也、高也、明也、悠也、久也。……今夫山一卷石之多,及其广大,草木生之,禽兽居之,宝藏兴焉。今夫水,一勺之多,及其不测,鼋、鼍、蛟、龙、鱼、鳖生焉,货财殖焉。"(《中庸·第二十六章》)"天地之道"的实质仍是"诚"。《中庸》认为,"诚"不只是能预知国家兴亡,还有覆载生育万物的功能。《中庸》强调至诚之道之于万物繁育的重要性,反映出儒家重视道德力量在影响、改造世界过程中的巨大作用。显然,这对于动物保护、管理有着重要的意义。甚至"乐之道"也与动物相关联。在儒家看来,"大人举礼乐,则天地将为昭焉。天地欣合,阴阳相得,煦妪覆育万物,然后草木茂,区萌达,羽翮奋,角觡生,蛰虫昭苏,羽者妪伏,毛者孕鬻,胎生者不殰而卵生者不殈,则乐之道归焉耳"(《礼记·乐记》)。能让阴阳和谐,能使鸟兽爬虫诸类动物都充盈且勃勃生机,这是音乐之道。

荀子在道与动物关系问题上起着承上启下的作用。一方面,他继承了《中庸》"至诚之道"的思想:"彼诚有之者,与诚无之者,若白黑然,可诎邪哉!故伯乐不可欺以马,而君子不可欺以人,此明王之道也。"(《荀子·君道》)荀子用"伯乐不可欺以马"来论说"君子不可欺以人",把"诚"看作是君道的重要内容。所谓"君道",其实是战国晚期出现大一统趋势之时的"王道"。另一方面,荀子思想里出现了隆礼重法的因子:"川渊深而鱼鳖归之,山林茂而禽兽归之,刑政平而百姓归之,礼义备而君子归之。"(《荀子·致士》)在上述言论中,荀子"礼义""道法"并用,"道"本身已经失去了早期的先在性地位,所指更多的是方法、原则或者道理。"道"的适用范围远大于人类社会,它也适用于自然世界。"道"在此是唯一能用来解释动物归附这一自然现象的重要概念。

三 寄寓于动物上的价值观

动物与"德"密切相关。先秦时期,人们甚至认为,动物也可以具有某种"德"。如楚狂接舆所唱:"凤兮凤兮,何德之衰?"(《论语·微子》),纪渻子为王养斗鸡时评价:"鸡虽有鸣者,已无变矣,望之似木鸡矣,其德全矣。"(《庄子·达生》)接舆哀叹凤凰之德衰,纪渻子说优秀的斗鸡必须德全。凤凰之德，在于圣人治下的盛世。斗鸡之德，在于勇敢而不虚浮、不骄傲、不矜持、不自恃，这就是所谓的"大勇若怯"。当然，此处诗歌和寓言故事中的动物背后都蕴含着人的因子，所谓德衰的凤凰比喻的是四处碰壁的孔子，德全的斗鸡指向的是品质优秀的武士。

事实上，"德"更多地用来表达个人或人类社会所应具有的某种或某些价值。就个人而言，先秦时常称颂帝王之德。而帝王之德常常通过动物体现出来。孔子曾说，黄帝"仁厚及于鸟兽昆虫"（《孔子家语·五帝德》），这就是一种帝王之德，而上古有五帝，故有"五帝德"。殷商时代武丁祭祀成汤，结果有飞雉落在鼎耳上，让武丁感到恐惧，祖己告诫武丁应该先修政事。后来，武丁修政行德，祖己赞许武丁"以祥雉为德"（《史记·殷本纪》）。武丁因为野鸡出现而行德政，但在祖己看来野鸡本身并没有显示凶吉，野鸡是祥是灾取决于行政者本人的行为。这些行为所体现出来的某些价值，亦即"德"。"王天下者有玄德"，"不知王述者，驱驰骋猎则禽芒，饮食宴乐则面康"（《黄帝四经·法经·六分》），有些价值不易达成，所以古帝王特别重视"修德"。

秦始皇嬴政受邹衍"五德始终"理论的影响，宣称自己为水德，把黄河更名为"德水"，把黑龙看成具备水德的祥瑞动物："黄帝得土德，黄龙地螾见。夏得木德，青龙止于郊，草木畅茂。殷得金德，银自山溢。周得火德，有赤乌之符。今秦变周，水德之时。昔秦文公出猎，获黑龙，此其水德之瑞。"（《史记·封禅书》）历史上其他时代的圣王具有不同的德，往往也有相应的祥瑞动物出现，如黄帝时的黄龙和地螾、夏代的青龙、周代的火鸦。在古人看来，祥瑞动物体现出来的价值是天人相通、天人感应的内在依据，是统治者政治合法性的绝佳例证。

就社会而言，"德"甚至成为某种理想社会的最核心的价值内涵，如庄子以"至德之世"为理想社会命名。在庄子看来，动物植物繁盛，人与动物完全平等、高度和谐，这些是"至德"的主要内涵之一。孔子也同样以德"美哉！德也"来评价和赞颂理想社会："得明王圣主辅相之，敷其五教，导之以礼乐，使民城郭不修，沟池不越，铸剑戟以为农器，放牛马于原薮，室家无离旷之思，千岁无战斗之患，则由无所施其勇，而赐无所用其辩矣。"（《孔子家语·致思》）颜回设想的礼乐社会无国家战争、无家庭分离,且有比较发达的农业和畜牧业。这种社会所体现出来的和谐价值,被孔子称颂为"德"。

德有深厚之别,人们所欲所求的自然是"厚德"。老子以"厚德"作为个人修养的价值目标:"含德之厚,比于赤子。毒虫不螫,猛兽不据,攫鸟不搏。"(《道德经·五十五章》)有此厚德,甚至可以免于某些恶毒凶猛动物的侵害。这是道家的消极意义上的"厚德"。还有积极意义上的"厚德",如《逸周书》记载周文王对"人君之行"的界定:"厚德而广惠,忠信而志爱"(《逸周书·文传解》)。《大聚解》还对"厚德"的内涵进行进一步阐发,提出了德教、和德、仁德、正德、归德"五德"。就其中关涉动物的内容而言,"德教"坚持开展狩猎、乡射、祭祀等活动,意欲通过这些方式来教育民众;"和德"把"鱼鳖归其泉,鸟归其林"作为百姓收入来源,意欲通过资源分享来寻求和谐;"仁德"主张在不能种植谷物的土地上种树,这在客观上有益于生态环境;"正德"则重申春天三月不砍伐不渔猎的"禹之禁";"归德"指出,鱼鳖鸟兽等动物来归的原因在于良好的环境。除"德教"外,其他四德都有着各自的价值追求。

四 寄寓于动物上的道德观

先秦时期,有一种观点认为,动物是道德存在物,儒家孔子即是代表。孔子曾说:"骥不称其力,称其德也。"(《论语·宪问》)千里马值得称赞的不是它的力量,而是它的品德,孔子虽以此喻人才应当德才兼备,但确实认为动物有道德,如他说:"君子违伤其类者也。鸟兽之于不义,尚知避之,况于人乎?"(《孔子家语·困誓》)意为鸟兽也知不义。在点评《诗经》"缗蛮黄鸟,止于丘隅"诗句时,孔子感叹说:"于止,知其所止,可以人而不如鸟乎?"(《大学·第四章》)意为鸟也知止于至善。孔子常批评人不如动物良善,这反而抬升了动物的道德性。这种道德性,在孔子看来,正是动物能够顺从德化的原因:"四海承风,畅于异类,凤翔麟至,鸟兽驯德。"(《孔子家语·好生》)《逸周书》也有类似的表述:"子孙习服,鸟兽仁德。"(《逸周书·度训解》)亦即鸟兽怀有仁德。

在动物的道德地位方面,孔子从"凡生天地之间者,有血气之属,必有知;有知之属,莫不知爱其类"这一理论前提出发,认为动物有知觉、智慧、情感,主张给予动物以道德主体的地位。故而孔子有"鸟兽之于不义,尚知避之"之类的言论,他甚至说,"四灵以为畜,故饮食有由也"(《礼记·礼运》),给予某些动物(麟凤龟龙)以崇高的地位("灵"意为神性)。孟子认为,"人之所以异于禽兽者几希",几乎要把人的道德地位都下降到了禽兽的地步,而实质上却提升了动物的道德地位。荀子继承、发展了孔子的思想,在他眼中,动物与人都是"爱其类"的道德存在物,而不讲"礼"的人不如禽兽。从孔子、孟子到荀子,先秦儒家关于动物的道德地位的观点经历了正、反、合的嬗变,动物最终被赋予了道德主体地位。认为动物具有良善的道德性,可以被道德教化,这是动物能够得到人类亲近、关爱的深层次社会意识因素。先秦儒家动物思想中的仁爱精神即是源于此。儒家动物伦理思想的关注点主要集中在动物的道德地位和动物保护等方面,而先秦儒家的思想家们为其注入了仁爱的精神因子。作为现代生态伦理学创始人之一的法国思想家阿尔贝特·施韦泽(Albert Schweitzer,1875—1965年)对此很有感触:"属于孔子(公元前552—前479年)学派的中国哲学家孟子,就以感人的语言谈到了对动物的同情。"他进一步指出:"中国伦理学的伟大在于,它天然地、并在行动上同情动物。"① 先秦儒家多有关爱动物的言论,形成了中国古代以仁爱为核心内涵的动物伦理思想体系。

在确定动物道德地位的基础上,孔子以古圣王"仁厚及于鸟兽昆虫"作为关爱动物的规范,从而确立了先秦儒家动物伦理的核心内涵。孟子虽然不承认动物的道德主体地位,但仍坚持"亲亲而仁民,仁民而爱物"的原则,主张对待动物须持有"等差之爱"和"不忍人之心",并以"君子远庖厨"的姿态掩饰内心对于动物的愧疚。先秦儒家不但主张仁爱动物,更主要的是通过仁爱动物这一行为来更好地爱世人、爱世界。在此方面,《中庸》甚至提出"天地之道"的原则,认为"诚""其为物不贰,则其生物不测",要求人们以"诚"去繁育不可数计的万物。

作为中国古代社会的主要意识形态源头的先秦儒家思想,其动物伦理

---

① [法]阿尔贝特·施韦泽:《敬畏生命——五十年来的基本论述》,陈泽环译,上海人民出版社2017年版,第61、64页。

思想对后世也产生很大的影响。如杂家经典《吕氏春秋》中"十二月令"的文字直接引自《礼记·月令》篇。在宋明理学中,"在理学义理的脉络里面动物伦理成为一个问题",而思想家们所探讨的"忍"与"不忍"问题、倡导的敬畏生命的精神、提出的生命等级观念、持有的"不可太生拣择"立场,① 也无不可以从先秦儒家动物伦理思想里寻觅到渊源。

第三节 理论归宿:以民为本

以民为本是先秦动物文化的理论归宿。先秦时期的民本思想徘徊在理想与现实之间,既重视民众地位又关注民众利益,既恪守底线标准又具有更高追求。无论是以动物视角旁观于侧,还是以动物身份参与其中,动物在先秦民本思想中以其扮演的多重角色彰显出了重要价值,它们直接或者间接作用于当时的生产、政治以及文化实践活动。

一 先秦时期的民本思想

"民本"观念较早见于《尚书》:"民惟邦本,本固邦宁。"(《尚书·夏书·五子之歌》)远在夏代之时,中华大地即已有了视民众为国家根本的政治观念。至战国晚期这一观念已深入人心,而且思想家们对于国家提出了更高要求,如荀子认为:"川渊者,鱼龙之居也,山林者,鸟兽之居也,国家者,士民之居也。川渊枯则鱼龙去之,山林险则鸟兽去之,国家失政则士民去之。"(《荀子·致士》)以荀子的思路,民众是国家根本,若国家不安宁民众也可主动选择离开。可以说,荀子从反面阐述了民本的重要性。

民本之"民"是相对于"神"和"君"而言的。就对于国家的影响力而言,"民本"首先意谓着民众相对于神来说更具决定性作用。如春秋初期随国大夫季梁说:"夫民,神之主也,是以圣王先成民而后致力于神。"(《左传·桓公六年》)季梁认为,民众是神之主,国君先民众而后

---

① 陈立胜:《宋明儒动物伦理四项基本原则之研究》,《开放时代》2005年第5期。

神。虢国史嚚也说:"国将兴,听于民;将亡,听于神。"(《左传·庄公三十二年》)先秦除了极少数思想家否定神意外,大部分人都相信神的存在(如《左传·庄公三十二年》:"秋七月,有神降于莘"),但逐渐更加重视民众的力量和意志。思想家们也着意抬升人的主体性地位,如老子提出"道大,天大,地大,人亦大"(《道德经·二十五章》)的观点,孔子提出,"天地之性人为贵"(《孝经·圣治章》)的观点。孔子甚至主张"务民之义,敬鬼神而远之"(《论语·雍也》)。这些观点都反映了先秦时代神权遭遇弱化的情形。

"民本"其次意谓着民众相对于君王来说更具决定性作用。《管子》表达了民本观念之于国家争霸的重大意义:"齐国百姓,公之本也"(《管子·霸形》),"士农工商四民者,国之石民也"(《管子·小匡》)。《战国策》记载赵威后接见齐使,先问年岁收成,后问民众,再问君主,惹得使者不高兴。赵威后回答说:"苟无岁,何以有民?苟无民,何以有君?故有舍本而问末者耶?"更是指出"本者,民也","末,君也"(《战国策·齐策四》),其言论体现了鲜明的民本主义色彩。至战国中期,孟子提出"民为贵,社稷次之,君为轻"的思想,把先秦民本思想推向了巅峰。他总结历史事实说:"桀纣之失天下也,失其民也;失其民者,失其心也。"(《孟子·离娄上》)

如何做到以民为本?西周初文王、武王"知小人之依","怀保小民,惠鲜鳏寡"(《尚书·无逸》),可见"知民""怀民""保民"都是其具体做法。管子辅佐齐桓公,提出"爱民""利民""富民""惠民"措施,调动士农工商的生产积极性,使得齐国一跃而成为最先称霸的诸侯大国。老子说:"爱国利民,能无为乎?"(《道德经·十章》),把"利民"建立在统治者的"无为"上:"我无为,而民自化;我好静,而民自正;我无事,而民自富;我无欲,而民自朴。"(《道德经·五十七章》)孔子爱民,志在"老者安之,朋友信之,少者怀之"(《论语·公冶长》),认为"宽则得众,信则民任焉"(《论语·尧曰》)。春秋中期以后的典籍中关于"保民""爱民""得民""信民""恤民""成民""抚民""利民"的论述也越来越多,说明民本思想获得了越来越广泛的认同,甚至得到了统治阶层的勠力践行。

先秦时期的民本思想是中华传统优秀政治文化中颇具民主色彩的精华，是先秦政治文化进步性的集中体现。民本思想虽然不等同于民主思想，但多少能把民众从神权、君权思想的紧缚中解放出来。在近代民主思想传入中国之前，民本思想的历史进步性确实不容小觑。

二 动物视角下的尊民位

从殷商时期至春秋战国时期，人（尤其是社会底层人民）的地位开始得以逐渐提升。如果从动物的视角来看待民本思想，那么首先意味着把人从动物的境遇中解脱出来，提升民众的地位。

不把人当人并残忍对待的现象莫过于人祭。殷商时期人祭现象非常严重，甲骨卜辞统计，从盘庚迁殷到帝辛亡国273年间共用人祭13052人，另有1145条卜辞未记人数，即使都用1人计算，至少不少于14197人，而且这一统计也并不全面，其数目只会更大。人祭大多为奴隶（甲骨卜辞往往称之为"臣""仆"），他们不被当成人看待，其价值甚至还不如牛牲，而且人祭的方法也非常残暴。① 但春秋时代的政治家们敢于质疑并反对人祭："古者六畜不相为用，小事不用大牲，而况敢用人乎？祭祀以为人也。民，神之主也。用人，其谁飨之？"（《左传·僖公五年》）鲁僖公（公元前659—前627年在位）时期，司马子鱼批判人祭现象，他把民众视为神的主使，既然如此，神自然无理由享用人祭了。拒绝把人等同于可以充当牺牲的动物，把人的地位直接抬升到神之上，这是进步人士看待民众地位的做法。后来的孔子也认为，行政所重者为"民、食、丧、祭"（《论语·尧曰》），既然民众放在第一位，就不应该作为祭祀的牺牲品。而在人与动物之间，孔子毫不犹豫选择站在了人的一方："厩焚，子退朝，曰：'伤人乎？'不问马。"（《论语·乡党》）

反对人祭是人本位战胜神本位的结果。因为民众是社会的大多数，所以，人本位的实际形态是民本位。之后，民本位开始冲击君本位，在孟子那里呈现出"民贵君轻"的著名理论形态。孟子也曾从动物的视角阐述君臣、君民关系："君之视臣如犬马，则臣视君如国人"（《孟子·离娄

---

① 参见胡厚宣、胡振宇《殷商史》，上海人民出版社2003年版，第166—167、172—173页。

下》),"民之归仁也,犹水之就下,兽之走圹也。故为渊驱鱼者,獭也;为丛驱爵者,鹯也;为汤武驱民者,桀与纣也"(《孟子·离娄上》)。孟子告诫齐宣王:君臣应是手与足、腹与心的平等关系,君主不可把臣子视为牛马,否则会被臣子当作普通国人甚至敌人。而君民之间是一种依附关系,只有"好仁"的君主才能使民众归附,就像水獭把鱼赶向深渊、鹯鸟把雀赶向树丛一样。孟子以动物为喻形象地阐述了"民本"的两个层面,丰富了先秦民本思想的内涵。

荀子在其设想的"王制社会"中对君主的作用进行了阐述。他指出:"君者,善群也。群道当,则万物皆得其宜,六畜皆得其长,群生皆得其命。故养长时,则六畜育;杀生时,则草木殖;政令时,则百姓一,贤良服。"(《荀子·王制》)荀子以训字之法给"君"做界定,认为君王应善于"群",是掌握了群道(组织的方法、原则等)的人。这和孟子关于君民依附的论述相似,但又有很大不同之处:他极大地扩大了依附的范围,甚至把"万物皆得其宜"作为其宏大目标,而"六畜皆得其长""群生皆得其命"是其中重要的内容。显然,荀子把安置家畜和野生动植物的生长都当成君王的职责。在荀子眼里,君主协调万物,通过按时养育、杀生和颁发政令,与动植物、民众处于一种和谐状态。这种情况下的君民关系较之孟子的依附状态更为具体。

战国中期庄子学派曾设想理想社会:"夫至德之世,同与禽兽居,族与万物并,恶乎知君子小人哉?"他们从自然性出发,倡导万物平等,由此来消弭贵族("君子")与底层民众("小人")之间的差别,以求"素朴而民性得矣"(《庄子·马蹄》)。这种以动物的自然性为基础的"民性"当然只能是幻想,但从侧面暗示了当时社会阶级分化的残酷性。

法家则把民众当成统制的对象,提出"制民"之策。如《商君书》认为:"胜民之本在制民,若治于金、陶于土也。本不坚,则民如飞鸟禽兽,其孰能制之?民本,法也。"(《商君书·画策》)在法家眼里,民众如同飞鸟禽兽不服管制,需要以法制之。法家理论下的君民关系没有多少民主性色彩,但并非法家不重视民众,而是过于看重民众的力量,因此,君主专制权威之下"民本"也走向了一种反面状态。

三　动物视角下的重民利

孔子在追叙"古之明王行礼"时提出"与万民同利"的观点："卑其宫室，节其服御，车不雕玑，器不彤镂，食不二味，心不淫志，以与万民同利，古之明王行礼也如此。"（《孔子家语·问礼》）孔子把"与万民同利"上升到了古代圣王讲礼的文化高度。在物质条件尚不发达的时代，"与万民同利"是一种虽然消极但又能表明最高统治者态度的高明做法。但是民众需要的往往是切实的利益，于是有的政治家化消极为积极："无夺民时，则百姓富；牺牲不劳，则牛马育"（《管子·小匡》），"惠施于民，必无爱财。民如牛马，数喂食之，从而爱之"（《六韬·武韬·三疑》）。管子主张不要侵占民众的劳动时间，同时要减少用于祭祀的牺牲品，这样，民众就会更加富裕、牲畜就会繁殖更多。《六韬》的作者是兵家人士，他们视民众如牛马，认为多次喂食可使之亲近饲养者，以此类推君主通过施惠让利也可使民众拥护、爱戴自己。这一观点较之儒家在利益方面反而更加直接明晰。事实上，先秦时期，优秀的政治家们往往都很重视民众利益，而动物即是重要的民利之一。

先秦思想家、政治家把动物资源视为民生重要的生活资料，孟子是这个方面的典型代表。他向梁惠王推销自己的王道政治说："谷与鱼鳖不可胜食，材木不可胜用，是使民养生丧死无憾也。养生丧死无憾，王道之始也。"（《孟子·梁惠王上》）孟子向梁惠王展开理论攻势，其立足点都在于重民。而重民，其实质是重民利，而民利的焦点在于"使民养生丧死无憾也"。"鱼鳖不可胜食也"的动物之利对于处于战乱状态的百姓来说不啻于一种极大诱惑。非止于此，孟子还从道德的角度把"养生丧死"推向"善养老"："五亩之宅，树墙下以桑，匹妇蚕之，则老者足以衣帛矣。五母鸡，二母彘，无失其时，老者足以无失肉矣。"（《孟子·尽心上》）周文王是"善养老"的历史人物，那么如何做到"善养老"？孟子还是从衣食这两方面的生活资料来说，甚至连"树墙下"的桑树种植地点、"五母鸡，二母彘"之类的家畜养殖数目都列得非常清楚，这也体现出了一个政治家别样的精明和认真。

因此，思想家、政治家们认为，圣明的君主应该规划老百姓的生产，让他们拥有自己的产业。春秋时期政治家管子提出了"民之经产"的思想:"何谓民之经产?畜长树艺,务时殖谷,力农垦草,禁止末事者,民之经产也。"(《管子·重令》)"民之经产"就其内容而言就是农业、畜牧业生产,与生产奢侈品的"末事者"相对。战国时期,孟子进一步提出了"明君制民之产"的思想:"明君制民之产,必使仰足以事父母,俯足以畜妻子,乐岁终身饱,凶年免于死亡。"(《孟子·梁惠王上》)在孟子看来,"制民之产"是督促民众走上良善之道,也是成就明君之道。无论是为了"民之经产",还是"制民之产",统治者都得管理好自己的国土以获得最大利益。他们采取措施"任地为民利":"故凡土地之间者,胜任裁之,并为民利。是鱼鳖归其泉,鸟归其林,孤寡辛苦,咸赖其生,以遂其材。"(《逸周书·文传解》)也就是说,圣人甚至会管理闲空土地,全都是为民众谋取利益,其中一部分孤寡困苦的人靠水里的鱼鳖、山林的鸟兽为生。不遗弃"孤寡辛苦"者,这是明君重民的表现,而民众能够依靠土地里的动物资源而生活则又证实了动物在民本思想中的重要性。

四 动物视角下的与民同乐

以民为本的最高境界是与民同乐。在老子的"小国寡民"设想中,民众"甘其食,美其服,安其居,乐其俗"(《道德经·八十章》),可谓其乐融融。这种理想生活中是否存在君民同乐的情景,不得而知。但考之史实,反面事实却很多:"昔三代暴王桀、纣、幽、厉,贵为天子,富有天下,于此乎不而矫其耳目之欲,而从其心意之辟,外之驱骋田猎毕弋,内湛于酒乐"(《墨子·非命下》)。出身社会底层的墨子对此严厉批判,如在"甘其食"方面,他说:"厚作敛于百姓,以为美食刍豢,蒸炙鱼鳖,大国累百器,小国累十,前方丈,目不能遍视,手不能遍操,口不能遍味,冬则冻冰,夏则饰饐,人君为饮食如此,故左右象之"(《墨子·辞过》)。墨子对某些君王贵族穷奢极欲的饮食(这其中都是动物性食品)做了全面而形象的概述,提出的解决方案是节制饮食。墨子本人能做到非乐节用,但是,他的方案许多政治家、思想家却不会接受。如管子谈到饮食等方面就走向了另一个极端:"饮食者也,侈乐者也,民之所愿也。足其所欲,赡其所愿,则能用之耳。今使衣皮而冠角,食野草,饮野水，孰能用之？"（《管子·侈靡》）管子主张吃最美味的食物，认为这是民众的一种欲求和愿望，只有满足他们，他们在心理上才乐于为君王所用。管子以夸张的笔调描述人们侈乐的生活，甚至主张富人奢侈消费，因为这样贫者才能劳动就业。

孔子批评管子的奢侈："管氏有三归，官事不摄，焉得俭？"（《论语·八佾》），孟子不赞同墨子的刻薄："能言距杨墨者，圣人之徒也"（《孟子·滕文公上》）。因为态度中庸、不走极端，于是儒家成为"与民同乐"观念的最佳代言人。从动物视角来看，孟子在此方面论述最多，观点最为独特：其一，动物是孟子所说的"与民同乐"的重要内容，但又不止于此。从孟子记述自己见梁惠王"乐其有麋鹿鱼鳖"时指出："古之人与民偕乐，故能乐也。"（《孟子·梁惠王上》）"乐其有麋鹿鱼鳖"说的是乐的内容。但实际上又不止于这些动物，整体来看，所乐者是"台池鸟兽"，亦即拥有大量动物资源的可供君民游乐的山水园苑。可以推知鸿雁、麋鹿、鱼鳖未必如管子、墨子所说的那样只是食物资源，它们应和其他事物一起形成具有更为美好价值的园林景观。能乐乎此者，追求的是超脱于口腹之欲之外的审美价值。其二，田猎之乐也是孟子所说的"与民同乐"的重要内容。孟子列举的君王之乐有鼓乐和田猎两种类型。关于田猎，他写道："今王田猎于此，百姓闻王车马之音，见羽旄之美。"（《孟子·梁惠王下》）孟子不言田猎所得的动物种类、数量，而是单说田猎阵容之美。可见，在孟子看来，田猎其实还是一种身份的象征，参与田猎意味着社会地位的高贵。其三，关涉动物的资源、关涉动物的行为具有政治上的意义："今王田猎于此，百姓闻王车马之音，见羽旄之美，举欣欣然有喜色而相告曰'吾王庶几无疾病与？何以能田猎也？'此无他，与民同乐也。今王与百姓同乐，则王矣。"（《孟子·梁惠王下》）与民同乐的文化密码在于君主满足了民众在政治追求上的虚荣心理。孟子选取的关涉动物的场景在这场与民同乐的政治表演中担负了重大使命。

荀子在"与民同乐"这一话题上要现实得多、低调得多："故泽人足乎木，山人足乎鱼，农夫不斫削、不陶冶而足械用，工贾不耕田而足菽粟。故虎豹为猛矣，然君子剥而用之。故天之所覆，地之所载，莫不尽其美，致其用，上以饰贤良，下以养百姓而安乐之。"（《荀子·王制》）荀子希望天地覆载之处物产丰饶，可以让贤良的上层人士和下层百姓都能安定和乐。但是，这种安乐状态也常与春秋战国时代的社会现实相违逆。天灾降临、人口凋敝、战争破坏等诸多因素都有可能导致民生不乐，正如周景王（公元前520年去世）时期的思想家单穆公所言："若夫山林匮竭，林麓散亡，薮泽肆既，民力凋尽，田畴荒芜，资用乏匮，君子将险哀之不暇，而何易乐之有焉？"（《国语·周语下》）

五　动物视角下的不害民穷民掠民

以民为本还意味着统治者在治理民众上应该持宽松政策。因此，从底线标准来看，反苛政是先秦民本思想的重要内容。先秦人们习惯于从动物视角来看待政治治理，如孔子曾有过"苛政猛于虎"的感慨。苛政伤民甚于猛虎杀人，这是孔子对于春秋晚期乱世的沉痛观感。战国时期这一情况不会更好，故而孟子曾猛烈批判统治者恶政杀人现象："庖有肥肉，厩有肥马，民有饥色，野有饿莩，此率兽而食人也。"（《孟子·梁惠王上》）孟子批评暴政的力度比孔子强烈得多，他直接把矛头指向"为民父母"的统治者，指出他们的恶政是"率兽而食人"，其恶甚于禽兽。后世思想家如荀子也常把实行恶政称为"禽兽之行"："桀纣非去天下也，反禹汤之德，乱礼义之分，禽兽之行。"（《荀子·正论》）

因此，苛政、恶政的存在促使政治家提出"不害民"的标准。孔子弟子颜回曾阐述其"敷其五教，导之以礼乐"的政治理想，孔子赞美说："颜氏之子有矣。"（《孔子家语·致思》）孔子认为，弟子颜回具备作为辅佐明王圣主的政治家的标准，其中一条就是"不害民"。所谓"不害民"，其实只是民本中的底线标准，但其积极内涵是要求统治者不打仗，致力于农业畜牧生产，努力追求社会和谐。"放牛马于原薮"是其中关涉动物的内容，说的是动物不再役用于战争，而是服务于民生。颜回本人对于治理民众也有着深刻见解，他以"善御"谈"善治"，提出"未有穷其下而能无危"的观点。颜回说："昔者帝舜巧于使民，造父巧于使马，舜不穷其民力，造父不穷其马力，是以舜无佚民，造父无佚马。"由此而推导出："鸟穷则啄，兽穷则攫，人穷则诈，马穷则佚，自古及今，未有穷其下而能无危者也。"（《孔子家语·颜回》）战国末期的荀子也说："舜不穷其民，造父不穷其马；是以舜无失民，造父无失马。"（《荀子·哀公》）"不穷其民"就是不让民众陷入困顿，内涵比"不穷民力"更丰富。因此，荀子的"不穷民"的说法引申、发展了"不穷民力"的观点。

在兼并战争频仍的时代，有"春秋无义战"的说法。思想家们一般都谴责不义之战，墨子是其中杰出代表。墨子主张兼爱非攻，嘲讽、批判了从"入人园圃窃其桃李""攘人犬豕鸡豚""入人栏厩取人马牛"到"至大为攻国"（《墨子·非攻上》）的种种不仁不义的行为，倡导"不为大国侮小国，不为众庶侮鳏寡，不为暴势夺穑人黍稷狗彘"（《墨子·兼爱中》）的观念。虽然谈论的内容上升到了国际层面，但墨子思想的落脚点其实还是保护底层百姓的利益，哪怕它们只是农民的粮食和家畜。

在战争中，"暴寇卒来，掠吾田野，取吾牛羊"是常见现象，如何应对它们是政治家、军事家们必须面对的事情。尽管如此，他们也不主张暴力报复民众，不愿去掠夺、侵害民众利益。如吴起讲到攻敌围城之后的应对之法："军之所至，无刊其木、发其屋、取其粟、杀其六畜、燔其积聚，示民无残心。"（《吴子兵法·应变》）对于敌方宫室之财物，吴起采取的措施是收夺控制，但是，对于民众，他主张"示民无残心"，不要去烧杀抢掠，其中"杀其六畜"即在禁止之列。《司马法》甚至把"以仁为本"作为军事行动的一条基本原则："入罪人之地，无暴圣祇，无行田猎，无毁土功，无燔墙屋，无伐林木，无取六畜、禾黍、器械。"（《司马法·仁本》）

第九章
先秦动物文化的时代价值

先秦动物文化蕴含着古老东方的生态智慧，洋溢着仁爱万物的生活情怀，是中西跨文化交流中不可或缺的中国元素。批判继承先秦动物文化，弘扬古老东方的生态智慧，培育仁爱万物的生活情怀，增强对中国动物文化的自信，既有助于中国乃至全球生态文明建设，也有助于当今社会的伦理道德建设，还有助于扩大中华文化软实力的国际影响。

第一节 生态价值：古老东方的生态智慧

先秦时期，思想家们的社会观、自然观里包含了众多的保护动物、保护生态的思想因子。他们在设计理想社会时给予了动物以相应的位置，在思索自然时常迸发出超越时代的生态智慧。这些优秀文化的精神内核，对于当今"美丽中国"的生态文明建设仍有着借鉴意义。因此，传承先秦动物文化，弘扬古老东方的生态智慧，有助于新时期中国特色社会主义生态文化建设。

一 先秦动物文化中的善治智慧

从老子的"小国寡民"开始，先秦思想家们设计了诸如"大同世界""王道社会""至德之世""王制社会"等一系列理想的善治社会模式。进入人类视域中的动物，其实也是一定社会不可或缺的组成成分——它们既生活于现实社会中，也活跃在观念世界里。先秦时期的人们在描述现实社会时没有忽视它们的存在，在设计理想社会时也同样给予了特殊关注。

老子"小国寡民"的社会理想是对西周时代分封制的一种怀念。这种接受周天子分封的诸侯国大多面积狭小、科技全无、民风淳朴，"鸡犬之声相闻"（《道德经·八十章》）是当时农业社会形态的典型映射。在这一社会设计中，某些动物尤其是驯化了的家畜（如鸡和狗）是人们日常生活中不可或缺之物，它们的存在让这个社会多了几许生活气息。老子的理想社会里重要的动物还有马，"天下有道，却走马以粪"（《道德经·四十六章》），马是用来耕田种地的农业生产资料，而在无道之时马用于战争。如果联系老子的其他言论进一步考察，可发现老子对于理想社会中人与动物关系还做了一番设想，他说："含德之厚，比于赤子。毒虫不螫，猛兽不据，攫鸟不搏。"（《道德经·五十五章》）德蕴深厚的人，不受毒虫、猛兽、恶鸟的侵害和攻击，因为他懂得去遵守常道。概言之，在社会视域中老子涉及动物时持有如此观点：家畜是人类社会日常生活生产之物；野生动物对人类不构成危害；与动物相处要遵循常道。

孔子在《礼记·礼运》中勾勒一个理想的"大同世界"，这是一个以仁爱为基本原则的推己及人的和谐社会模式，天下为公、讲信修睦、仁爱和谐都是这一社会的价值追求和基本特征。这一社会理想来源于孔子对古圣王时代的价值认同。虽然《礼记》中这一段文字没有直接关涉动物，但是我们从孔子对于古圣王时代的言论可以推知动物的地位和作用。如孔子说黄帝"服牛乘马，扰驯猛兽""仁厚及于鸟兽昆虫"（《孔子家语·五帝德》），称颂舜帝时期"凤翔麟至，鸟兽驯德"（《孔子家语·好生》）。弟子颜回把"放牛马于原薮"（《孔子家语·致思》）作为明王圣主之治的一个标志，获得孔子称赞。显然，这一时代迥异于"苛政猛于虎"的春秋乱世。概言之，在社会视域中孔子涉及动物时持有的观点有：野生动物可以被人类驯化、役用；对待动物须讲求德性，仁爱动物是社会人际关系的合理延伸；美好的社会有着美好的动物；牛马用于耕种乘骑而非用于战争。

庄子的理想社会是"禽兽可系羁而游，鸟鹊之可攀援而窥"的"至德之世"（《庄子·马蹄》）。此外，庄子还记录过一个"建德之国"（《庄子·山木》）。就民众的无知无欲、不知礼义的愚朴而言，《庄子》

中的这两种社会模式并无实质差异。"建德之国"是南越僻远小邑的真实写照，可以看作"至德之世"的现实原型。庄子设计的社会模式可称为"荒野模式"，它留给动物以更多的空间和更重要的地位。概言之，在社会视域中庄子涉及动物时持有的观点有：社会生态环境优良，生态区域连接成了整体；物种极其丰富，生物呈现出多样性特征；人与动物处于绝对平等状态；人与动物关系高度和谐；民性与动物性俱归素朴，等等。

与庄子同时代的孟子在向诸侯王推销自己的政治理想时擘画了一个人们衣帛食肉的"王道社会"（《孟子·梁惠王上》）。孟子宣扬自己的社会理想不遗余力，因此在其著述中能多次见到类似文字。在思想渊源上孟子除继承了孔子关于古圣王时代的观点之外，还吸收了老子"小国寡民"的思想："夏后、殷、周之盛，地未有过千里者也，而齐有其地矣；鸡鸣狗吠相闻，而达乎四境，而齐有其民矣。"（《孟子·公孙丑上》）孟子的王道社会理想只是一种"小康模式"。这一社会的德性追求目标落实落细在穿衣饮食这样的现实问题上，于是蚕、鸡、猪之类的经济性动物就进入了孟子的理论视野。概言之，在社会视域中孟子涉及动物时持有的主要观点有：蚕桑业、畜牧业是王道农业社会的重要产业；衣帛食肉是人们生活水平较高的重要标志；若不错过繁殖、生长时节，适量的蚕桑、畜牧养殖足以应对、解决社会民生问题；等等。

和孟子颇为类似，荀子的理想社会也是一种王道社会，只不过其志向更为宏大。荀子的政治目标是天下一统。荀子甚至以"圣王之制"的形式专门为人与动物关系"立法"："圣王之制也：……鼋鼍鱼鳖鳅鳣孕别之时，罔罟毒药不入泽，不夭其生，不绝其长也"，"修火宪，养山林薮泽草木、鱼鳖、百索，以时禁发，使国家足用，而财物不屈，虞师之事也。"（《荀子·王制》）概言之，在社会视域中荀子涉及动物时持有的主要观点有：人们关涉动物的活动必须严格按照一定的时间来运作；要按照季节规律管理山林草木，使之繁荣生长；孕育期不可下毒杀害水中鱼类鳖类动物；保护山林与鱼鳖是为了民众、国家的长远利益；应设有专门机构和职掌虞师来管理相关事务。

如果从所涉话题看，先秦思想家们关于理想社会中动物的思想涉及家畜的社会地位、野生动物可否管控、如何道德地对待动物、动物的价值、生态环境的保护等多个方面。而且，每一个话题的观点也随着时代急剧变迁而发生了深刻的变化。具体情形如下：

其一，豢养动物的社会重要性越来越高。春秋晚期，老子把鸡犬之类的家畜看成日常之物，是社会生活的点缀物。在老子的理想社会中，家畜的种类并不多，甚至连牛、马这些在《道德经》中曾提及过的家畜也没有混得一席之地。而到了战国中期，孟子已经自觉把蚕桑业、畜牧业推举为王道农业社会的重要产业，认为适量的蚕桑、畜牧养殖只要不错过繁殖、生长时机就足以应对、解决民生中的衣食温饱问题。由此看来，孟子已经把蚕桑业、畜牧业看成理想社会得以立足的重要生产生活资料。这一转变的出现，是因为社会生产力得以快速发展，生产规模在急剧扩大。概言之，从"小国寡民"到"王道社会"，无论是作为生产力要素还是作为劳动产品，经济性动物的地位都变得越来越高了。

其二，对待野生动物出现了重大分歧。先秦道家与儒家在此观点上态度出现了分化和差异。老子认为，野生动物对于德蕴深厚的人不构成危害，孔子认为野生动物可以被人类驯化、役用。尽管老子小国寡民社会里的鸡犬也是驯化而来的，牛马也会用来耕田种地，但老子确实很少谈论动物的役用。于是，儒家、道家在其创始人所处的时代就走向各自的道路。野生动物是庄子"至德之世"中的不可或缺的一分子，但他反对驯化野生动物，主张人与动物之间的地位绝对平等。而孔子的思想也启发了后世儒家如孟子、荀子等人，他们都把动物当作生产资料、生活资料之类可以使用（役用或食用）的对象。概言之，野生动物被认为是人类社会中的重要分子，但在如何管控上出现了重大分化：道家越来越把它们置于人类管制之外，而儒家越来越把它们纳入掌控之下。

其三，越来越主张道德地对待动物。老子认为，圣人不用担心动物的侵害，其原因在于圣人与动物相处时遵循常道。庄子的理想社会里人与动物关系高度和谐。老庄之"道"内涵丰富，其实超越并包含了儒家之"德"。孔子以古圣人的言论为行为准则，明确要求人们对动物讲求德性，他称颂古圣人仁爱动物的行为。把仁爱动物看成社会人际关系的合理延伸，这是孔子动物思想中德性最为浓郁的地方。荀子为王制社会立法，对待动物要求"谨其时禁"，直接目的是动物资源的可持续发展，但也不能排除其中的道德因素,因为荀子的理想社会也是一种仁义社会。

其四,动物的价值受到普遍重视。道家关于理想社会中动物价值的言论很少,如很难确认老子所说的鸡犬究竟有何功用。到了庄子"至德之世",民性与动物性俱归素朴,人与动物共同生活在一个堪称荒野的世界里。因此庄子视域中的动物作为荒野的一部分而体现为荒野本身的价值,亦即自然价值。儒家对于动物的价值论述较多,如孔子重视麟凤之类的祥瑞动物,认为美好的社会应有着美好的动物,动物在此成为理想社会道德价值、文化价值、政治价值的体现者。孟子把衣帛食肉看作王道社会的标志,荀子把保护山林鱼鳖视为维护民众、国家的长远利益,这些都体现了动物的政治价值,当然这种政治价值是以动物能满足人们衣食生存的这一经济价值为基础的。概言之,理想社会都重视动物的价值,但相对而言道家较为玄虚,而儒家相对实在。

其五,关注、关心自然生态环境。庄子的理想社会生态环境优良,其中各生态区域连接成了整体,动物物种极其丰富,典型地呈现出生物多样性特征。无疑,这是一种未遭人类破坏且自然资源丰富的社会形态。在庄子的世界中,人们不会去破坏生态环境,因此,无须特殊保护措施。而荀子则从现实出发重视自然环境的保护,他的理想社会按照季节规律管理山林草木,并且设有专门机构虞师来处理相关事务。概言之,庄子重视生态的原初状态,荀子重视对这种状态的管理和利用。

先秦思想家们关于理想社会中的动物的阐述充满了智慧,在今天仍有着重要的启示意义。首先,动物无论是家养还是野生,都是人类社会的有机成分。人类社会非但不能排斥动物的存在,而且必须给予动物以适当的位置。之所以如此,因为动物是有着多重价值的生命存在。其次,道德地对待动物是衡量一个社会文明程度的标志。任何美好的社会都注入了善待动物的道德因子,充盈着善待动物的道德行为。最后,重视生态环境保护。良好的生态环境为人类与动物创造生存、生活的物质基础。理想社会应该是生态优良的社会,生态环境保护是达成理想社会的重要途径。

人类对理想社会的设计,无非涉及人与自然之间的关系和人与人之间的关系这两个宏观层面。如马克思提出未来的共产主义是"人和自然界之间、人和人之间的矛盾的真正解决",这就是我们所说的"两个和解"思想。① 先秦思想家的理想社会,尤其是孔子的"大同社会"和庄子的"至德之世"也从这两个层面做出了比较经典的回答。孔子的方案以入世之心解决人与人之间的矛盾,庄子以出世之心解决人与自然界之间的矛盾。在人与自然界之间,先秦思想家还普遍关注了动物这一承上启下的物种。通过探讨如何对待动物,人们更加深刻地认识了自然界和人类社会本身。无疑,先秦思想家们理想社会的设想为我们当今的社会建设提供了宝贵的思想资源。

二 先秦动物文化中的生态智慧

生态学是研究有机体与环境之间相互关系及其作用机理的科学。从生态学的视域看,中国先秦时期确实存在某些"生态"观念。它们涉及当今我们说的系统生态学、动物生态学、进化生态学、环境保护生态学、景观生态学等学科。现举三例并简要分析如下。

其一是周太子晋的自然系统观。周灵王二十二年(公元前550年),谷洛二水争流,水位暴涨将要淹毁王宫,灵王打算堵截水流,太子晋劝谏说:"古之长民者,不堕山,不崇薮,不防川,不窦泽。夫山,土之聚也,薮,物之归也,川,气之导也,泽,水之钟也。夫天地成而聚于高,归物于下。疏为川谷,以导其气;陂塘污庳,以钟其美。是故聚不阤崩,而物有所归,气不沈滞,而亦不散越。是以民生有财用,而死有所葬。"太子晋反对任意改变山川薮泽的自然环境。太子晋从历史中汲取教训经验,指出共工、伯鲧"壅防百川,堕高埋庳,以害天下",伯禹、四岳"高高下下,疏川导滞,钟水丰物,封崇九山,决汩九川,陂鄣九泽,丰殖九薮,汩越九原,宅居九隩,合通四海"(《国语·周语下》)。大禹治水,顺应九州地形,通河道去淤塞,蓄流水养生物,保全高山,疏通河流,围合湖泊、灌满沼泽、平整原野,取得了"皇天嘉之"的功绩。太子晋指出,这是因为大禹遵循天地的法度,顺应四季的时序,度量民神的需求,取法生物的规则。从太子晋的理解来看,历史上的"大禹治水"

---

① 《马克思恩格斯选集》(第4卷),人民出版社1995年版,第385页。

其实不只是单纯的治水活动，而是一项系统的自然修复工程。太子晋的言论显示古人已经具有了自然系统的观念。在今日的"山水林田湖草沙是生命共同体"理念里仍能寻觅到这一观念的影子。在生态观、系统观以及修复观上，二者有着相通相近之处，只是太子晋没能从生命（或命脉）这一高度统合山川薮泽这一自然系统。但是我们不能够也不应该苛求古人。无疑，这一观念对当今的环境保护仍有着积极的意义。

其二是庄子的生物进化观。在《庄子·至乐》篇中，庄子把"机缄""天均"的观念融入"种有几"的描述中："种有几，得水则为继……万物皆出于机，皆入于机。""几""继"的概念产生于古人对微生物甚至生物的基本因子的一种猜测。"种有几"说的是生物物种在水土环境中的运行机制，从低等微生物、昆虫、高等动物到高度进化的人。在庄子看来，它们处于密切联系之中，地位平等，利益关联，最终"万物皆出于机，皆入于机"。这里的"机"，实质上指的是包括人类在内的天人分化之前的"自然"。这种机制颇为类似于现在的"生态系统"观念。如其中"某物生某物"的说法很可能与生态系统中的食物链关系和物种遗传变异有关。古人对物种之间的息息相关的联系（如物种进化、食物链）的感性观测虽然达不到现代科学认识的高度，但也不是毫无根据的猜测。可以说，先秦时期人们探索生物世界的规律并且站在了时代能达到的认识高度。

其三是孟子的自然养护观。孟子曾以"牛山之木"为例要人们"放其良心"、修养善心，但这一原则也适于生态养护领域。孟子举自然环境养护的例子来谈高深的心性修养问题，更是说明自然环境养护在当时已是人所皆知的浅显道理。他在此提出养护万物的重要观念："苟得其养，无物不长；苟失其养，无物不消。"（《孟子·告子上》）孟子把休养生息作为自然环境管理的关键，而反对过度砍伐、过度捕捞、过度放牧则是具体的养护办法。荀子也讲求"养"："万物各得其和以生，各得其养以成。"（《荀子·天论》）但是，孟子注重人养，荀子注重天养，相较而言，孟子更注重发挥人的主观能动性，尤其是道德的力量。其实万物的养护来自人类与自然两个方面，缺一不可。从孟子、荀子对养护的重视可知养护观念在战国中晚期即已流行于世。孟子养护自然还注意美的原则。"牛山之美"是孟子对牛山的总体印象,可见美对于孟子的视觉冲击力有多强劲。非止于此,孟子还把美上升到了"性"的理性高度:"人见其濯濯也,以为未尝有材焉,此岂山之性也哉?"孟子把自然美看成山的一种属性。

应该说,周太子晋的自然系统观、庄子的生物进化观以及孟子的自然养护观并非现代意义上的生态观念。从产生的背景来看,它们往往是政治文化的副产品,不具理论上的独立性;从理论形态来看,它们缺乏严密实证,推理、论说都显得稚嫩;从其某些特征来看,带有内容笼统的缺陷和神秘化的趋向。但是,它们论说的内容密切关涉人、动植物与自然的关系,论说的观念里出现了生态学的重要范畴,就其内容和总体特征而言,都可以称得上真正的"生态"观念。先秦时期确实没产生生态观念的现代科学基础(如"生态学""系统论"等)和强烈的现实需求(应对现代工业带来的污染等),然而,中国先秦文化以早熟的特征使得这些观念提前现代化了。

三 以东方智慧助推新时代生态文明建设

新时代对中国特色社会主义生态文明建设的宏大擘画建立在两种"体认"的基础上:一是哲学体认,即在哲学层面,主张人与自然是生命共同体。恩格斯曾在《政治经济学批判大纲》中提出了"两个和解"的思想,即"我们这个世纪面临的大变革,即人同自然的和解以及人同本身的和解"[①]。中国共产党十九大报告[②]指出,"人与自然是生命共同体"。这是一个具有浓郁哲学意味的重大论断,它和"人类命运共同体"论断一起构成了我们党对于自然、对于人类自身的最基本的看法,是对恩格斯关于"两个和解"思想的一种新时代的表达。"人与自然是生命共同体"论断丰富了人与自然和解的内涵,突出了人与自然关系的生态内涵,点明了生态文明建设的哲学依据。二是事实体认,即在现实层面,认为历史性变革为谋划生态文明建设奠定了基础。新时代我国在生态意识、生态制

---

① 《马克思恩格斯全集》(第1卷),人民出版社1956年版,第603页。
② 习近平:《决胜全面建成小康社会,夺取新时代中国特色社会主义伟大胜利——在中国共产党第十九次全国代表大会上的报告》,《习近平谈治国理政》(第三卷),外文出版社2020年版,第39页。

度、生态工程、生态环境治理、生态国际合作等生态文明建设方面取得了历史性的成绩。由此而产生的历史性变革既体现在思想意识层面,也体现在制度层面,还体现在各项生态工程、生态行动上,在空间上则从国内向国际拓展延伸,可谓成就显著、格局宏大。但同时又清醒看到生态环境保护任重道远。这两个方面构成了生态文明建设的现实层面。正是因为有了理论上、实践上的高度文化自觉,中国共产党人才真正做到明晰生态矛盾、把脉发展动力,并为此制定美丽中国的价值目标,阐明绿色发展的理念,然后勇于面对实践层面的一切自然界出现的困难和挑战,明晰人与自然和谐共生的治国方略,勾画出切实可行的战略蓝图,通过具体体制的改革助推生态文明建设,最后把这一美丽图景拓展到国际层面。这些层面,蕴含于生态矛盾论、生态价值论、生态发展论、生态斗争论、生态方略论、生态战略论、生态制度论、美丽世界论之中,从理念到实践、从国内至国际,它们完整而系统地形成了新时代中国特色社会主义生态文明建设思想。①

而弘扬古老东方智慧,可以为新时代中国与世界生态文明建设伟业做出更大的贡献。

首先,新时代对中国特色社会主义生态文明建设的宏大擘画中已经蕴含了古代东方的生态智慧。习近平总书记曾指出,中华优秀传统文化中蕴含了解决当代人类面临的难题的重要启示。② 其中关于"道法自然""天人合一"的思想被列在第一位,可见这一思想的重要性。生态文明要处理的核心问题是人与自然的关系问题。但是近代资本主义时代以来的人们多数持有对自然的征服、剥夺态度,在由工业主义引领的生产领域和由消费主义引领的消费领域都产生了巨大影响,最终陷入了人类中心主义的困局,由此而爆发了生态灾难。作为后发现代化国家,中国在改革开放之后以经济建设为中心,加速了工业化进程,在这一过程中,由于也没有真正处理好经济发展与环境保护的关系,生态危机涉及的主要方面都曾有所体

---

① 参见邓永芳《新时代中国特色社会主义生态文明建设的理论体系》,《南京林业大学学报》(人文社会科学版)2019年第6期。

② 习近平:《努力实现传统文化创造性转化、创新性发展》,载《习近平谈治国理政》(第二卷),外文出版社2017年版,第313页。

现,部分至今仍很严重。与此同时,反思人类中心主义,重建人与自然关系的呼声也渐渐成为主流意识。而肇始于先秦时代的"道法自然、天人合一"古老理念再一次进入人们视野,成为反抗现代性弊端的思想武器,被当代人认为是最应秉持的基本生态理念。进一步讲,"坚持人与自然和谐共生"的生态方略也可以看作"道法自然、天人合一"理念的弘扬、铺展和落实。因此,在理念和实践这两个层面,新时代中国特色社会主义生态文明建设思想都蕴含了先秦时期的生态智慧。

其次,中华优秀传统文化中众多的生态元素应该受到更广泛的关注和重视。这些文化中生态元素包括各种生态理念、生态价值、生态阐释、生态策略、生态理想等。如人类社会应如何对待、安置动物这一问题,不妨听听先秦时代诸子们的说法。以庄子为例:庄子持"天人合一"的生态理念,因为庄子的"天"指的是自然之天,所以他的天人观比较接近当今所说的"天人合一"思想;庄子重视动物内在的、本真的价值,他认为动物的真性即动物的价值,今天人们呼吁维护、恢复动物野性的观点也可以在这里寻觅到源头;庄子对于动物物种进化的生态阐释揭示了生态系统中的复杂联系,在今天仍有一定的说服力,可以当作阐述生态系统的经典案例;庄子的生态策略是回归荒野,这一策略在今天可以表现为退耕还林、退田还湖、退牧还草等生态决策,它们都是让自然恢复其原始状态,从而为动物的生存提供生态空间;庄子的生态理想是"至德之世",它是庄子的生态理念、生态价值、生态策略铺展开来却又无法落实下来的生态乌托邦,但今天对于生态保护区、国家生态公园的划定、对于其中野生动物的保护在一定意义上是对这一理想的逐步兑现。正如习近平同志指出的那样:"野生动物是地球上所有生命和自然生态体系重要组成部分,它们的生存状况同人类可持续发展息息相关。"[①]庄子只是众多先秦思想家中的代表,他和其他思想家们的动物思想、生态思想应该受到更广泛的关注和重视。

最后,对古老东方生态智慧进行时代性阐发和创造性转化,可以助推新时代中国生态文明建设。很多古老的东方生态智慧并不适合直接拿来就

[①] 《习近平考察津巴布韦野生动物救助基地》,《中国日报》2015年12月2日。

用,必须对其采用时代性阐发和创造性转化的正确打开方式。如对于"天人合一"观念中"天"这一范畴,古今的理解差异很大,导致了"敬天"和"敬畏自然"之间的差异:先秦时代的"敬天"敬拜的往往是带有神格的天,而当代"敬畏自然"则排除了自然的神性,敬畏的只是大自然的巨大力量。显然,前者把大自然的不可抗力神化了。在今天,必须还原"天"的"自然"面目,故而祛魅是一道必不可少的阐释学程序。但是,作为大自然的"天"在科学昌明的今天就一定把自身的全部秘密坦露给了人类?显然不是,无论何时人类对大自然的无知永远多于有知,就此而言,大自然对于人类而言就永远是神秘的。面对这种神秘性,人类只能持有敬畏之心。于是,返魅又成为一道无法回避的阐释学程序。只有这样,"敬天"和"敬畏自然"才能达成认识和实践双重意义上的统一,人类才不至于在知识上困在蒙昧境地、在行动上陷入狂妄状态。

第二节 道德价值:仁爱万物的生活情怀

先秦时代的政治家、思想家们大多主张亲近、关爱动物,并形成了比较系统的主张素食的观念。当今虐待动物、残杀动物、滥食动物的事件时有发生。因此,弘扬先秦动物伦理,培育仁爱万物的生活情怀,有助于当今社会的伦理道德建设。

一 先秦时期关爱动物的观念

先秦时期,人们总体上对待动物持亲近和关爱的态度,大多认为动物甚至野生动物(禽兽)是人类共同生活的伙伴。在《诗经》中,人们往往以动物起兴来烘托生活场景:关关鸣叫的王雎象征着爱恋,振翅飞翔的燕子意味着离别,甚至园林中的鹤鸣鱼潜、幽谷中嘤嘤求友的鸟儿也反映了生活的美妙和谐。不只民生日常中有着如此情景,先秦时代的政治家、思想家们大多也主张亲近、关爱动物,并由此而引申到社会关系层面。

从儒家典籍来看,儒家关爱动物的学理基础有历史学、心理学、生物学、经济学等多重支柱:

一是圣王道德传统。儒家高扬处于道德顶峰的圣王传统。孔子追叙上古圣王黄帝和舜的"好生"之德和"仁厚"胸怀：黄帝"仁厚及于鸟兽昆虫"（《孔子家语·五帝德》）。舜"其政好生而恶杀……凤翔麟至，鸟兽驯德，无他也，好生故也"（《孔子家语·好生》）。在古圣王中，黄帝的仁厚"及于鸟兽昆虫"，帝舜的好生之德"畅于异类"。也就是说，古圣王把本属于人间的政德拓展到了动物世界，把动物纳入道德关怀的范围。这种德性，是儒家高度赞扬的天地之德。圣王的这种天地之德是关爱动物的道德前提。居于道德顶峰的圣王传统是儒家关爱动物的重要的理论支柱，影响深远。孔子之后，孟子在梁惠王面前夸赞周文王"经始灵台"，荀子宣扬"君道"、推销"王制"，莫不与圣王传统相关。如此，儒家达成了关爱动物的历史学认证。

二是君子仁术抉择。当面对动物处于道德困境时，儒家认为可以注重仁术抉择。孟子对此熟稔于心："君子之于禽兽也，见其生，不忍见其死；闻其声，不忍食其肉。是以君子远庖厨也。"（《孟子·梁惠王上》）世易时移，儒家赞美的上古时期的理想道德场景到春秋战国时期已不复存在，思想家们也越来越现实，越来越趋向于妥协。当孟子向诸侯推销王道思想时，也不得不迎合最高统治阶层。孟子甚至为齐宣王"以羊易牛"的吝啬行为寻找到了一个充满仁爱精神的心理学依据。孟子认为，君子对动物有着一种不忍杀生食肉的心理，所以"君子远庖厨"。"君子远庖厨"和"以羊易牛"一样，是对残忍行为的一种柔性处理，是道德困境中的一种善意抉择，这就是"仁术"。尽管这种仁术只是换来了心理安慰，却是儒家关爱动物的一种不得已的权宜之计。这是儒家关爱动物的一种心理学论证。

三是动物尊亲爱类。儒家在"人禽之辨"中一方面认为人与动物之间有着明显的差异，另一方面也承认人与动物有着相近的性质，甚至混同二者的差异。如孔子曾说："君子违伤其类者也。鸟兽之于不义，尚知避之，况于人乎？"（《孔子家语·困誓》）"骥不称其力，称其德也。"（《论语·宪问》）孔子认为，鸟兽懂得回避不义之行为，良马值得称道的是德性而非力量，这意味着孔子直接把动物当作道德主体。尽管孟子、荀子等人并不认同动物的道德地位，但也认为，人与动物之间的区别其实很少，孟子提出了"人之所以异于禽兽者几希"（《孟子·离娄下》）的观点即是明显的证据。那么，有着一定道德地位的动物为什么值得关爱呢？这是因为儒家认为动物能够"尊亲爱类"，并对此进行生物学意义上的论证："凡有血气者莫不尊亲"（《中庸·第三十一章》），"凡生天地之间者，有血气之属必有知，有知之属莫不爱其类"（《荀子·礼论》）。"有血气者"指的是某些有血液能呼吸的高等动物。荀子在"有血气"的基础上增加了"知"（感性的、理性的认识能力）这一属性。他认为，"有知之属莫不爱其类"，亦即动物和人一样，懂得关爱同类。"有血气"是动物"尊亲爱类"的生物学基础，"尊亲"是一种动物接近人类的行为，"爱类"是动物对待同类的行为，这两种行为都和儒家认可的道德行为近似，这意味着它们具备了值得人们关爱的资格，尽管儒家同时认为"有血气之属莫知于人"（《荀子·礼论》）。

当然，儒家还从其他角度论证关爱动物的合理性。儒家入世，常从经济学角度来对待动物。如孔子说："五木不中伐，不粥于市；鸟兽鱼鳖不中杀，不粥于市。"（《孔子家语·刑政》）幼小的鸟兽鱼鳖之所以不准在集市上出卖，一个重要的原因是它们太小，养大再卖效益更多。"无杀夭胎，无伐不成材，无堕四时"（《逸周书·文传解》），"牛羊不尽齿不屠"（《逸周书·程典解》），古人秉持"慎用必爱"的原则，提倡珍惜、节约自然动植物资源。当然，这里也不排除保护弱小动物的道德因素，而二者又有着密切关联。古人倡导"明五德"，其中规定"三月遹不入网罟，以成鱼鳖之长"，其目的是树立"正德"："有生而不失其宜，万物不失其性，人不失七事，天不失其时，以成万财。"（《逸周书·大聚解》）他们甚至把这种关爱制度化，以"月令"的形式昭示天下。

先秦道家并不像儒家那样从道德层面来关爱动物，他们对待动物建立在对动物性的保存上，以"不甚关心"为特征，而实质上达到对动物最大的关爱。道家的动物关爱论主要表现在如下几个观点上。

一是物性论。庄子把保存动物性看作对动物的最大关爱。所以他批判失性现象："惴耎之虫，肖翘之物，莫不失其性。"（《庄子·胠箧》）他站在动物的立场反对人类对动物的削性行为，反对对于动物的豢养："泽雉十步一啄，百步一饮，不蕲畜乎樊中。神虽王，不善也。"（《庄子·养生主》）甚至批判当时社会"以天下为之笼，则雀无所逃"（《庄子·庚桑楚》）。这是道家从事物本质的角度对关爱动物的论证，其要紧处在于保护动物物性。二是物化论。庄子在"庄周梦蝶"的语言中描述了一种人与自然、人与动物高度和谐及至于化而为一的"物化"境界："昔者庄周梦为胡蝶，栩栩然胡蝶也，自喻适志与！不知周也。俄然觉，则蘧蘧然周也。不知周之梦为胡蝶与，胡蝶之梦为周与？周与胡蝶，则必有分矣。此之谓物化。"（《庄子·齐物论》）庄子以自己的梦境为例，阐述了自己与蝴蝶之间物我两忘的个人极端体验。当然，庄子自己也知道人与物之间的区别。但是，道家由道而视之，则万物齐一、无有差别。得道的圣人"处物不伤物"（《庄子·知北游》），随顺处物不伤物，同时也不为外物所伤："含德之厚，比于赤子。毒虫不螫，猛兽不据，攫鸟不搏。"（《道德经·五十五章》）在"与道同化"的境界里，万物都不会受到伤害。这是道家从主客关系（亦即物我关系）的角度对关爱动物的论证，其特点是消弭主客、物我差别来达到同一。三是至德之世论。道家向往上古理想社会，其中以庄子的"至德之世"最为有名。这种建立在物性论与物化论基础上的理想社会形态，它呈现为一种万物和谐的自然状态。庄子甚至假孔子之口，阐述其中人们"入兽不乱群，入鸟不乱行"（《庄子·山木》）。这是道家从社会理想层面对关爱动物的论证。

相较而言，先秦时期儒道二家对于动物的关爱有着明显的差异：一是儒家对动物的关爱主要是基于道德上的认同，反映了人们在实践中以道德触摸自然万物的复杂心路历程，道家则基于对道的追寻，高标"与道同化"的境界。二是儒家从圣王传统到仁术抉择，爱心逐渐"堕落"，对动物的关爱经历了一个下沉的过程；道家则是先有齐物理论，然后推演出理想世界，对于动物的态度始终没有变化。三是儒家的关爱是积极的，在实践上体现为可操作性的行为，而道家的关爱是消极的，他们主张在回归原始自然状态中表达对于动物的平等态度，以"无为"为特征。然而，总体来看，儒道二家虽致思理路不一，但结果都导向对动物的关爱。它们代表了先秦时期关爱动物的基本态度。

此外，也有一些思想流派表达自己的观点，如兵家吴起指出："夫马，必安其处所，适其水草，节其饥饱。冬则温厩，夏则凉庑。刻剔毛驘,谨落四下,戢其耳目,无令惊骇,习其驰逐,闲其进止,人马相亲,然后可使。车骑之具,鞍,勒,衔、辔,必令完坚。凡马不伤于末,必伤于始;不伤于饥,必伤于饱。日暮道远,必数上下,宁劳于人,慎无劳马,常令有余,备敌覆我。能明此者,横行天下。"(《吴子兵法·治兵》)兵家对动物持有的关爱态度是实用主义的,集中体现在对待马匹的使用上。"人马相亲,然后可使",为了更好地让战马服务于战争,兵家几乎细致考虑到了关涉马匹的所有环节,甚至于到了"宁劳于人,慎无劳马"的地步。这种关爱动物的态度,还被延伸到政治领域:"惠施于民,必无爱财。民如牛马,数喂食之,从而爱之"(《六韬·武韬·三疑》)。

二 先秦时期主张素食的观念

素食与肉食是人类饮食的两种常态,其中反对肉食、主张素食常因被赋予了特殊的文化意涵而引人关注。中国先秦时期形成了农业文明时代素食观的基本理论形态,它们在生态文明时代经过时代性转化仍能焕发出理论生机,产生出良好的道德价值。

"素食,谓食草木。"(孙诒让:《墨子注》)关于素食,中国先秦时期多有这一方面的记载,如《诗经·周南》中有"参差荇菜,左右芼之"(《关雎》)、"采采卷耳,不盈顷筐"(《卷耳》)、"采采芣苢,薄言采之"(《芣苢》)之类的诗句,说的是荇菜、苍耳、车前草的嫩苗都可以作为美食。非止食用野菜,人们还"六月食郁及薁,七月亨葵及菽""七月食瓜,八月断壶,九月叔苴,采荼薪樗,食我农夫"(《豳风·七月》),可见人工种植的瓜豆果蔬也已纳入素食范围。但是食素并非不食肉、不想食肉。正如《国语》记载:"大夫以上食肉,士食鱼炙,庶人食菜。"(《国语·楚语下》)可见,素食与肉食首先涉及的是社会分层导致的两种经济生活状态,它从饮食角度反映了社会贫富不均。

中国先秦时期形成了农业文明时代素食观的基本思想形态。[①] 其中有

[①] 关于先秦时期的素食观,可参见邓永芳《先秦时期的素食观》,《南京林业大学学报》(人文社会科学版)2020年第2期。

较为明确观点的主要有墨家、道家和儒家。先秦墨家是社会底层的代言人，其核心思想家墨子并不关注动物，但他却从关注底层人民生活的角度提出了以节制饮食为主要内容的素食观。墨子批判富贵者穷奢极欲的肉食风尚，批判享乐主义。墨子认为："古之民未知为饮食时，素食而分处，故圣人作，诲男耕稼树艺，以为民食。其为食也，足以增气充虚，强体养腹而已矣。"（《墨子·辞过》）墨子认为，草木之实足以果腹养身，而且还能形成节俭的风气。战国晚期的《吕氏春秋》继承了早期道家相关思想，发展出了以重生养性为特征的素食观，把"肥肉厚酒"称之为"烂肠之食"（《孟春纪·本生》），反对对于动物类食物的过度消费，认为肉食"害于性"，主张"节性""适欲"。尽管墨家道家没有把素食直接上升到关爱动物的高度，但提倡素食毕竟限制了对动物的滥食滥杀。

  儒家也有要求素食的制度，多见于儒家"三礼"（《周礼》《仪礼》和《礼记》）。其一，一些特殊时节要求素食。《礼记》记载"逢子卯，稷食菜羹"（《礼记·玉藻》），说明那时候就已经有了月初、十五吃素的习俗传统。其二，祭祀前要求素食。《论语》记载："斋必变食，居必迁坐。"《礼记·曲礼》规定："齐（齐即斋）戒以告鬼神。"斋戒时一定要改变平常的饮食，有学者解释为"不饮酒、不茹荤"。其三，丧礼期间要求素食。《礼记·丧大记》规定："期终丧不食肉，不饮酒。"《仪礼》中也有父母过世服丧三年不得饮酒食肉的规定。其四，一些重大变故的特殊时段要求素食。《周礼》记载："大丧，则不举。大荒，则不举。大札，则不举。天地有灾，则不举。邦有大故，则不举。"（《天官冢宰·宫正/外饔》）"不举"作"不杀牲食肉"解。从这些方面看，儒家是从礼制的角度来设定是否要求素食的，目的是通过这一仪式表达对于天神、逝者以及灾难的敬畏之心以求得庇佑。其五，儒家还发展出一种对于动物"不忍食其肉"的文化心理。孔子以古贤君为榜样，主张善政应好生恶杀，仁厚及于鸟兽昆虫。至战国中期，孟子是这种动物文化的主要代言人。孟子说："君子之于禽兽也，见其生，不忍见其死，闻其声，不忍食其肉，是以君子远庖厨也。"孟子的这种心态，是儒家核心价值"仁"在对待动物上的自然延伸。当然，孟子并非不食肉。尽管如此，儒家的素食观里注入了"仁爱"的内涵。

先秦素食观念产生的物质基础是发达的农业文明。中国的农业文明源远流长、高度发达。《山海经》中多次记载先民以植物种子为食的情况，以"黍食"最多，如："有国曰玄股，黍食，使四鸟"（《海经·大荒东经》），"有季禺之国，颛顼之子，食黍"（《海经·大荒南经》），"有胡不与之国，烈姓，黍食"（《海经·大荒北经》）。精耕细作的发达农业造就了植物性食物的丰富与充盈，这正是先秦素食观念得以产生的物质基础。植物性食物的易得性、普遍性、优越性和重要性也逐渐为人们所认识和推崇，正因如此，先秦医家倡导"五谷为养、五畜为益、五果为助、五菜为充"（《黄帝内经·素问》）的养生理念，把谷物素食视作养生的根本，其地位高于具有裨益性的五畜。另外，他们还主张把瓜果蔬菜作为饮食的辅助补充，从而大大拓展了素食的范围。

急遽的社会变革是先秦素食观得以成长的丰厚土壤。其产生都与当时社会阶级利益纷争相关。其中墨家通过提倡素食来达到节财养俭的目的，反对、批判的是统治阶级的贪婪行为；道家通过提倡素食来达到节性适欲的目的，借此调适统治阶级的奢侈生活；儒家为维护社会秩序建立因礼而设的素食制度，并开始把仁爱观念拓展到饮食文化中。至汉代佛教传入中原，以"不杀生"为主要特征和内涵的素食行为在佛教领域成为严格戒律，"不得食一切众生肉，食肉得无量罪"（《梵纲经》），佛教素食观在社会上逐渐取得了主导地位，而中国先秦素食思想则逐渐为后世所忽视。不过，先秦素食观念在后世仍然留下了鲜明的印记，正如清代李渔总结说："饮食之道，脍不如肉，肉不如蔬。亦以其渐近自然也"，"后肉食而首蔬菜，一以崇俭，一以复古。"（《闲情偶寄·饮馔部·蔬食第一》）李渔的饮食观总体趋向于推崇素食，"崇俭"里有墨家的因子，"近自然"里有道家的气息，而对待肉食、素食的中庸做法浑然是儒家的态度。

在生态文明时代，先秦素食观可以而且应该通过创造性转化而重获生机。当代中国积极培育、践行生态文明理念，在素食伦理上也应当展示出自己的理论主张，而中国古代的素食观能为之提供丰富的思想资源。在今天，虽然人们的素食行为里节财养俭的因素日益减少，但道家节性适欲的养生因素渐成主流，儒家仁爱理念也产生了强大的道德影响，这些古老的文化因子有助于野生动物保护、生态环境建设。而且，素食风尚里的社会批判精神也可以根据时代要求（如批判滥捕滥杀滥食野生动物、防止动物病毒传播）而发生变化、加以充实，从而创造出新的时代性价值。事实上，我们应提倡的是健康、科学、有文化品位的饮食观，先秦素食传统中的优秀文化因子既可以也应该成为现代饮食观的有机成分，因为它们丰富了中华民族饮食观念的传统意蕴、民族底蕴和人文含蕴。

三 以仁爱情怀助推新时代社会道德建设

在很长一段时期内，动物伦理在中国还是较少受人关注的话题。事实上，在生态、经济、娱乐等领域，动物的生存状态都出现过令人担忧的情景。下面列举几个相关案例：

例如生态动物中的大规模猎杀事件。动物在生态系统中起着至关重要的作用，但有些动物（如攻击羊群的狼、啄食谷物的麻雀、叫声恐怖的猫头鹰）在人们心目中"形象不佳"，甚至被列入集体消灭的对象。如中国内蒙古草原曾出现过大规模猎杀草原狼的事件。《狼图腾》是一部以草原狼为叙述主题的小说，讲述了20世纪六七十年代一位知青在内蒙古草原插队时与草原狼、游牧民族相依相存的故事。文中写道："蒙古狼最怕火药味。要是你们炸的是一个有狼崽的洞，那一窝狼崽就都会跑出洞，让你们抓住。这样杀狼崽，用不了多少时候，草原上的狼就通通没有啦。""兔子毁起草场可不得了，兔子一年可以下好几窝兔崽，一窝兔崽比一窝狼崽还多呐。……要是没有狼，人在草原上走三步就得踩上一个兔子洞了。"① 节录的文字形象地反映了草原狼被人们以现代化武器猎杀的情景以及由此而造成的草原生态系统遭到破坏的严重后果。

又如经济动物中的活熊取胆事件和动物病毒事件。动物因能为人类提供食品、服饰、医药等而具有极高的经济性效益。但是动物（包括家畜）在屠宰、加工过程中常遭受巨大的精神折磨和肉体痛苦。活熊取胆事件即是其中一例：2012年2月，从事研发、生产、销售熊胆系列产品的归真堂因上市引发抗议。随后，社会各方加入论战，归真堂事件一时成为社会焦点，动物保护的话题也因此受到前所未有的关注。有学者认为如果活熊

---

① 姜戎:《狼图腾》，长江文艺出版社2004年版。此处引文见其第十章。

取胆合法化，等于把整个社会道德精神拖到堕落的深渊。① 另外，野生动物因携带多种病菌还会引发公共卫生安全问题。在民众的强烈呼声下，以最严立法禁止食用和交易野生动物已成定论。

再如娱乐动物中马戏表演困局。马戏表演是以驯服动物来娱乐观众为主要内容的一种艺术表演形式，它体现了人与动物关系的矛盾：一方面，人们捕捉、驯化动物；另一方面，又欣赏、关爱动物。作为一种古老的文化，2008年中国文化部还将马戏列入非物质文化保护名录。但是，马戏中动物的精彩表演无不是对动物严格训练的结果，它们要承受饥饿、鞭打、训斥以及高强度的训练，在失去表演价值时甚至还会被遗弃或者杀害。有些动物表演活动（如西班牙斗牛），直接展示人与动物之间的残酷对抗。这与动物保护伦理是相冲突的，因此常受到大众批判。总之，在动物保护伦理的语境下，马戏行业兴盛难再。

动物伦理之所以不受关注，一个重要原因是人们未能正确看待动物价值的多维性。动物的价值首先体现在其固有价值，亦即动物与生俱来的非外在性价值。事实上，地球生态圈内所有生物物种都有其特定的生态位，发挥着特定的作用。另外，动物相对于人而言具有多方面的价值，而价值评价受人的需要的多样性、认识的深刻性等主观因素的影响而变化不定。在众多价值中，经济价值无疑是最受重视也最常见的一种，但其价值远不止于此，如历史文化价值，有些动物在民族历史上、文化中具有很重要的地位，图腾动物即是其中的典型例子。如审美价值，亦即某些动物（如孔雀、大熊猫、海豚）具有漂亮的或者引人喜爱的外表而让人产生美感。如医疗价值，某些动物资源（如驴皮、鹿茸、熊胆）可以用来治疗疾病，有些动物（宠物猫狗）通过陪护也能治疗人的心理疾病。又如科研价值，动物可以作为仿生学、医学的科研对象或方法。此外，随着社会实践的发展，动物还有很多价值在当前尚未被发现、开掘出来，这些价值可以称为"备用价值"。从当前人们的思想状态来看，往往意识不到动物的固有价值，而动物的经济价值才是他们关注的焦点。这种浓厚的拜物主义和极端

---

① 王国聘等：《以"活熊取胆事件"为背景的动物伦理笔谈》，《南京林业大学学报》（人文社会科学版）2012年第6期。

个人主义，一方面表现为"物的世界的增值与人的世界的贬值"的"异化"，另一方面还表现为动物价值的"异化"，在后一种情形中，动物的价值没有得到正确的对待，如生态价值被遗忘、被抛弃、被践踏，科研价值、医疗价值、娱乐价值又在商品化大潮的冲击下也被异化为单一的经济价值。

动物伦理之所以不受关注，深层次的原因还在于人类中心主义思想根深蒂固。改革开放以来，现代性已经成为当代中国社会的主要特征。在科学主义的支撑下，人类中心主义盛极一时。人类中心主义认为只有人才有内在价值和权利，非人的一切只有工具价值，随着科技的进步，人类正走向全智全能。① 在人类与自然的关系中，自然被看成人类的他者，是具有道德能力主体的对立面，正如齐格蒙特·鲍曼所说："在其现代理解中，大自然的概念与产生这一概念的人性概念相对立。它代表了人性的他者，是无目的之物和无意义之物的代名词。"② 动物作为大自然的一分子，在人类中心主义者看来，它们没有主体性，只有相对于人类需要的工具价值，因为动物被认为是人类的"他者"，在对待它们时无须去考虑伦理问题。

人们习惯于从西方动物伦理话语的视角来批判各种关涉动物的道德话题。但是不要忘记，中国优秀传统文化尤其是先秦时期的动物伦理思想完全可以为时代所用。弘扬先秦动物伦理，培育仁爱万物的生活情怀，有助于当今社会的伦理道德建设。先秦动物伦理思想中多有值得现时代关注和重视的道德倾向。

一是主张动物保护，呈现出浓厚的仁爱动物的情怀。先秦时期，儒家动物思想可以称为道德主义的动物伦理观，道家动物思想可以称为相对主义动物伦理观，兵家动物思想可以称为实用主义动物伦理观，但无论是"不忍人之心"，还是"相忘于江湖"，还是"人马相亲"，都异中有同，亦即它们虽然理论出发点不一致，但无不关爱动物。我们可以发

---

① 参见卢风《启蒙之后——近代以来西方人价值追求的得与失》，湖南大学出版社 2003 年版，第 322—323 页。
② [英]齐格蒙特·鲍曼：《现代性与矛盾性》，邵迎生译，商务印书馆 2003 年版，第 61 页。

现当时人们确实具有仁爱动物的情怀，他们带着亲切的心情、欣赏的眼光、自豪的态度来看待动物。这对于现时代培育仁爱万物的生活情怀，无论是在感性的社会心理层面还是在理性的学术思想层面，都有着一定的启发意义。

二是重视动物地位，呈现出浓厚的非人类中心主义或弱人类中心主义色彩。先秦时期，道家持相对主义动物伦理观，从"道"的高度认为万物平等，排除了人的价值优越性，这是一种真正意义上的非人类中心主义观念。先秦儒家认为，动物具有道德地位或者类似于人的道德地位，主张道德地对待动物，尽管不如道家那样彻底，但算得上是一种弱人类中心主义。先秦时期的这种重视动物地位的态度契合现时代动物保护和生态文明建设的需要。

三是承认动物伦理和人间伦理相互关联，呈现出"天人合一"的理论特色。从儒家古圣王的"德及禽兽"，到道家设计的"至德之世"社会理想，古人没有把动物世界与人类社会看作完全隔离的世界，而是在人类社会为动物留下了一片广阔的空间，甚至认为，人与动物之间有着道德上的交互。古圣王的"德及禽兽"其实是以仁爱动物的情怀助推社会道德建设，而道家的"至德之世"则是一种层次更高的道德境界（"至德"意谓着道德的最高峰）。这种将动物伦理和人间伦理相互关联的致思方法，是"天人合一"理念的一种具体表现形式。在现时代，这一理念仍然值得学习和弘扬，因为打通动物伦理和人间伦理之间的隔阂，既可以将动物伦理建设落到实处，也能切实提升社会道德建设的水平。

第三节　跨文化价值：文化自信的中国元素

中国古代尤其是先秦时期留下了丰富的动物文化，值得我们去总结、提炼和传播。应该让这一中国元素在中西跨文化交流中发挥应有的作用，因为这也是"中国智慧"的有机成分。因此，增强对中国动物文化的自信，推动中西动物文化对话，有助于扩大中华文化软实力的国际影响。

一　古代西方人对待动物的态度

《动物解放》一书的作者彼得·辛格曾总结古代①西方人对于动物态度的思想资源，他认为："西方人对动物的态度，根源于两个传统：犹太教与古希腊文化。"②这是今天我们所能看到的西方早期动物伦理思想。

《圣经》是西方社会最具影响的文化典籍。其中《旧约》是古代犹太民族的宗教、历史、文学典籍，产生于公元前12世纪至公元前2世纪。《旧约》中《创世记》《马太福音》《以赛亚书》《箴言》《启示录》等篇目中多有关涉动物的记述。③《旧约》关涉动物的主要观点有：其一，认为上帝创造世界，也创造了包括人在内的各类动物。如："于是，神造出野兽，各从其类；牲畜，各从其类；地上一切昆虫，各从其类。"(《创世记》1∶24)《创世记》认为，人间秩序与动物世界中的秩序都已有神安排。其二，认为人受上帝指派管理动物。如："神说：'我们要按照我们的形象，按着我们的样子造人，使他们管理海里的鱼、空中的鸟、地上牲畜和全地，并地上所爬的一切昆虫。'"(《创世记》1∶26)《创世记》设定了神（上帝）、人以及动物三者之间的关系，亦即人受上帝指派管理动物。神的地位高于人，而人的地位高于动物，因此，处在人类的管理之下的动物惧怕人类："凡地上的走兽和空中的鸟，必惊恐、惧怕你们。"人还从上帝那儿获得了可以食用动物的合法性："凡活着的动物，都可以做你们的食物，这一切我都赐给你们，如同菜蔬一样。"(《创世记》9∶1—3) 其三，主张关爱动物，反对动物祭献。如："义人顾惜他牲畜的命，恶人的怜悯也是残忍"(《箴言》12∶10)，"你们所献的许多祭物与我何益？耶和华说：公绵羊的燔祭和肥畜的脂油，我已经够了。公牛的血，公山羊的血，我都不喜悦"(《以赛亚书》1∶11—15)。《旧约》赋

---

① 为比较研究的需要，此处"古代"所指涉的时间范围大致相当于"中国先秦时期"，其余时段（如欧洲中世纪）则不在本文阐述之列。
② ［英］彼得·辛格：《动物解放》，孟祥森、钱永祥译，光明日报出版社1999年版，第221页。
③ 参见［英］彼得·辛格、［美］汤姆·雷根编《动物权利与人类义务》，曾建平、代峰译，北京大学出版社2010年版，第1—2页。

予好人以怜惜动物的优良道德品质，这其实是一项关爱动物的主张。《旧约》设想了一个敌对动物之间、人与动物之间高度和谐的世界，圣山之上呈现出一片"不伤人，不害物"的美妙景象。概言之，《旧约》确立了神（上帝）至高无上的创世者地位，并通过神赋予了人管理动物世界的权力，也明确了动物较为卑下的地位。但是，关爱动物、反对残杀、追求人与动物和谐共存也是《旧约》以神的旨意为人类设定的一种伦理要求。

自远古神话传说时代（如荷马史诗时代）至斯多葛派克吕西普（Chrysippos，约公元前281—前205年）所在时代，西方所处时代大致和中国先秦时代相当。这一时期古代西方学者在动物文化尤其是动物伦理方面也有阐述。如赫拉克利特（Herakleitos，鼎盛期在公元前504—前501年）的著作残篇中说到"凡事都有两面"①时多用动物举例："（1）海水最干净，又最脏：鱼能喝，有营养；人不能喝，有毒。（D61）（2）驴爱草料，不要黄金。（D9）（3）[猪]在污泥中取乐。（D13）（4）猪在污泥中洗澡，鸟在泥灰中洗澡。（D37）（5）最美的猴子同人相比也是丑的。（D82）（6）最智慧的人同神相比，无论在智慧、美丽或者其他方面，都像一只猴子。（D83）"前四则是对动物（也包括人在内）习性所做的判断。第五则认为在审美上猴子不能与人相比，第六则认为人与上帝相比，就像猴子和人相比一样，不只是审美上，在智慧与其他任何方面都比不上。因此，在赫拉克利特看来，神、人与猴子之间的差别是显而易见的。应该说，赫拉克利特关于神、人与动物地位的言论在西方是具有代表性的观点。

"德谟克利特说禽兽没有理性，圣贤和诸神则有一些更高级的官能。"（爱修斯：《学述》，IV.10，9）言下之意是动物在感官能力尤其是思维能力上不及人和神。这一观点对亚里士多德（Aristoteles，公元前384—前322年）关于人与动物之间关系的理论有着一定的影响："那些要属于他人而且确实属于他人的人，那些能够感知到别人的理性而自己没有理性的人，天生就是奴隶。而较低等的动物甚至不能理解到别人的理性，他们只

---

① 北京大学哲学系外国哲学史教研室编译：《西方哲学原著选读》（上卷），商务印书馆1981年版，第24—25页。

服从自己的本能。"亚里士多德用理性划分人与动物之间的界限,为人统治动物做了进一步的论证,他说:"灵魂统治肉体,心灵和理智的因素统治情欲部分是自然而且有益的。"他甚至认为,动物的驯良本性是因为人的管理而造成的,亦即是受了理性的影响,因此可以此作为它们比野生动物应该得到保护的理由。在理性论的基础上,亚里士多德提出动物存在的目的论:"植物的存在就是为了动物的降生,其他一些动物又是为了人类而生存,驯养动物是为了给人们使用和作为人们的食品,野生动物,虽非全部,但其绝大多数都是作为人们的美味,为人们提供衣物以及各类器具而存在。"① 在这一目的论图式中,植物为动物而存在,动物为了人而存在。基于亚里士多德对于西方世界的巨大影响,他的观点成为西方动物伦理的一个重要部分。

古代西方人沿着两个方向形成了早期的动物伦理:一条是朴素的宗教路向,另一条是理性主义路向。这和中国先秦时期的动物伦理思想状况有很大的不同。相较而言,一方面,中国先秦时期虽然也有原始宗教信仰,对神抱有敬畏之心、时有祭献之举,但对动物伦理方面影响甚微;另一方面,中国古人对于动物性的理解有时也是理性的,但最终又回到了道德性上,他们多从道德性来确定动物的地位和对待动物的态度。可以说,中西古代动物伦理走的是不同的发展路线。因此,它们各自有着不可替代的文化价值。

总体而言,中国先秦动物文化和同时期西方相比要丰富得多。如在动物伦理思想方面,西方总体上留下的思想资料少,仅出现了亚里士多德这样的思想大家,而中国的历史、文学典籍众多,在著作中涉及动物的思想家也数量众多,而且形成了各自的学术流派,在思想上多有传承和交锋,因此迎来了动物伦理思想发展的盛世。又如在文化资源方面,以诗性动物文化为例,可以将《诗经》和《荷马史诗》作一比较。《荷马史诗》是相传由古希腊盲诗人荷马创作的长篇史诗,反映了公元前 11 世纪到公元前 9 世纪的迈锡尼文明,再现了古代希腊社会的图景。从《荷马史诗》

---

① [澳]彼得·辛格、[美]汤姆·雷根编:《动物权利与人类义务》,曾建平、代峰译,北京大学出版社 2010 年版,第 6 页。

可知其时代畜牧业已比较发达，牛羊猪狗等牲畜都已为人们驯养，如赫克托尔之妻安德罗马克的七个兄弟都放牧羊群与牛群。其中马在史诗中占据重要地位，它们被大量使用于战争之中。因为马的重要性，甚至出现了驯马师，他们懂得用优秀的纯种公马作为种马去培育良马。人们喜欢、爱护甚至炫耀自己的马匹，会给骏马戴上金笼头和配饰，喂饲大麦和燕麦等粮食。他们熟知马性，懂得体谅自己的马匹。牛羊等动物在人们的饮食中也占据重要的地位，诗歌中多见以公牛招待客人的场景，而且常细致描绘烧烤食物的过程。但总体来看，《诗经》中动物在种类数量、所涉及人类生活范围、所体现社会心理层面的复杂性等方面，都远超《荷马史诗》。当然，在某些领域如动物寓言方面，古代西方的成就并不逊色于同时代的中国。《伊索寓言》①即是其中一例，它和中国先秦诸子寓言东西辉映，堪称动物寓言文学的典范之作。

二 东西动物文化交流与互鉴

先秦时期，中国"东渐于海，西被于流沙"（《尚书·禹贡》），由于独特的地理位置，与周边世界的直接联系并不多。尽管如此，中国与周边国家和地区之间的经济文化交往却是一直存在的。《史记》曾记录苏厉与赵惠文王（约公元前309—前266年）的对话："马、胡犬不东下，昆山之玉不出，此三宝者非王有已。"（《史记·赵世家》）可见动物在其中充当了交往的重要载体。后来西汉张骞凿空西域（公元前138—前115年），东汉班超派遣甘英出使大秦（97—100年，大秦即当时的罗马帝国），开启丝绸之路，东西之间才逐渐有了更多交往。总体来看，东西动物文化交流与互鉴经历了从物质到观念、从显性到隐性、从单向输送到双向互动的时代性变迁。

显性的物质文化交流以丝绸之路的开辟为重要标志。"丝绸之路"一词源自德国历史地理学家费迪南德·冯·李希霍芬（Ferdinand von Rich-

---

① 《伊索寓言》是公元前6世纪古希腊的一部寓言故事集，相传作者为伊索（Aísôpos，所处时代略早于中国孔子）。

thofen）1877 年出版的《中国——亲身旅行的成果和以之为依据的研究》① 一书，他用这个词来指古代从中国经由中亚前往西方的商道。商道上西运的货物以丝绸的影响最大，这也是"丝绸之路"得名的原因。其实在张骞凿通西域之前，东西方文化交流已经出现了通道，学界谓为"早期丝绸之路"。《穆天子传》记载周穆王"好献锦组百纯，□组三百纯，西王母再拜受之"（《穆天子传》卷之三），即携带丝绸等贵重物品拜见西域女王。这是早期丝绸之路上的一个见诸史传和传说的重要文化事件。在汉代打通西域后，真正扩大了这一特殊物品在中亚的影响，并激起了当时罗马帝国的强劲需求。罗马贵族把丝绸衣物视为高贵身份的标识，以至于市场上丝绸价格高过黄金。丝绸质地轻、易保存，适合在艰苦条件下长途转运，更重要的是其高额利润足以冲抵昂贵的运输费用，甚至为此付出生命代价也在所不惜，陆上丝绸之路由是而形成。自此，丝绸风靡西方世界。其实最初西方世界对于丝绸的认识充满误解。在历史学家维吉尔（Virgil，公元前 70—前 19 年）记载所谓"赛里斯羊毛"（蚕丝）的时代，罗马人就已开始进口丝绸，但直到近 200 年后，波桑尼阿斯（Pausanias，约公元 2 世纪）才得知原来让他们着迷的丝绸竟然出自赛里斯国的一种名为"赛尔"（Sér）的虫子！② 桑蚕丝具有柔软舒适、光泽亮丽、亲近皮肤的特性，在所有纺织纤维中被尊为"纤维皇后"。这些特性受到上层人士喜爱，丝绸也就具备了高雅、华贵的身份象征和美学品位。在丝绸之路上流通的众多商品中，丝绸有着特殊的地位。英国学者赫德逊（G. F. Hudson）甚至说："对罗马来说，丝绸贸易和对中国的贸易实际上是一回事。"③ 丝绸在西方世界引发的热潮从未消退，12 世纪十字军东征，养蚕、缫丝、织绸技术传播开来，到 13 世纪意大利重要城市都有了丝织业。丝绸产业甚至随着殖民运动拓展到美洲，1743 年富兰克林（Benjamin Franklin，1706—1790 年）发起创建美洲哲学学会，学会的一项重要议题便是发展桑蚕业。

---

① 参见［德］费迪南德·冯·李希霍芬《李希霍芬中国旅行日记》，李岩、王彦会译，商务印书馆 2016 年版。
② 参见王三三《丝绸贸易：起源与特征》，《学术研究》2019 年第 6 期。
③ ［英］G. F. 赫德逊：《欧洲与中国》，王遵仲等译，中华书局 1995 年版，第 65 页。

在马可·波罗（Marco Polo，1254—1324 年）之后，时至中国明代晚期，中西文化交流因利玛窦等耶稣会会士来华而掀起高潮。利玛窦（Matteo Ricci，1552—1610 年）是意大利传教士、学者，他于明朝万历年间来华传教，成为近代沟通东西文化交流的第一人。在利玛窦"西学东渐"的众多贡献中，动物文化交流是其中一种。利玛窦译介《伊索寓言》等作品，推动了西方动物文学的传播。利玛窦在 1608 年刊刻的《畸人十篇》中翻译了《伊索寓言》的六则故事，多数是动物寓言。伊索寓言之所以被传教士们所看重，是因为这些故事大多短小精悍、生动有趣而又道德教益丰富，容易为中国人所接受，可以成为他们布道的工具。在利玛窦的影响下，1625 年由金尼阁（Nicolas Trigault，1577—1629 年）口授的《况义》一书出版，该书选取故事 38 则，成为《伊索寓言》第一种文言选译本。传教士们的译述推动了中国本土寓言的创作，其中李世熊《物感》即是颇具代表性的一例。[1] 利玛窦还介绍了西方动物学知识，1593 年刻印《无极天主正教真传实录》，其中章节以"论下地禽兽之事情"和"论世间禽兽之所饮食章"为题，介绍欧洲的动物知识，并有附图。[2] 利玛窦撰写的《天主实义》第一节介绍"动物"："下至飞走鳞介诸物，为其无灵性，不能自置所用，与人不同。则生而或得毛，或得羽，或得鳞，或得介等当衣服，以遮蔽身体也；或具利爪，或具尖角，或具硬蹄，或具长牙，或具强嘴，或具毒气等当兵甲，以敌其所害也。"看得出，他的介绍融入了中国先秦动物学知识（如对动物种类毛羽鳞介的四分法）。利玛窦也向西方世界介绍晚明时期中国的饮食文化。他在札记中记录了中国富饶的动物性食物资源："普通人民最常吃的肉是猪肉，但别的肉也很多。牛肉、羔羊和山羊肉也不少。可以看到母鸡、鸭子和鹅到处成群。"[3]

在现当代，东西动物文化的交流在现代化、全球化双重语境中得到了

---

[1] 参见郑怀锦《利玛窦〈伊索寓言〉中译：史实考辨与文本分析》，《国际汉学》2015 年第 3 期。李世熊（1602—1686 年），明末清初学者，福建宁化人。

[2] 参见余三乐《论利玛窦对中西文化交流的贡献及其历史地位》，《肇庆学院学报》2007 年第 3 期。

[3] ［意］利玛窦、［比］金尼阁：《利玛窦中国札记》，何高济等译，中华书局 1983 年版，第 12—13 页。

极大发展，已从物质层面深入哲学层面，最引人注目的是西方动物伦理学的传入中国并引发互动。英国哲学家彼得·辛格、美国哲学家汤姆·雷根是其中重要的代表性思想家。1975年，随着彼得·辛格（Peter Singer）《动物解放》① 一书出版，"动物解放运动"也正式拉开序幕。1983年，汤姆·雷根（Tom Regan，1939—2017年）出版《动物权利研究》② 一书，第一次提出动物拥有基本道德权利。作为国际上享有盛誉的动物伦理学学者，二人都很关注中国的动物伦理理论与实践。彼得·辛格在向中国读者介绍《动物解放》时（1998年）认为，"使人类的关怀及于动物，这对于中国读者来说并不陌生"③，因为中国佛教传统中已有"众生平等""不杀生"等理念。而当《动物权利研究》介绍到中国时（2009年），中国的动物权利倡议者已经开始发起反对食用宠物的行动，汤姆·雷根认为，这是对他的莫大鼓舞。此外，还有保罗·泰勒（Paul Warren Taylor）的生物中心主义、考林·斯伯丁（Colin Spedding）的动物福利论、安德鲁·林基（Andrew Linzey）的基督教动物伦理思想等也颇有影响并被译介到中国。④ 中国学者在互动中也意识到西方动物伦理研究的不足，如动物伦理和动物福利科学之间缺乏交流融合、动物权利理论存在不可调和的内在矛盾、动物伦理创新性研究成果比较贫乏。⑤

同时，西方学者（尤其是汉学家）也在努力向西方世界介绍中国的动物文化。李约瑟、胡司德等人即是其中代表。李约瑟（Joseph Needham，1900—1995年，英国科学技术史专家，著有《中国科学技术史》）对现代中西文化交流影响深远。在李约瑟的著作计划中，动物学分册是其中之一，最终在中国学者的帮助下完成中文版的《中国古代动物学史》，此书介绍了1900年以前中国动物学产生和发展的历史，比较系统地总结了中国动物学的特点。但是，"要从古代中国文献中摘录资料，

---

① ［英］彼得·辛格：《动物解放》，孟祥森、钱永祥译，光明日报出版社1999年版。
② ［美］汤姆·雷根：《动物权利研究》，李曦译，北京大学出版社2010年版。
③ ［英］彼得·辛格：《动物解放》，孟祥森、钱永祥译，光明日报出版社1999年版，"致中国读者"第2页。
④ 参见"护生文丛"，中国政法大学出版社2005年版。
⑤ 参见曹文斌《西方动物伦理研究存在不足》，《中国社会科学报》2018年12月25日。

使动物世界以动物学史的形式呈现出来,殊非易事",胡司德(Roel Sterckx,英国学者)有感于李约瑟的困惑,于是转向动物文化史研究,写出了"第一部用西方语言阐述古代中国文献怎样描绘动物和动物世界的专著"——《古代中国的动物与灵异》①。然而,西方大多数学者对来自东方的古老学说了解有限,像李约瑟、胡司德这样的在动物文化领域有过深入探究的汉学家毕竟不多,东西方更深层面的动物文化交流与碰撞还有待进一步拓展开来。

三 推动动物文化交流,提振传统文化自信

习近平同志指出:"文化自信,是更基础、更广泛、更深厚的自信。"② 在当代中国,传统文化自信尤其值得重视。自近代以来,传统文化因为墨守僵化最终疏离了时代发展需求而不能自存,遭遇过激烈批判甚至彻底否定,以至于民众对它失去信心。但是,中华优秀传统文化从来没有须臾离开过,它是所有文化里真正意义上的"更基础、更广泛、更深厚"的成分,这正是我们葆有传统文化自信的根由所在。从中华优秀传统文化传承与创新的视角来看,文化自信意味着要坚信其重大价值和恒久生命力,要凸显其现实解释力,要提升其在对外文化传播中的话语权。而先秦优秀动物文化在此方面有着自己独到的优势。

一方面,作为中华传统文化的精髓,先秦优秀动物文化足以彰显文化自信。尽管先秦优秀动物文化在中国传统文化里面并不占据显著的地位,但它同样能够展现出中华传统文化的魅力。同时,它在当下仍然具有强大的现实解释力、理论引领力。以"庄子动物伦理思想"为例:庄子在其开篇之作《逍遥游》中刻画了鲲鹏扶摇直上九万里的壮举,以夸张的手法在动物身上寄托了自己对于自由的无限向往。庄子的思想一如笔下的鲲鹏,其格局之恢宏,可谓"大言炎炎","大知闲闲"(《庄子·齐物论》),是大言论,是大智慧。事实上,《庄子》一书可以称得上是中国

---

① [英]胡司德:《古代中国的动物与灵异》,蓝旭译,江苏人民出版社2016年版,"中译本序"。
② 习近平:《在庆祝中国共产党成立95周年大会上的讲话》,人民出版社2016年版,第13页。

最早的比较系统的动物伦理学著作。

从"大言"的角度来看,在先秦诸子里,庄子是对动物予以最多关注的学者。庄子之学,可谓"万物毕罗","应于化而解于物"(《庄子·天下》),《庄子》中所涉及的动物,数量众多,名目繁杂,"庄子有一个广阔的繁盛的动物世界"①,从种类来看,大致可以分为一般的自然界动物,如学鸠、猿猴、麋鹿、蟋蚰、蝴蝶、蜗牛、辙中之鱼等鸟兽虫鱼之类;经济性动物,如牛、马、雁等;娱乐性动物(主要为宠物),如猴子、斗鸡,甚至海鸟、老虎等;虚构的动物,虽有现实依据,但虚构成分较多,如北冥之鱼及其所化之鲲鹏、海中巨鱼、龙等。从篇幅上看,《庄子》直接涉及动物的文字不下五千字。之所以如此,主要是因为庄子从"物"来阐述"道"的特殊视角所致。而动物是"物"中之特殊种类,它与植物、人类不同,却能成为沟通自然与社会之间关系的重要中间环节。非止如此,庄子建立的是一种广义的、不以人为中心的伦理学,此中天地万物皆可成为平等考量的伦理主体。因此,动物较多地进入庄子视野也就容易理解了。

从"大知"的角度看,庄子的动物伦理思想不只是日常生活中的碎片化的感想,它抽象到了哲思的高度,直指事物的本质。庄子的这些思想,在当时或许存在偏激、消极之处,但放到今天却依然力透纸背、开悟人心。在如下三个方面,庄子的动物伦理学思想都可以说是独步一时、卓绝千古:第一,非人类中心主义的动物伦理学。庄子以"道"为统领,由"齐物"而起,以"天人一"为立论基础,把"性"作为剖析动物的中心范畴,自觉地把动物纳入其道德普遍关怀的对象。庄子的这种理论自觉性,是同时代的思想家所不具有的。同时,在处理人与动物的道德地位问题上,与其他思想家迥然不同的是,庄子既不抬高人性,也不贬低动物性,而是在人性与动物性急遽分离的世界中选择了维护动物性的完整、批判人性的堕落。从这一层面来看,庄子树立起了非人类中心主义的动物伦理学的标杆。第二,动物解放思想。庄子的动物解放思想既不建立在对动物的怜悯之上,也不建立在维持动物财富的可持续开发之上。先秦时期,

---

① 杨义:《从发生学的角度看庄子》,《人民政协报》2010 年 7 月 26 日。

有人（如梁惠王）曾出于道德上的愧疚而释放用于祭祀的牛，也有更多政治家主张保护环境和幼小动物以获得更多动物财富，而庄子仅以保全物性为目的，坚持的是"无以人灭天"的原则。庄子认为，对动物而言，最重要的是保持其真性，亦即动物的自然本性。因此庄子反对驯化、圈养动物。他批判伯乐治马、鲁侯养海鸟之类的削性、灭性行为，进而谴责"以天下为笼，则雀无所逃"的世道。庄子的动物解放思想是其非人类中心主义动物伦理的合理延伸和实践结论。在诸子百家当中，庄子的这些言论可谓惊世骇俗。第三，回归荒野的思想。解放动物，实质是让动物回归荒野。在西方传统理论中，荒野亦即原生态的自然，"荒野这种地方能让潜在的野性充分发挥，各种生物和非生物在这里依其自性，繁衍生息"①。庄子的思想有反文明、亲自然的倾向，庄子对理想社会"至德之世""建德之国"的设定以"无人之野"的原始社会为依据。在这种社会里，动物的自然性其实就是野性，而唯有回归荒野，动物性才能得到真正的保护。可以说，庄子较早地发现了荒野的价值，并为回归荒野找到了一种言之成理的哲学依据。

另一方面，在现实生活中，先秦时代开创的动物文化依然具有强盛的生命力，可以成为文化交流的重要基础。最典型的例子就是新时期我国提出的"一带一路"倡议。"一带一路"即"丝绸之路经济带"和"21世纪海上丝绸之路"经济带，它们的出现正是建立在"丝绸之路"历史文化遗产的基础上。而这一切都得从一种特殊的昆虫"蚕"说起。蚕是蚕蛾的幼虫，其中家蚕（silkworm）主食桑叶，因吐丝结茧而成为经济类昆虫。从田野考古发现看，中国是世界丝绸文化的发源地。在传说中，嫘祖最先养蚕缫丝制衣，"西陵氏之女嫘祖，为黄帝元妃，治丝茧以供衣服，后世祀为先蚕"[（北宋）刘恕：《通鉴外记》]，由此被视为蚕桑业的创始人。蚕是改变世界的重要动物之一，由蚕丝制成的丝绸是一种珍贵的衣料，丝绸之美使之成为人们喜爱的奢侈品。丝绸曾经是古代中西文化交流最重要的媒介，人们借此开创了一条至今为人称颂的"丝绸之路"。在今

---

① ［美］加里·斯奈德：《禅定荒野》，陈登、谭琼琳译，广西师范大学出版社2014年版，第11页。

天，中国倡议的"一带一路"和这两千年的"丝绸之路"仍有着千丝万缕的联系。这是一种因历史形成的特殊文化联系，它蕴含了中国传统文化曾经有过的美誉度、公信力和影响力。当然，在全球化、现代化、信息化多重语境中，"一带一路"沿线国家的文化联系不会也不可能照搬或重复丝路的历史形态，而是全方位、多角度地焕发新颜。正如习近平同志指出："古丝绸之路绵亘万里，延续千年，积淀了以和平合作、开放包容、互学互鉴、互利共赢为核心的丝路精神。"① 这正是一种基于历史与现实相结合的文化自信。

推动文化交流，提振文化自信，两者之间是相辅相成的关系：推动文化交流可以提振文化自信，而提振文化自信又有助于推动文化交流。通过比较过同时代的动物文化，可以得出结论：中国先秦动物文化的成就毫不逊色，它可以成为文化自信的载体。通过文化交流的大历史背景来看，也可以做出判断：中西动物文化交流可行而且有益于中西双方。可以说，先秦动物文化无论是在理论层面还是实践层面都足以担当大任。但是，时至当下，还需阐明后现代语境下先秦动物文化面临的几个重要问题。

一是中国先秦动物文化与当代西方动物文化在相互交流上是否存在理论上的契合点？这是肯定的。现当代人们探讨人类对自然界（包括动物）的义务和责任，无不与现代性的弊端相关。经典现代性秉持理性主义，在晚近变得愈益狂妄，呈现出工具化、总体化倾向。这种理性主义在人类与万物之间的伦理关系上，秉持人类中心主义，强调人类对于自然的征服与索取，认为并不需要向人类之外的一切负有道德义务，也不要求人类负有保护自然、保护动物的责任。后现代主义批判现代性文化，要求人们从人类中心主义伦理转向非人类中心主义伦理，主张敬畏生命、保护生物多样性和解放动物，甚至强调生命的固有价值、荒野的浪漫而简单的生活方式。后现代主义对于现代性坚持批判态度，对于传统却有着一种回归的趋向。因此，西方后现代主义很容易在前现代的中国文化里寻找到理论因子。如西方深层生态运动非常关注东方传统生态

---

① 习近平：《携手推进"一带一路"建设》，《习近平谈治国理政》（第二卷），外文出版社 2017 年版，第 506—507 页。

智慧，儒家和道家都被放在"东亚的深层生态学"目录下，因为它们提供了一种形而上学的表达。① 也就是说，当代西方动物文化在批判现代性时会亲近、回归、融合传统，而中国先秦动物文化可以提供一隅极具传统性的理论港湾。

二是中国先秦动物文化的话语体系在文化交流与传播中应该采取何种形态？如果没有恰当的话语体系，传统文化中的许多思想在对外交流中将只能停留在浅层次的被介绍、被引用状态。现当代西方动物文化关涉生态伦理、敬畏生命（阿尔贝特·施韦泽）、大地伦理（奥尔多·利奥波德）、动物解放（彼得·辛格）、动物权利（汤姆·雷根）、物种歧视、素食主义、动物实验、生物多样性、固有价值（汤姆·雷根等）、荒野理想（约翰·缪尔等）、尊重自然（保罗·泰勒）等，发展出了动物中心论、动物权利论、生物中心论、生态中心论等与动物关联紧密的伦理学说。显然，中国先秦动物文化在其所处的时代不可能发展出如此庞杂、系统的话语体系。正如阿尔贝特·施韦泽所说："它距离在整个范围内探讨人与动物的问题还很远。"② 所以，必须面对这一课题，即如何打造一种具有中国传统的动物文化话语，既能与西方世界顺利交流，又能保持自身的独立性。总而言之，承载着动物文化的中华典籍"走出去"面临的不只是单纯的翻译问题，更需要构造自己的话语表达方式并进行创造性的理论转化。

三是如何让先秦动物文化在创造性转化和创新性发展中为世界提供中国智慧？寻找到中西动物文化的契合点意味着文化交流具备理论上的可能性，在此基础上打造出合适的话语体系只是提供了进一步发展的实践上的可行性，而发挥出先秦动物文化中的中国智慧并以中国方案造福人类才是最终目的。改革开放以来，随着中外文化交流的深入拓展，随着对文化价值、文化发展规律的深刻把握，我们对待传统文化的态度也越来越自信。也就是说，必须坚持辩证的观点，在时代内涵和现代表达形式上不断创

---

① J. Baird Callicott, *Earth's Insights*, Berkeley: University of California Press, 1997, pp. 67-82.
② [法]阿尔贝特·施韦泽：《敬畏生命——五十年来的基本论述》，陈泽环译，上海人民出版社2017年版，第64页。

新，使中华传统文化中的核心思想理念、传统美德、人文精神与当代文化相适应、与现代社会相协调。先秦动物文化作为中华传统文化的一分子，自然同样适用于这一文化传承发展的基本原则。据此，在将先秦动物文化中的优秀因子应用于自身经济社会建设的同时，也可以将其推向中西、中外交流的更加广阔的领域。

结　语

　　归根到底，动物文化表征的是人类关涉动物的生活方式及其精神状态。在某种程度上，人类怎么对待动物，就意味着他们怎么对待自身，也意味着他们怎么对待自然。正因为处在人类与自然之间的特殊位置，所以动物成为考察人类文化的一个巧妙的切入点。动物本身无文化，但是如何对待动物造就了动物文化。通过动物文化，人类可以更好地反思自身的文化，进而为考量动物乃至它们生存的自然界奠定应有的哲学思想、人文精神、道德规范和价值追寻。

　　先秦动物文化研究其实是从源头开始探究民族文化的一种尝试。它要求我们去努力回答如下一系列问题：先秦为我们提供了什么样的动物文化？在当今我们需要一种什么样的动物文化？先秦动物文化能为我们带来什么样的时代性启示？如此等等。

　　先秦为我们提供了一种可以谓之盛大的、足以令人自豪的动物文化。先秦动物文化的"盛大"，首先表现在关涉动物的中华文化典籍的丰富性上。几乎没有哪一个民族、哪一种文明存留了如此众多的古老的文献资料。非止于此，出土的甲骨文、青铜器铭文、秦简等都为此又增益了大量文献。其次表现在所涉领域的宽广度上。单从社会意识形式的类型来看，关涉动物的有先秦政治法律思想、道德伦理、文学艺术、宗教、哲学、科学、逻辑学等方面，而且多数领域内容丰赡可观。再次表现在理论的体系性上，春秋战国时期诸子百家即是其中最优秀的代表，道儒墨法兵杂农等诸家都提出自己独特的动物思想，形成了理论上的集聚群落。最后表现为对后世影响上。可以说，先秦一直是后世在动物文化领域取之不绝的文化宝库，而自秦代至近代再也没有达到如此的文化高度。它深厚的文化精神、博大的文化情怀，能带给我们坚定的文化自信，这一点毋庸置疑。

当今中国需要一种什么样的动物文化，可以从先秦时代寻找到答案。先秦是中华文化之源，它塑造了中华民族之魂，由此而形成的优良传统也就嬗化为一种文化发展的内生力量。即便在全球化语境中，也无法抛弃这一文化传统。在此情景下，我们意欲建设的将是一种中华民族特有的动物文化。而从先秦动物文化宝库里不假外求即可获取的思想瑰宝为数众多，譬如"天人合一"的核心理念，借由此可以沟通人与动物乃至自然界之间的密切关联，杜绝现代性主客二分思维引生的割裂人与自然关系的弊端，树立万物共存共荣、人与自然和谐共生的生命共同体理念。再如"崇道尚德"的人文特征，借由此可以将伦理关怀由人世间推及动物世界，为真正关爱自然、保护动物打上德性的烙印。"天人合一""崇道尚德"的理念使得先秦动物文化在"后现代"获得了生机，而"以民为本"的理论归宿又可以避开动物文化发展漫无所归的陷阱。可以说，先秦动物文化在核心理念、主要特征和理论归宿上都体现出了浓郁深厚的中国传统哲学意蕴，它们既是动物文化"中国性"最重要的标志，也是在当代继承与弘扬先秦动物文化的理论基点。

在更宽广的视域上，先秦动物文化能带来更多的时代性价值。在时间维度上，它意味着先秦动物文化在后世还会被不断提及、反思、传承甚至弘扬。事实上，先秦动物文化在历代学者手中以注疏、类书、笔记、典故等形式流传于世。而时至今日，时间维度从农业文明跳转至工业文明乃至后工业文明，让提及、反思、传承甚至弘扬的方式发生了实质性变革，从而为先秦动物文化增益了更多的时代性价值。在空间维度上，它意味着先秦动物文化还会因为全球化而被不断比较、批判、借鉴甚至融合。现代西方世界的学者（如阿尔贝特·施韦泽）从先秦时期中国人对待动物的方式中感悟到敬畏生命的非人类中心主义态度，在当代他们（如彼得·辛格）把人类的基本道德原则推广到动物，并向中国人民介绍解放动物等理论，而亚马孙河流域的印第安人认为动物世界与人类社会互为镜鉴、水上与水下可以交流沟通,① 这与中国先秦动物文化有着一种神奇的共同之处。相信在未来将加速推动这一进程,更多国家和地区、更多民族的人们会参与进来,而先秦动物文化作为中国元素在这一化合过程中甚至会发挥出催化的作用。

目前建构的理论阐释形态并不能周延、涵盖先秦动物文化本身。一方面,任何一种诠释模式都是对本真状态的模仿,也就是说,相对于碎片化的文献资料及其后面隐藏的宏大文化世界,任何理论建构都有一种无力感、挫折感;另一方面,古老的意义世界常因时间的疏离而变得汗漫无边,就此而言,先秦时期的动物文化也并不容易解读。唐代李商隐一句"庄生晓梦迷蝴蝶,望帝春心托杜鹃"(《锦瑟》),400 年后元好问仍感叹"诗家总爱西昆好,独恨无人作郑笺"(《论诗三十首·十二》)。正是这些必然存在的缺憾,在吸引、激励着我们前行。这其中,或者需要对先秦动物文化进行改弦更张式的理论建构,或者需要对某些理论层面、某些细节作进一步深入探究,或者需要把动物文化研究从先秦时期拓展到其后的各个时代。

---

① 参见央视播映的纪录片《古老部族传说之谜:粉红河豚的孩子》。印第安人认为亚马孙河豚有灵魂,能变成人,因此并不把它当作动物看待。当有未婚女子怀孕生子而不愿说出孩子父亲时,就说这是"亚马孙河豚的孩子",从而获得宽容和善待。

参考文献

一 中华古典文献[1]

（先秦）《论语》

（先秦）《孟子》

（先秦）《荀子》

（先秦）《中庸》

（先秦）《孔子家语》

（先秦）《礼记》

（先秦）《道德经》（《老子》）

（先秦）《庄子》

（先秦）《列子》[2]

（先秦）《公孙龙子》

（先秦）《墨子》

（先秦）《管子》

（先秦）《邓析子》

---

[1] 本书所参考、援引先秦古典文献多以中华书局中华经典名著"全本全注全译丛书"所提供的版本为主。这些典籍出版时有时合集成编，如《论语·大学·中庸》，引用时仍以"独立书名"加"篇章标题"的形式标注出处，如《论语·学而》。个别典籍若有多个名称，则择其一，如《老子》统一为《道德经》。

[2] 牟钟鉴先生认为，今本《列子》系赝托之作，约完成于西晋中期，是西晋玄学贵无论向独化论过渡的一个环节。但列子确有其人，今本《列子》中保存有古本《列子》残篇。参见任继愈主编《中国哲学发展史》（魏晋南北朝），人民出版社1988年版，第260—271页。

（先秦）《慎子》

（先秦）《商君书》

（先秦）《韩非子》

（先秦）《睡虎地秦墓竹简》①

（先秦）《鹖冠子》

（先秦）《孙子兵法》

（先秦）《吴子兵法》

（先秦）《司马法》

（先秦）《六韬》

（先秦）《尉缭子》

（先秦）《尚书》

（先秦）《周易》

（先秦）《周礼》

（先秦）《逸周书》《古本竹书纪年》②

（先秦）《鬼谷子》

（先秦）《左传》

（先秦）《谷梁传》③

（先秦）《公羊传》

（先秦）《国语》

（先秦）《战国策》

（先秦）《吕氏春秋》

（先秦）《山海经》

（先秦）《穆天子传》

（先秦）《诗经》

（先秦）《楚辞》

（先秦）《晏子春秋》

---

① （先秦）《睡虎地秦墓竹简》，文物出版社1991年版。
② （晋）皇甫谧等：《帝王世纪·世本·逸周书·古本竹书纪年》，齐鲁书社2010年版。
③ 《谷梁传》也写作《穀梁传》。"穀"是"谷"的繁体字，《现代汉语词典》《现代汉语规范词典》写作"谷"，但《辞海》仍写作"穀"。今从其简。

（先秦）《尔雅》

（先秦）《夏小正》

（先秦）《黄帝四经》

（先秦）《尸子》

（先秦）《仪礼》

（西汉）《淮南子》

（西汉）司马迁：《史记》

（东汉）班固：《汉书》

（东汉）赵晔：《吴越春秋》

（东汉）王充：《论衡》

（东晋）常璩：《华阳国志》

（北魏）郦道元：《水经注》

（唐）徐坚编：《初学记》

（唐）欧阳询、令狐德棻等编：《艺文类聚》

（清）沈德潜编：《古诗源》

（清）孙星衍辑：《孔子集语》

二　著作

《马克思恩格斯全集》（第1卷），人民出版社1956年版。

《马克思恩格斯全集》（第42卷），人民出版社1973年版。

《马克思恩格斯选集》（第4卷），人民出版社1995年版。

习近平：《习近平谈治国理政》（第二卷），外文出版社2017年版。

习近平：《习近平谈治国理政》（第三卷），外文出版社2020年版。

习近平：《习近平谈治国理政》（第四卷），外文出版社2022年版。

《西方哲学原著选读》（上卷），北京大学哲学系外国哲学史教研室编译，商务印书馆1981年版。

陈登林、马建章：《中国自然保护史纲》，东北林业大学出版社1991年版。

郭郛、[英]李约瑟、成庆泰：《中国古代动物学史》，中国科学出版社1999年版。

侯外庐：《中国思想史纲》，上海书店出版社 2004 年版。

胡厚宣、胡振宇：《殷商史》，上海人民出版社 2003 年版。

刘笑敢：《庄子哲学及其演变》（修订版），中国人民大学出版社 2010 年版。

孙作云：《诗经研究》，河南大学出版社 2003 年版。

王玉哲：《中华远古史》，上海人民出版社 2004 年版。

卫绍生：《中国古代占卜术》，中州古籍出版社 1991 年版。

［澳］彼得·辛格、［美］汤姆·雷根编：《动物权利与人类义务》，曾建平、代峰译，北京大学出版社 2010 年版。

［德］费迪南德·李希霍芬：《李希霍芬中国旅行日记》，李岩、王彦会译，商务印书馆 2016 年版。

［法］阿尔贝特·施韦泽：《敬畏生命——五十年来的基本论述》，陈泽环译，上海人民出版社 2017 年版。

［美］加里·斯奈德：《禅定荒野》，陈登、谭琼琳译，广西师范大学出版社 2014 年版。

［美］汤姆·雷根：《动物权利研究》，李曦译，北京大学出版社 2010 年版。

［意］利玛窦、［比］金尼阁：《利玛窦中国札记》，何高济等译，中华书局 1983 年版。

［英］G. F. 赫德逊：《欧洲与中国》，王遵仲等译，中华书局 1995 年版。

［英］彼得·辛格：《动物解放》，孟祥森、钱永祥译，光明日报出版社 1999 年版。

［英］胡司德：《中国古代的动物与灵异》，蓝旭译，江苏人民出版社 2016 年版。

［英］齐格蒙特·鲍曼：《现代性与矛盾性》，邵迎生译，商务印书馆 2003 年版。

B. Devall, G. Sessions, *Deep Ecology: living as if Nature Mattered*, Salt lake City: Peregrine Smith Books, 1985.

Easton, Linda L., *Mapping Animal and Human Transformations: Yüan Apes in China*, University of Chicago, 1980.

J. Baird Callicott, *Earth's Insights*, Berkeley: University of California Press, 1997.

Zara Anishanslin, *Portrait of a Woman in Silk: Hidden Histories of the British Atlantic World*, New Haven: Yale University Press, 2016.

三 论文

巴新生:《试论先秦"德"的起源与流变》,《中国史研究》1997年第3期。

白彤东:《灵长类动物学家与儒家》,《哲学研究》2012年第1期。

姜南:《近现代西方与古代中国动物伦理比较及启示》,《天津师范大学学报》(社会科学版)2016年第3期。

李春艳:《周代动物保护伦理思想探微》,《船山学刊》2011年第2期。

李山梅、刘洵宁:《东西方动物伦理的共识与实践应用》,《南京林业大学学报》(人文社会科学版)2012年第4期。

刘朴兵:《利玛窦视野中的晚明饮食文化》,《西夏研究》2014年第1期。

莽萍:《泛爱万物 天地一体——中国古代生态与动物伦理概观》,《社会科学研究》2009年第3期。

田海舰:《儒家动物生态伦理思想新探》,《孔子研究》2007年第3期。

田巧玲:《辛格动物解放和道家物无贵贱思想比较研究》,《东南大学学报》(哲学社会科学版)2009年第11期。

王国聘等:《以"活熊取胆事件"为背景的动物伦理笔谈》,《南京林业大学学报》(人文社会科学版)2012年第2期。

王辉:《早期丝绸之路开拓和发展的考古学证据》,《民主与科学》2018年第1期。

王三三:《丝绸贸易:起源与特征》,《学术研究》2019年第6期。

翁银陶:《〈山海经〉性质考》,《福建师范大学学报》(社会科学版)1985年第4期。

谢祥皓:《韩非的道和法》,《江淮论坛》1981年第6期。

杨家强:《试析〈晏子春秋〉的图书归类问题》,《黑龙江史志》2010年第13期。

杨通进：《中西动物保护伦理比较论纲》，《道德与文明》2000 年第 4 期。

杨义：《从发生学的角度看庄子》，《人民政协报》2010 年 7 月 26 日。

杨颖：《〈诗经〉祭祖诗与周代宗庙祭祀文化研究》，硕士学位论文，西北大学，2011 年。

余三乐：《论利玛窦对中西文化交流的贡献及其历史地位》，《肇庆学院学报》2007 年第 3 期。

张紫文：《〈尔雅〉说略》，《江淮论坛》1980 年第 2 期。

郑怀锦：《利玛窦〈伊索寓言〉中译：史实考辩与文本分析》，《国际汉学》2015 年第 3 期。

周玉秀：《〈时令〉、〈时训〉与〈时训解〉——〈逸周书·时训解〉探微》，《兰州大学学报》（社会科学版）2004 年第 4 期。

后 记

本书获得了 2021 年度江西理工大学第二批学术著作"清江学术文库"出版基金资助。同时，也得到了江西理工大学马克思主义学院学术著作出版经费资助。谨在此一并致谢。

书稿初稿较现今版本删减了十万字有余。一方面是精简了所涉典籍的引用文献和阐释文字，另一方面也舍弃了很多内容，如已碎片化而难成体系的先秦农家动物文化、点状或片段性的某些相关研究（如"庖丁解牛与先秦技术的德性追寻""庄子孟子动物思想比较""《庄子》生态乌托邦及其建构""先秦时期的动物寓言"等）、先秦动物文化对于后世的影响（如"《山海经》《穆天子传》与《西游记》中的生态想象"），等等。固然有些遗憾，但也无关紧要。

"要把优秀传统文化的精神标识提炼出来、展示出来，把优秀传统文化中具有当代价值、世界意义的文化精髓提炼出来、展示出来。"[1] 本书的探究只是为实现这一宏大愿景的众多行动中的一次。因此，本书的学术旨趣体现在文献层面是搜集、整合先秦元典中异常丰富但极其零散的动物文化资源，在学理层面则努力建构一个先秦动物文化研究的话语框架，在实践层面为传承、弘扬先秦优秀动物文化所蕴藏的丰富价值。如果能取得些许进展，那也不枉费一番寻章摘句的努力。

先秦典籍深奥难读，加之水平有限，书中错漏之处在所难免。唯望今后仍有心力来重整旧山河。

---

[1] 习近平:《自觉承担起新形势下宣传思想工作的使命任务》，载《习近平谈治国理政》（第三卷），外文出版社 2020 年版，第 314 页。